シリーズ　転換期の国際政治　2

冷戦変容と歴史認識

菅　英輝　編著

晃洋書房

目　次

第Ⅲ部　ヨーロッパの冷戦と歴史認識問題

序論 変容する冷戦と歴史認識

はじめに

冷戦は一九八九年一一月九日のベルリンの壁崩壊とともに終焉を迎えた。以来、二七年が経過しようとしている。にもかかわらず、国際社会の現状は「冷戦後」と表現される状況が続いている。このことは、冷戦後の世界がいかなる特徴をなしているのか、識者の間でも定まっていないことを物語っている。

現代世界の特徴をつかみ取ろうとする中で、「無極の世界」、「多極の世界」、「その他の台頭」、「G-2の世界」、「Gゼロの世界」といった言葉が飛び交っている。その背景には、「冷戦後の世界」が、近代国民国家の変容期にあり、それに伴い国際社会を動かす主体が多様化していることがある。また、グローバル化が急速に進展する中で、地球温暖化、大規模自然災害、エボラ熱などの感染症、テロの拡散、グローバル金融といった、「地球的問題群」が多発するようになり、国家としても多様なアクターと協働しながらこれらの問題に対処しなければならない局面が増えていることも、「冷戦後の世界」の理解を困難にしている。

「冷戦後」という表現が使われるさいに、冷戦史研究者の間でも、「冷戦とは何か」について、かならずしも一致した見解が存在するわけではない。だが、冷戦史研究者は、「冷戦とはどのような時代であったのか」という問いを発し、この問いへの答えを見出すべく、冷戦期の研究に力を注いでいる(1)。その一方で「冷戦後の世界」を語る識者や専門家が、冷戦史研究の成果を十分摂取したうえで議論を展開しているようにも思えない。現状分析と歴史との一層の対話が求められている。

そうした現状を踏まえ、本書は、戦後日本の外交における拘束と選択の問題について考えるため、アジアでは、中国の外交と比較し、ヨーロッパでは、西ドイツの外交と対比する論文を収めた。本書は、冷戦変容期に戦後の日本が行ってきた選択を再吟味し、今日の日本外交が直面する諸問題について改めて熟考する機会を提供しようとするものである。

1　冷戦史研究と日本外交の再検討

戦後日本の対外政策は冷戦が変容する中でも、日米安保体制の枠組みから容易に一歩を踏み出せない状況が続き、そのことは日本外交の選択の幅を狭めてきた。日本の対外政策はアメリカの政策に追随し、従属してきたと捉える研究や論調が、近年改めて増えている。国際政治学者で当時国際連合難民高等弁務官の職にあった緒方貞子はかつて、米中関係改善と日中国交正常化交渉過程を考察した著書の中で、「日本に関しては、外交政策の認識における戦略的・軍事的志向の欠如が特筆される」としたうえで、その理由として、「日本が米国との軍事同盟により自らの安全保障を図ってきたことに由来する日本独特の政治的心理状態が関連していた」と述べている(2)。評論家の加藤典洋は近著で、日本はアメリカとの間の「従属的な関係」からいまだに脱することができておらず、この現状は異常だとして、この「対米従属からの独立のカギは、憲法九条の原則に立脚して、日本が国連中心主義に進むこと以外にない」と主張する。[3]

日米安保条約はまた、憲法九条に象徴される平和主義の理念に挑戦するものであったため、憲法体制と日米安保体制との間に相克をもたらし、戦後日本の対外政策が理念や秩序構想を欠いたものになった。換言すれば、自民党政権の外交政策は日米安保基軸論に立脚していたため、対ソ・対中「封じ込め」政策を重視するアメリカの冷戦戦略と齟齬をきたす東アジア秩序構想をはじめから断念したところから出発した。このことも、日本の外交が対米依存の構造から脱却できない原因となってきた。二〇〇四年から〇九年まで小泉純一郎、安倍晋三、福田康夫、麻生太郎の各政権で内閣官房副長官として安全保障・危機管理を担当してきた柳澤協二は、「これまでの日本の安全保障政策は、国際情勢、とりわけアメリカの戦略的判断を所与のものとして受け入れ、それに合わせた政策を考案する」というもので、いわば「状況対応型の政策決定」が中心であった、と体験的外交観を披歴している。[4]

その結果、自民党政権や外交・防衛の担い手たちは、日米安保体制の形成と維持に執着し、アメリカの核抑止論に依拠した安全保障に安住してきた。日本政府は冷戦期を通して、日米安保条約という二国間の枠組みの中で、アメリカが提供する「核の傘」に依存し、ワシントンと交渉をしなければならないという制約を受け入れてきた。山本満は、一九七四年に著した『自主外交の幻相』という評論集の中で、「対等性」の追求は、「従属の現実および支配層の対米依存意識の裏返し」であると喝破したうえで、日本外交の問題点は、対米自立を追求するさいに、「国際関係全体の中で」それを目指すのではなく、「もっぱらアメリカとの二国関係の次元だけで『対等』を追求した結果」、かえってアメリカの世界戦略の中に取り込まれてしまうことである、と洞察している。[5]

山本の指摘にも拘わらず、その後の日本の外交・防衛担当者や日米安保基軸論者たちは、日本外交の地平の拡大の問題を、日米安保における形式的対等性の追求という二国間主義の文脈のなかでしか論じてこなかった。「安保条約と日米安保体制の歴史は相互性の発展の歴史」だと捉える議論が依然として繰り返されている。[6]

沖縄返還交渉において、事前協議制度を含む沖縄と本土との「法的一元化」が実現したことを評価する見解もある。[7] たしかに、日米安保の制度化の歴史は、在日米軍の配置や展開に一定の法的・制度的枠をはめるという点で一定の評価に値することではある。だが、他方で、問題の関心や評価がそこで留まってしまうと、制度化、法的一元化、形式的双務性・対等性の追求という視点から抜け落ちる諸問題に十分な注意が向けられないことになる。

そうした陥穽の一つは、事前協議制度の形骸化の問題である。事前協議制度の問題を考察した近年の研究は、この制度がこれまで一度も発動されなかったことを明らかにしている。豊田は、事前協議が発動されてこなかった理由を探求した研究において、この制度が、日本にとっては、アメリカの「核の傘」に依存して自国の安全を維持するだけでなく、対米従属批判をかわすための装置として政治的に機能してきたこと、他方でアメリカにとっては、この制度が発動されないことによって在日米軍基地を極東有事のために利用できるというメリットがあったことを明らかにしている。[8] 換言すれば、事前協議制度は、日本外交の自立性を担保するメカニズムであるというよりは、むしろアメリカの「核の傘」に依存することで生じる対米自主外交の欠如を隠蔽する装置として機能してきたということに他ならない。六〇年安保改定時における事前協議制度の導入と、この制度を沖縄返還交渉過程でも適用することが可能になったことをもって、日米関係における対等性の回復であるかのように描くことは、沖縄県民の声を無視し続けることの問題に加えて、日米外交の当事者たちが、なにゆえに事前協議制度が発動されないことに意義を見出してきたのかという、本質的な問いかけから関心を逸らし、日米安保体制がもたらす日本外交への制約要因に目を向けることを困難にする。

日米二国間関係の枠組みの中で形式的相互性・対等性を追求することでは、日本の外交地平の拡大につながらなかったというのが現実である。先の山本の指摘は、日本の外交地平の拡大には、「国際関係全体の中で」それを目指すのでなければ、逆に「アメリカに抱きしめられ」てしまい、[9] 外交選択の幅は広がらないことを示唆している。アメリカ政治外交の大家である齋藤眞もまた一九九二年に、日本外交が対米二国間主義に傾斜し過ぎているとして次のように語っている。齋藤はヨーロッパを引き合いに出し、イギリスなどは、「アメリカとの関係だけで国際関係を見ていないで、もう少し広い国際関係の中で英米関係を見ている」と評し、日本外交については、「日米関係即国際関係という考え方があまりにも強い」、「日本はもう少しアメリカからデタッチした方が、いろいろな意味でいいというのが、安保に対する私の態度の基本だ」と述べている。[10]

戦後日本の外交の軌跡を辿ると、日米安保が基軸だとする考えが余りにも強く、日米安保の維持そのものが目的であるかのような外交が展開されてきた。[11] 外務省初の戦後外交青書として注目された『わが外交の近況』（一九五七年九月）で述べられた日本外交の三原則が辿った歴史はそのことをよく示している。『青書』は、わが国の外交の基調として、「国際連合中心」、「アジアの一員としての立場の堅持」、「自由主義諸国との協調」の三つを挙げた。第一は、国連を中心とする国際主義、第二はアジア重視の地域主義、第三は、全面講和ではなく片面講和を選択して西側陣営の一員にコミットすることを表明したものだが、実際には、日米関係重視の二国間主義と言い換えてもよい性格のものであった。

このことは、戦後日本の外交が三つの重要な課題を抱えていたことを意味する。第一は、いかにして上記の三原則間の適切なバランスを維持するかである。第二は、アジアとの関係において、いかにして過去の戦争責任や歴史認識の問題を克服するかである。第三に、戦力の不保持と戦争の放棄を謳った憲法九条に象徴される平和主義の基本理念を踏まえたうえで、どのようにして日本外交のソフトパワーを育成・強化していくかである。しかし最後の点に関しては、一九五一年九月に日米安保条約を締結したことで、日本社会に新たな国家像や安全保障観を唱える勢力が誕生し、彼らはやがて、憲法九条の平和主義にもとづく「平和国家」像に挑戦するようになった。くわえて、アメリカという超大国と安全保障条約を締結し、日本の安全をアメリカの抑止力に依存するという選択を行ったことは、日本外交の対米従属の構造を形作ることになり、その結果、日米二国間主義が、日本のアジア外交や国連中心の外交を次第に圧倒するようになった。また、日米安保は日本の再軍備と日本の防衛力増強を前提するものであったため、その後アメリカの冷戦政策を補完する形で日本の軍事化が進展し、日本外交におけるソフトパワーの比重は低下していくことになった。くわえて、戦争責任や歴史認識問題で十分な取り組みがなされなかったことも、日本のソフトパワーの育成に大きな障害となった[12]。

一九五七年二月に岸信介政権が誕生したが、岸首相もまた、吉田と同様、日米基軸論者であり、その意味で、岸内閣のときに発表された戦後初の外交青書で謳われた外交三原則間のバランスが、国連中心主義とアジア重視から日米重視という二国間主義に傾斜していくのは、避けがたかったともいえる。しかも、戦前との連続性を象徴する政治家である岸が首相に就任にしたことは、戦後民主主義のありようにも疑問を投げかけるものであった。戦後日本外交の権威であるジョン・ダワーは、この点について次のよう評している。「終戦からわずか一二年にして国権の最高責任者の地位に就くことができたということ――そして同時に、日米の軍事関係者の日本側のシンボルとなりえたこと――は、日本が非軍事化と民主化をうたった戦後初期の理念から、いかに遠く、急速に乖離してしまったかを如実に示すものだ[13]」。

戦後日本の外交が日米二国間主義に大きく傾いたことは、日本がアジアに外交の足場を構築できなかったことと表裏一体の関係にある[14]。そこで、本書の第Ⅰ部では、アジアにおける冷戦の変容過程の中に日本を位置づけ、日本外交の展開に大きな影響を及ぼした日米中の関係を考察する論文を収めた。

第1章「日米とアジア地域主義の変遷」(宮城大蔵)は、戦後の日本外交は、なぜ自主性・自立性が希薄なのかという問いを発したうえで、「アジアとの連携強化」による「対米自主」が成り立つためには、「アジア」がまとまりを持った存在となることが不可欠だが、戦前にはそのような「アジア」は存在しなかった、そうした「アジア」が戦後に存在したとすれば、バンドン会議に象徴されように、一九五〇年代であっただろうと述べている。その後六〇年代に入ると、アジアは冷戦や中ソ対立を背景に分極化傾向を強め、「アジア」としてのまとまりを欠くことになり、さらに冷戦後は、アジアにおける中国のパワーの台頭を牽制するために対米提携を強めるという傾向が認められ、対米自立化のためにアジアとの連携を模索するという、それまでの動きとは異なった図式が生じつつあるとの興味深い指摘を行っている。しかし、アメリカは、中ソ対立が激化する中でも対ソデタントを促進し、米中和解を実現することによって、米中ソ三角関係の下で自国の立場を強化していった。そうした経緯を考えると、アジアの分極化が日本の「対米自主」を不可能にするのか否かは、更なる検討の余地があるかもしれない。日本が、一九五〇年代の国交正常化交渉で北方領土問題を解決し、日ソ平和条約を締結していたとしたら、そしてまたアメリカの対中「封じ込め」政策に最後まで追随するという選択をしなかったとすれば、東アジアにおける日本の立ち位置はちがっていたかもしれないなど、知的好奇心を刺激される論考である。

宮城論文の歴史的鳥瞰図を踏まえて、第2章「米中接近と日米関係──沖縄返還と日米安保体制の問題の視点から」(中島琢磨)は、デタント期における日本の外交選択を考察している。中島論文は、沖縄の核兵器撤去の決定は、「中国との関係改善のためであった」、「中国と軍事対決するつもりはないというアメリカのサインだった」とする先行研究に対して、沖縄の核兵器撤去と米中和解の決定は、前者が国務省を中心とする官僚ルートで検討が行われており、後者はニクソン・キッシンジャーが秘密裏に別ルートで検討を進めたもので、政策決定過程が分かれており、くわえて沖縄からの核兵器撤去の決定の時点では、アジアにおける核兵器政策の方針は検討段階で、中国の脅威を前提とした議論が行われていたことを明らかにしている。先行研究は、一次資料を時系列的に整理して得られた結論ではないと編者も考えており、中島論文は、沖縄の核兵器撤去は米中関係改善にも役立つと考えて行われたとする見解に対する説得力のある反証を提供している。

第2章はまた、米中接近後の日中国交正常化交渉過程で日米安保条約との関係をどのように調整したかについて検討している。そのうえで、米軍の台湾防衛のコミットメントを認めた日米安保条約に基づく政策体系を変えずに、日中国交正常化を実現したことをもって、むしろ日米安保体制を「強化する政策選択」を行ったと評価している。米ソデタントが、「日本の多面的な政策選択」の可能性を提起したことは周知の通りだが、米中和解後の環境変化の中で行われた「選択」は、これまでの日米安保基軸論の観点から、既存の安保路線を踏襲したものであり、後述するように、この時期の日本の東南アジア政策も含めて、アメリカとの関係において、実際に「多面的な政策選択」を行ったといえるのかどうかは、今後さらに検討されるべき課題として残されているように思われる。

第3章「中印国境問題をめぐる中国の戦略的選択とその影響、一九五〇—一九六二年」（戴超武）は、日本における冷戦史研究ではほとんど蓄積がない中印国境紛争を考察している[15]。戴論文は一九五〇年から一九六二年までの中印国境問題を、第一段階（一九五一—一九五四年、「当面の現状維持」政策）、第二段階（一九五五—一九六〇年四月、領土問題の平和的解決を基本方針とし、東部地域と西部地域の相互承認を提案する時期）、第三段階（一九六〇年五月—一九六二年一〇月、「辺境自衛反撃作戦」に向かう時期）の三つに区分している。

戴論文は次のように論じる。第一段階の時期に、インドはマクマホン・ライン以内のほぼすべての地域を占領し、広大な領土が係争地域となる原因を作ったが、この間中国側はインドに正式に抗議することはなかった。第二段階の時期になると、中国側は一九六〇年の周恩来・ネルー会談で「東部をもって西部と換える」という提案を行ったが、この提案は遅きに失した対応であり、本来であれば、五六年一二月の周・ネルー会談でマクマホン・ラインについて協議したさいに、提起すべきであった。第三の時期には、中国はインドが着々と実行支配を推し進めているときに、マクマホン・ラインを越えないことの重要性を強調し過ぎたことで、事実上、同ラインを承認することになってしまったが、この点は戦術的に誤りであったとし、とくに六二年の中印国境戦争勃発後に東部地域を制圧したにもかかわらず、拙速にも同ライン以南のいくつかの戦略的拠点から早々に撤退したことを問題視している。

中印国境紛争に関する先行研究においては、中国研究者の間の通説は、以下の点を強調するものであった。中国側の研究は、六二年戦争の原因をチベット問題と関連付け、インドが中国のチベット支配を覆し、チベットをインドの支配下に置こうとしたことに求める点で共通している[16]。これに対して、冷戦史研究者ガーヴァーは、ネルーは一九五四年にチベットに対する中国の主権を正式に承認しており、この方針に基本的な変化はなく、チベットに対する中国の主権を認めたうえで、チベットの自治の尊重を求めるものだったと主張する。だが、毛沢東は、チベットの自治を求めるネルーとインド政府の対応を内政干渉と見なしただけでなく、究極的にはニューデリーがチベット支配を目指していると「誤認した」ことを明らかにしている。五九年三月のチベットのラサ暴動の発生後、中国はチベット地方政府を解体し、中共中央の統制下に置いたが、この措置は、チベットの自治の尊重を主張するネルーにとっては、五四年の周・ネルー会談での「合意違反」だと映った。ラサ暴動を中国が軍事力で鎮圧したこと、さらにこの事件を契機にネルーに対する激しい批判を展開したことは、インド国内の強硬派や世論の反中感情を高めることになり、ネルーとしても、この問題で融和的とみなされる態度をとることを困難にした。インドに亡命したダライ・ラマの帰還を強く求め続けていた中国側の要請にネルーが冷淡だとみなされたこと、同首相が、ダライ・ラマを支持するチベット人難民の多数を受け入れ、彼らの中国批判を容認する姿勢をとったこと、中国のチベット支配に抵抗するチベット人勢力にアメリカ中央情報局（ＣＩＡ）が秘密裏の支援工作を行っていたことをインド政府首脳が黙認しているとみなされたことなど、ガーヴァーは、こうしたインド側の対応が、中国側のインドへの不信を高め、チベット問題に関するインド側の意図について中国側の誤認を生んだとの議論を展開している(17)。

中印国境紛争を考えるさいに、先行研究は、チベット問題をめぐる両国間の対応が重要だということを示しているが、日本ではそうした視点からの研究は進んでいない。戴論文は、第一段階で、チベット問題に関して中共中央がどのような考えを有し、どのように対応していたかを詳述しているだけでなく、人民解放軍がチベットに進駐して以降、人民解放軍兵士とチベット住民の生活が、中国とチベットを結ぶ輸送ルートが建設されていない時期には、インドからの物資の輸送に依存していたことが、領土問題での中共中央の抑制的対応を大きく規定していたことを資料的に裏付けていて興味深い。

中印国境紛争をめぐる先行研究のもう一つの争点は、インドの「前進政策」の評価である。この点に関しては、マクスウェル＝ホワイティング説が有力である。両氏の説もふくめ先行研究は、次のように説明する。六二年の中印国境紛争の原因は、ネルーが一九五四年の平和共存五原則協定直後に、それまで未画定とされていた紛争地域の全てを「画定した」とする方針転換を行って以来、国境全域に検問所の建設を進め、実効支配を固めていったこと、なかでも、六〇年四月に周恩来首相がインドを訪問し、中国はインドの東部地域への支配権を認める代わりに、インドは西部地域に対する中国の支配権を認めるという交換を提起したが、ネルーがこの中国側の提案を拒否しただけでなく、中国側がすでに支配していた東部地域のアクサイチンからの中国軍の撤退を主張するにいたって、中国側は、インドが領土問題を平和的に解決する意志がないと考えるようになった。[18] 戴論文もまた、第二段階から第三段階にかけてのインド側の一方的で強硬な対応の過程を詳細に跡付けており、その意味では先行研究に沿った内容となっている。

戴論文はまた、中国の中印国境紛争への対処方針が、中国の内政（チベット問題）への対応、冷戦の変容（中ソ対立と米ソデタント）といった国際政治要因、それに伴う中国の外交戦略の変容に対応していることを明らかにしている。戴は、中印国境紛争問題を、チベットをめぐる中印の力関係の変化、中ソ対立と冷戦の変容という大きな脈絡の中に位置づけ、中国外交が戦略的観点に立って展開されていたことを浮き彫りにしている。この点は、アジアで冷戦が大きく変化する中にあっても、日米安保を基軸とみなし微調整ですましてきた日本外交と対照的である。

第4章「一九七〇年代の対ベトナム援助をめぐる日米中の対応」（徐顕芬）は、七〇年代における日米中の対ベトナム援助をめぐる対応とその変遷について考察している。

七〇年代はベトナム戦争が終結に向かう時期であり、アメリカの東南アジアへの関与の縮小が予想される中、日本に対して役割分担の増大を求めるアメリカの要請が強まることが予想された。アジアにおける大きな環境変化は、日本外交の自主性の発揮や外交地平の拡大の好機とみなされた。当時外務省アジア局南東アジア第二課長であった長谷川和年は、ベトナム戦争の終結によって、「日本の外交政策に従来からあった制約要因の一つがなくなった」ことで、「東南アジア政策の実施について、日本は非常に自由になったと感じた」と回顧している。[19]

長谷川によると、外務省では一九七五年頃、サイゴン陥落後の東南アジア政策を確立していったという。日本の東南アジア政策は、ＡＳＥＡＮとの良好な関係の維持を基本としながらも、インドシナ諸国ではベトナムを重視し、ベトナムの中ソからの独立自主路線を支援する、またＡＳＥＡＮとインドシナ諸国の平和共存を図るというものであり、後年福田ドクトリンとして結実していく政策であった[20]。

したがって、七〇年代の日本の対ベトナム政策の検証は福田ドクトリンにつながる流れを確認することでもある。先行研究もまた、このことを明らかにする形で進められてきたといえよう。その特徴は、第一に、北ベトナムは戦争終結後も自主独立路線を維持するとの見通しの下に、対ベトナム援助を通じて、中ソのどちらにも傾斜しないようにすることであったとする研究[21]。第二に、ＡＳＥＡＮとインドシナ、アメリカとインドシナ間の架け橋となることを目指したとする研究であり、福田ドクトリンの第三原則に注目する[22]。

徐論文もまた、日本による対ベトナム援助の積極化の背景には、上述のような目的があったことを一次資料で裏付けている。注目されるのは、アメリカの東南アジアへのコミットメントの縮小に伴いＡＳＥＡＮ諸国の間に不安が広がる中、日本が援助を通してこの地域で外交地平の拡大を目指したが、うまく行かなかったと論じている点だ。徐は、その要因を七八年一二月のベトナムによるカンボジア侵攻、七九年一二月のソ連のアフガニスタン侵攻に求めている。

先行研究の多くは、福田ドクトリンに象徴されるように、「自主外交が可能になった七〇年代」、この時期の東南アジア外交が「対米依存外交からの転換を図る[23]」ものであったと評価するものである。確かに、福田赳夫元首相自身、福田内閣の外交使命の一つは、「日本外交の枠組みをいかに拡大していくか」、「日米関係だけを中心にしての二国間枠組みの中で、日本の外交を受け身に調整していく」ことを改めるという意図があったと語っている。しかし同時に留意すべきは、その場合でも、その基礎になるのは「日米関係の強化であって、日米関係を基軸として、他の地域にも積極的に働きかけていくという考えであった」とも述べている点だ。それゆえ、「そのような認識に基づいて」福田首相はまず七七年三月に訪米し、同年一月に大統領に就任したばかりのカーターとの会談に臨んだと証言している[24]。

福田ドクトリンが日米関係基軸論にもとづき展開されるものだとすれば、アメリカと考えが違ったときに、日本が独自の立場から対ベトナム援助を続けることができたか否かが問われなければならない。先行研究は、この点の検討が十分ではないまま、日本の自主外交の側面を強調している[25]。だが、実際にはどうだったのか。

ベトナム戦争終結以前から中ソ対立は激しさを増し、両国はベトナムへの援助合戦を繰り広げていたが、ハノイは次第にソ連に傾斜していくことになったため、中国はハノイのモスクワ接近に対抗するためにカンボジアのポル・ポト政権を支援するようになった。その後、一九七七年一二月に親中路線のポル・ポト政権が、ベトナムと断交、一方の中国は日本の対ベトナム援助に反対するようになった。くわえて、七八年一二月ベトナムがカンボジアに侵攻したことで、日本政府は七九年度分（有償一〇〇億円、無償四〇億円）の援助凍結を余儀なくされた。カンボジア紛争はその後一三年間続くことになり、その結果、福田ドクトリンは行き詰まってしまったというのが現実だ。

さらに、「グローバル冷戦」の影響もまた、日本のベトナム援助を困難にした。一九七九年末のソ連のアフガニスタン侵攻は、「第二次冷戦」といわれる状況を米ソ間にもたらしたことで、日本が望ましいと考えワシントンに求めていた米越国交正常化の動きにブレーキがかかり、対ソ封じ込めの観点から米中国交正常化を優先させるべきだと主張するブレジンスキー大統領補佐官の進言をカーター大統領が受け入れた。このため、カーター大統領は、七七年三月の第一次福田・カーター会談のさいには日越の国交正常化と経済協力に理解を示し、同年八月の福田ドクトリンの発表にさいしてもこれを高く評価していたにもかかわらず、米中国交正常化を優先し、両国の正常化は七九年一月に実現した。反面、米越国交正常化は先送りされることになった。米越国交正常化によりベトナムの対ソ傾斜を阻み、ＡＳＥＡＮとベトナムとの関係改善に役立てようとした日本政府の思惑は、思い通りには進まなかった。

一九八一年にカーター政権に代わってレーガン政権が誕生すると、米ソ冷戦の枠組みでソ越関係を捉える見解がさらに強まり、ベトナムをソ連の代理人だとみなす意見が同政権内で支配的になった。このため、ベトナムへの援助再開の希望を捨てていなかった日本政府が、対越援助再開を検討すると、ワシントンから強く反対され、七九年一二月三日、日本側は援助再開を延期するとの返答を米側に送った。[26] これを受けて、徐論文が指摘しているように、八〇年度の援助は白紙に戻された。

以上の経緯を踏まえると、一九七〇年代における日本の東南アジア外交は、アメリカや米ソ冷戦の論理の制約を依然として超えられないという自主の限界を示しているといえる。[27]

2　アジアの歴史認識問題と歴史和解の難しさ

すでに述べたように、外務省初の戦後外交青書『わが外交の近況』（一九五七年九月）で述べられた日本外交の三原則は、国連を中心とする国際主義、アジア重視の地域主義が後景に退き、日米関係重視の二国間主義に傾斜した。その理由のうち、日米二国間主義偏重となったのは、日米安保基軸論にもとづく核抑止論信仰と「核の傘」依存、その帰結としての憲法九条の平和主義のなし崩し的蚕食によるところが大きい。だが、もう一つ重要であったのは、歴史認識をめぐる問題への取り組みが不十分だったことである。[28] このため、日本の外交は現在に至るまで、アジアに確固とした外交の足場を構築することができない状況にあり、こうした現実が、日米二国間主義に陥った重要な要因であると考えられる。[29]

それゆえ、第Ⅱ部では、日中、日韓に横たわる歴史認識をめぐる諸問題を考察する論考を収めている。

東アジアにおける歴史和解を考えるにあたっては、冷戦後の東アジアでは、国家間関係のレベル（国際関係）と市民社会のレベル（民際関係）の二つの次元で構造的変動が起きている現実を踏まえる必要がある。国際関係の構造的変動はパワーとナショナリズムの台頭の問題を提起する。歴史認識問題は戦争責任論として提起されるため、排他的なナショナリズムの問題を双方で惹起する。ナショナルなレベルで戦争責任問題が問われると、被害国、加害国双方の社会に排他的ナショナリズムの感情が生まれ、相互非難の悪循環に陥りやすい。戦争の被害者は加害国だけに存在するのではなく、被害国にも存在するからだ。加害―被害の重層性ゆえに、民衆レベルでは、加害国の被害者の中には、被害国の国民との間で、感情面での意思の疎通が困難であると感じる者も出てくる。くわえて、東アジア国際関係においてパワー・トランジションが起きている現状では、歴史認識問題がこの地域での主導権争いと結びつきやすい状況が生まれ、このことが、排他的ナショナリズムを惹起する背景をなしている。

東アジアでは、急速な経済成長に伴い、市民社会レベルでも構造変動が起きている。その結果、市民社会はますます多様化し複雑化している。このような状況の下では、人権や文化の多様性を尊重する規範が根付いていない場合、市民社会の「民主化」が、かならずしも歴史和解の進展につながるとは限らない。社会を構成する市民や市民団体が、狭隘なナショナリズムにもとづく歴史観を主張した場合には、逆に歴史観のぶつかり合いとなり、そうした国民感情を政府が管理できなくなったりする。日本では八〇年代に入って、「歴史修正主義」の流れが顕在化するが、この流れは冷戦後にはさらに勢いを増し、中国や韓国とのあいだで歴史摩擦を激化させる要因になっているだけでなく、日本社会内で歴史認識問題をめぐる分極化をもたらしている(30)。

一方、国家（政府）やその担い手たちは、ナショナリズムを超えることはできない。政治家たちは、国民統合の観点から、教育制度やメディアなどを通じて、国民意識の涵養に必要な歴史を国民に記憶させようとする。したがって、ナショナリズムの相対化や「歴史問題」の相対化を彼らに期待することは難しい。

そのことを踏まえるならば、市民社会はそうした国家指導者たちの政治的傾向に対する歯止めやオルターナティブとして重要である。国境を超える市民社会相互の交流の増大は、歴史認識の違いを超えて、歴史和解を生み出す可能性を秘めている。歴史和解を、加害者と被害者との間の相互理解の過程として捉えることができるとすれば、情報公開と民主化が進展した市民社会における相互交流の拡大は、国家（政府）に都合のよい歴史観が形成されにくい状況を創り出し、その結果、人権や文化の多様性の尊重にもとづき、国境横断的な歴史認識の共有や分有を促進する公共空間が東アジアに形成される可能性がある。

第5章「日中関係における『歴史問題』」（青山瑠妙）は、中国にとって「歴史問題」がどのような意味を持っているのかについて、その歴史的変遷のプロセスを戦争責任の「官民二分論」（第一節）、「二分論」の変質（第二節）、「歴史問題」の拡散（第三節）、という三つの段階に分けて考察し以下のように整理している。

第一に、中国における戦争責任論は、「官民二分論」から出発し、政府と日本国民を区別し、日本人民も被害者だという見解が示されてきた。この論理は七二年の日中国交正常化までは、「外交戦術として有効であった」が、「七二年合意」（「損害を与え、責任を痛感し、反省する」）は、八〇年代に入って中曽根康弘政権の対応や日本社会内における「歴史修正主義」の台頭によって、「二分論」での説明を難しくした。

第二に、改革開放の進展に伴い、中国社会内の民衆レベルから「歴史問題」を争点化する動きが強まった。九〇年代に入ると、中国国内で個人賠償を求める動きが活発化し、これを中国政府も容認したことから、日本の裁判所に損害賠償を求める訴訟が相次ぎ、二〇〇〇年一二月には、日本での裁判で勝訴する見込みがなくなる中、中国政府は中国の人民法院でも加害企業に対する民間人の賠償を受理するようになった。その結果、習近平体制の下でも、「戦争責任二分論」は維持されているものの、中国社会の歴史認識は多様化し、複雑化している。

第三に、「歴史問題」の性質の変化はまた、中国国内政治・社会の変容と密接に関連している。八〇年代前半から中国政府は「愛国主義」キャンペーンを開始したが、それは七八年からの中国の改革開放政策に伴い生じた中国共産党や社会主義への不信、民主化運動に対応するために、中国政府がマルクス・レーニン主義にとって代わる政治的凝集力を高める手段として、「歴史問題」に目を向けるようになった。加えて、「歴史問題」は中国国内の権力闘争とも連動し、改革開放を推進する政府主流派は、これに反対する保守勢力に対抗するために、「歴史問題」で強硬姿勢を見せることで政治基盤を固める必要があった。

第四に、習近平体制の下では安全保障に関する相互不信、尖閣問題、台湾問題などの対立するイッシューが「戦後国際秩序」と関連づけられるようになっており、「歴史問題」の拡散と相まって、中国政府もそのかじ取りで難しい局面を迎えている。

以上は、いずれも傾聴に値する重要な指摘である。

第6章「日韓歴史摩擦と『六五年体制』のきしみ」(菅英輝)は、冷戦後にとくに顕著となった東アジアの国際関係の構造変動という視点から、日韓両国の力関係の変化と市民社会内における変化に注目し、国家の論理と市民社会の論理が複雑に交錯する中で、謝罪をめぐる問題が両国間に複雑な作用・反作用のサイクルを生み出す現状に対して、どのような観点から排他的ナショナリズムに絡めとられないアプローチがあるかを考察している。

政治家の中には、市民社会内の意見の相違を、国民対国民の図式に置き替えて政治利用する者が出てくる。その結果、国民は排他的なナショナリズムの感情にとらわれやすくなり、双方で非難合戦が繰り広げられることになる。菅論文は、そうした悪循環に陥らないようにするためには、日韓関係における「歴史問題」の相対化が必要だとの観点から「加害―被害の二重性」と比較の視点の重要性を提起している。

菅論文はまた、歴史認識と戦後責任問題を東アジア地域秩序形成の中に位置づけることの必要性を説く。戦争責任論は、「過去への責任」と「未来への責任」があるとするならば、「未来への責任」はとりもなおさず、東アジアでどのような地域秩序を創っていくのかという問題に帰結することから、「過去への責任」を十分踏まえたうえで、日韓双方の市民が、東アジアにおいてトランスナショナルな公共空間を構築する努力を続ける中で、異なる歴史解釈を認め合う可能性を探ることが、「歴史問題」の相対化につながるのではないかとの問題提起を行っている。

第7章「東アジアの社会的和解は可能か――域外アクターがもたらすダイナミクス」(三牧聖子)は、政府レベルに限定した歴史和解の試みには限界があるとして、市民社会のアクターが歴史和解に果たす役割に注目し、和解に向けた戦略について検討している。なかでも、東アジア域外の非国家的アクターが、歴史和解に果たす役割の重要性を強調しているところに、この章の特徴がある。

三牧論文は、戦後ドイツの隣国との歴史和解の過程の経験から学び取る必要性を強調するが、ドイツは成功例で日本は失敗例だとする単純な理解を退け、ドイツの歴史和解の東アジアにとっての教訓は、政治指導者間の対話が膠着したところで市民社会の多様なアクターが行き詰まりを打開する役割を果たしたことに注目する。東アジアでは、ドイツと比べて市民社会の活動はまだ弱いが、それでも政府レベルで歴史共同研究が開始され、民間レベルでは歴史教科書の出版も行われるようになっている。そのような動きをさらに活性化させるためには、東アジア域外の市民社会アクターの参加が重要であるとして、日米欧の歴史家たちが果たしている役割に言及している[31]。なかでも、興味深いのは、ドイツのゲオルク・エッカート国際教科書研究所が果たしてきた役割である。三牧によると、昨今のドイツは、ドイツの経験を踏まえて、域外で歴史和解の「調停者」としての活動を積極的に展開しており、この研究所が蓄積してきた知見やノウハウが、東アジアでも進められている歴史共同研究にも大いに参考になることが期待されるという。

青山論文は、「歴史問題」に関する先行研究を、（1）外交問題としての「歴史問題」に関する研究、（2）歴史和解に関する研究、（3）歴史認識の相違を研究する学術研究、（4）政府の「戦後処理」問題に関する研究の四つに分類している。青山が主として、（1）と（4）を扱っているとするならば、菅は（1）と（2）、三牧は、（2）に力点をおいて論じている。

総じて、第Ⅱ部の三論文から得られる教訓は、政府間レベルで制度化が進んでも、市民社会の中から、制度を否定したり、揺るがしたりするような言動が強まれば、そうした制度は動揺したり、場合によっては崩壊する危険があるということだろう。日韓関係でいえば、六五年に両国が国交正常化を実現したさいの合意である「六五年体制」、日中間でいえば、七二年の日中国交正常化で実現した「七二年合意」（「七二年体制」）が揺らいできているのは、「合意」が積み残した未解決の問題を抱えていたことにくわえて、市民社会内にそうした「合意」に異議を唱える勢力が発言力を増大させてきていることに原因がある。制度を支えようとする市民社会の持続的意思がなければ、制度は存続しえないということであろう。

3 ヨーロッパの歴史認識問題と西ドイツの外交

そのことを逆照射する形でわれわれに示してくれるのが、ドイツの事例である。本書の第Ⅲ部第8章「冷戦期における西ドイツとの和解の機会と限界——フランス、イスラエル、ポーランド、チェコスロヴァキアの比較分析」（リリー・G・フェルドマン）は、この点を説得的に明らかにしている。(32)

フェルドマン論文は、西ドイツと上記四カ国間の和解のプロセスを考察しているが、いずれの場合も、政府レベルでのドイツとの和解プロセスは、社会レベルのアクターによる触媒的なイニシアティブ、とくに宗教団体や教会団体を介した社会レベルの制度化されたネットワークの広範な活動が先行する形で進展を見せたことを示していて、興味深い。

もう一つ注目すべきは、西ドイツの周辺諸国との和解プロセスは、東アジア諸国で受け止められているほどに、順調に推移したわけではなく、それは中断を余儀なくされたり、長く厄介で紆余曲折を経たプロセスであったことだ。フェルドマンは、この点に関して、「和解の複雑さ、変わりやすさ、多様さ」を強調している。東アジアでは、ドイツは成功モデルであり、日本は「反省しない国」というイメージが先行しているが、フェルドマン論文は、和解は「複雑で錯綜したプロセス」であり、むしろ論争を通して和解が進むと主張しており、東アジア諸国にとって、重要な示唆を与えている。

フェルドマンはまた、西ドイツの旧敵国との歴史和解プロセスは、時期は異なるものの、四カ国いずれの場合も、過去の清算、新たな二国関係の制度化、ヨーロッパ共同体（EC）／ヨーロッパ連合（EU）という三つの形をとって表明されてきたことを明らかにしている。この点は、地域秩序の形成がヨーロッパに比べて遅れている東アジアにおいては、日中、日韓という二国間関係の枠組みで和解に向けた努力が進められてきたのとは対照的である。ヨーロッパの多国間制度に組み込まれた西ドイツであったればこそ、伝統的な安全保障上の脅威が根強く残るなかでも、歴史和解が促進されたとの主張は傾聴に値する。

以上のことは、西ドイツがヨーロッパで外交地平の拡大に注目すべき成果を上げてきた反面、日本の東アジアにおける外交地平の拡大の成果が限定的であることの重要な背景をなしている。日本の場合、歴史和解がドイツほど進展していない理由として、日本外交が日米二国間主義を超えることができなかったことが大きい。

西ドイツと日本は、第二次世界大戦の敗戦国として共通の占領体験を持ち、占領終了後はともに敗戦からの復興を目指した。モントゴメリーの著書のタイトルにあるように、日独両国は「強制的に自由の身にされた」という経験を持つ[33]。両国はまた、その経済力と技術力を背景に核武装をするのではないかとの懸念を抱かれたにも関わらず、ともに非核の選択を行った[34]。そのため、ボンと東京はしばしば比較の対象とされてきた。しかし両国の外交地平の拡大という点に関しては、西ドイツと日本には大きな違いが生じたとの印象は否めない。

そこで、以下では、第Ⅲ部に収められている残り二つの章を念頭におきながら、一九六〇年代から七〇年代にかけて、西ドイツが外交地平を拡大するための取り組みをどのように実現していったのかについて若干の整理をしておきたい。

第一に、西ドイツは戦後、「欧州合衆国」の一員として、すなわち「ヨーロッパ人」として生きていく覚悟を決め、その障害になるものを取り除いていく過程で、必要ならば大きな譲歩も辞さない外交を展開した。アデナウアー元首相は、回顧録の中で、次のように述べている。

「当時から変わることのない私の確信は、われわれの時代がいかに過酷にみえようとも、それがいつかは国家、いや超国家的諸秩序の新形成を結実するであろうというにある。（中略）全ドイツを法と自由の土壌の上に統一し、この統一ドイツを欧州的秩序の中へ編入することが、至上の目標でなければならなかった[35]」。

アデナウアー回顧録の中で注目すべきもう一つの点は、戦争責任に対する姿勢である。アデナウアーは「パートナーシップにとっての最重要課題とは信頼である」、「われわれドイツ人に対する信頼感をつくり出すことこそが、至上の要請であった」と述べたうえで、次のように続けている。「われわれドイツ人には、一九三三年から一九四五年の時期にドイツで何が演じられたかを忘れることは、許されなかった。ナチス政権が全世界にどんな不幸をもち込んだかを忘れることは、許されなかった[36]」。

ここには、ドイツ分断国家の将来の統一を実現するためには「ヨーロッパの一員」として生きていく以外にないというヴィジョンのもとに、戦後処理と歴史問題でたゆまない努力を続けていかなければならないとする彼の信念を読み取ることができる。

この点において、日本の政治指導者の取り組みは見劣りするものであった。鳩山一郎政権は五六年にソ連との国交回復を実現したが、北方領土問題ではソ連との合意に達することができなかった。佐藤栄作政権は、六五年に日韓国交正常化を果たしたものの、竹島（独島）については先送りした。さらに、七二年の日中国交正常化のさいにも、尖閣諸島の帰属をめぐる問題は次世代の判断に委ねることになった。

西ドイツが「ヨーロッパ人」として再出発する決心をしたときに直面したのが、領土問題であった。この課題に取り組む過程で、西ドイツは近隣諸国に大きな譲歩を行った。独仏間の戦争の火種となってきたルール地方の石炭は鉄鋼連合条約の締結により、主権の共有という選択を行い、フランス、ベルギー、ルクセンブルグの炭鉱とともに、欧州石炭鉄鋼連盟の管理下に置かれることになった。この選択がその後のヨーロッパ統合の道を切り開く端緒となる。また、九州の七割ほどの面積に相当するアルザス・ロレーヌ地方は、フランスに引き渡されることになった。この地域の住民はドイツ系のアルザス語使用者（一〇〇万人弱）がフランス語系住民（約六万五〇〇〇人）より圧倒的に多かったにもかかわらず、ドイツはこれを受け入れ、今日にいたっている。同様に、ソ連がポーランドの東部地域を自国領としたため、ポーランドの領土は西にずらされ、両国の国境はオーデル・ナイセ線となり、この線より東側に住んでいたドイツ人は追放された。その面積は、一一万二〇〇〇平方キロメートルであり、日本の沖縄県を含む九州全域、四国地方、中国地方を合わせた面積よりも大きい[37]。すでに言及したように、チェコスロヴァキアとは七三年のプラハ条約で、ミュンヘン協定を無効とすることで合意し、ズデーテン地方をチェコ領土として承認した。西ドイツは領土に関しては、上述のような多大なコストを払ってまで、「ヨーロッパの中のドイツ」として、ヨーロッパの中でその影響力を増大させていく道を選択した。

本書が対象とする一九六〇年代から七〇年代にかけてのヨーロッパでは、西ドイツのブラント政権の「東方政策」が推進され、ヨーロッパ・デタントが米ソデタントを牽引するという役割を果たした時期であり、その成功は西ドイツの外交地平の拡大につながった。

ブラント政権の「東方外交」が注目されるのは、彼の政治信念と歴史観を政治的リーダーシップに結びつけることによって、ヨーロッパ・デタントの流れを定着させるのに貢献しただけなく、冷戦の終焉にも大きな役割を果たしたことである。この点は、吉田外交が、日本の意に反してアメリカの対中「封じ込め」政策を受け入れたにもかかわらず、吉田の後継者たちも、その後長期にわたって対中「封じ込め」に追随した後、七二年のニクソン訪中による米中関係改善の動きが見えて、ようやく米中正常化交渉に本気で取り組み始めたのとは対照的である。

ブラント首相の「東方外交」は近年、「通常理解されていた以上にはるかに大きなインパクトをグローバルな規模で与えた[38]」と評価されるようになっている。当時ニクソン政権の安全保障担当補佐官として大きな影響力を持っていたキッシンジャーは後年、ブラント政権の「東方外交」を評して、「あえてドイツの国益の問題を提起し、それを西側の共通の利益と結び付け、実際にそれを実現するのに成功したのは、ブラントのとてつもない業績だ[39]」と述べている。

しかし、当時のキッシンジャー補佐官は、ニクソン大統領と同じく、ブラントの「東方外交」には強い警戒心を示し、ヨーロッパ・デタントが、アメリカの国益を損なう形で進むことに不安を抱いていたことを想起する必要がある。ニクソン政権が誕生したとき、西ドイツはキリスト教民主同盟（CDU）と社会民主党（SPD）の「大連立」政権が政権運営を行っていたが、CDUとSPDの「東方問題」に対する考え方は対照的であり、CDUのキージンガー首相は、伝統的な「西方政策」を維持する方針であった。これに対して、SPDのブラント外相は、新たな「東方政策」へと進んでいった。ブラントの「東方政策」に警戒心が強かったニクソン政権は当然のことながら、CDUの「西方政策」に好意的であった。第9章「デタント時代における米独関係、一九六八―一九七二年」（ロバート・マクマン）もまた、そうした状況の下で、ロッジ駐西ドイツ米大使、キッシンジャー補佐官、ニクソン大統領が、西側の結束を疎かにするとして、東方外交に強い懸念を抱いていたことを明らかにしている。

クリツィングの研究によると、ホワイト・ハウスは、国務省よりもブラント政権の外交により強い警戒心を示した。ニクソンとキッシンジャーは基本的に、米ソデタントを重視する点でアプローチを共有していた。したがって、ブラントの「東方政策」が米ソ交渉に及ぼす影響を懸念することになり、「東方政策」には終始慎重で消極的な対応を示した。ニクソン大統領は、イデオロギー的に社会民主党政権に違和感を強く抱いており、キッシンジャーは、ドイツの過去の歴史からの類推にもとづき、ドイツ・ナショナリズムを警戒した[40]。その一方で、キッシンジャーとニクソンは、中東やSALT交渉において、米ソとの間で「緩やかな共同管理」体制の構築を目指しており、米ソデタントという大きな文脈の中で進められる限りブラント外交に反対できないというディレンマも抱えていた。このため、キッシンジャーは、ブラントの「東方政策」を「最悪の事態」と称したにもかかわらず、「ブラントに反対できないが、積極的に彼の政策を支持することもしない」と言わざるを得ない立場に置かれたのである[41]。

では、ブラントは、どのようにしてワシントンが公には反対できないような構図を作りあげていったのだろうか。

ブラント政権は、一九七〇年八月一二日にモスクワと、つづいて同年一二月七日にポーランドとの間に条約を締結し、第二次世界大戦の帰結としての国境の現状維持で合意し、紛争の平和的解決をうたった。これにより、モスクワは西ドイツ議会によるモスクワ条約の批准を強く望むようになった[42]。その際重要だったのは、ブラントが、ベルリン四カ国協議の合意が実現しなければ、西ドイツ議会によるモスクワ条約の批准はありえないとの条件を付けたことである[43]。他方で、ニクソンは米ソ軍備管理、中東問題などで米ソデタントの前進を強く望んだことから、キッシンジャーは、停滞していたベルリン四カ国協議に積極的に関与するようになり、七一年九月三日に四カ国協議で合意が成立した。これを受けて、七二年五月一七日に西ドイツ議会はモスクワ条約とワルシャワ条約を批准した。その結果、ソ連はニクソンの訪ソを受け入れ、七二年五月二二日から二九日にかけて開催されたニクソン＝ブレジネフ首脳会談で第一次戦略兵器制限交渉（ＳＡＬＴⅠ）とＡＢＭ条約が締結されることとなった。

以上の経緯から明らかなように、ブラント政権によるヨーロッパ・デタントが米ソデタントを促進する役割を果たした。「オストポリティク」（Ostpolitik）は、米ソ超大国間のデタントの触媒の役割を果たしたのに加え、冷戦の最前線に位置していた地域の緊張緩和をもたらすことで将来のドイツ統一の可能性を残し、国際社会における西ドイツの立場を高めることに貢献したのだ。

最後に、ブラント外交が米ソ両国の関係改善に弾みをつけることになった要因として、英仏など関係国が果たした役割も無視できない。フランスのポンピドゥー大統領は、ブラントの東方外交がヨーロッパの現状の追認につながることを歓迎していたが、半面、西ドイツがソ連に接近することでフランスのヨーロッパでの影響力が低下したり、ドイツ統一による強大なドイツが出現することには警戒心を抱いており、当初はブラント外交にあいまいな態度をとった。だが、一九六九年七月の独仏協議以降は明確な支持に転じ、躊躇するニクソン政権に積極的な対応を求めるようになった[44]。なかでも注目されるのは、ブラントが、「東方政策」を推進するにあたって、ＮＡＴＯ諸国の不安を払拭するために、ヨーロッパ統合を支持し、その推進を図ることが重要だと認識していたことだ。このためブラントは、六九年四月末に退陣したドゴールを引き継いだポンピドー大統領と緊密な意見交換を行い、一二月に開催されたハーグEC首脳会議開催を実現した(45)。

ブラントのヨーロッパ統合への積極的な取り組みで注目されるのは、イギリスのEC加盟を一貫して支持したことである。このことは、ドゴールの反対でEC加盟を阻止されていたイギリス政府にとって変化であり、好ましい環境の、ブラントの東方外交が同盟の結束を揺るがすのではないかとの不安を抱いていたイギリス政府首脳に、EC加盟問題での前進に期待を持たせ、それは「東方政策」への不安を緩和するのに役立った。

第10章「英独関係の中の西ドイツ東方政策、一九六九—一九七二年」(齋藤嘉臣)は、ブラントの東方外交に対するイギリス政府の政策、ウィルソン政権と「大連立」政権期、ウィルソン政権・ブラント政権期、ヒース政権・ブラント政権期に分けて考察している。齋藤によると、ウィルソン労働党政権は、東西両ドイツの関係改善には懐疑的だったが、東西間のデタントには賛成であり、ブラントの「東方政策」に支持を表明した。労働党政権を一九七〇年六月に引き継いだヒース保守党政権も、ブラントが現状維持を基本としながらデタントを追求することには肯定的態度を示した。その一方で、ヒース政権は、ワルシャワ条約調印以降ベルリンに関する四カ国協議に焦点が移る中で、ベルリンにおけるロンドンの権利と責任の維持、さらにはブラントのモスクワへの急接近により生じるヨーロッパ統合や同盟の結束への影響について、懸念を抱き始めたという。齋藤によると、イギリス政府が、ドイツ統一よりもドイツ分断による安定を優先したため、ベルリン協議には積極的ではなかったものの、イギリスが最優先課題としてきたEC加盟のためには、西ドイツの支持が必要であったという。イギリスは一九七三年一月ECに加盟することになる。

以上を要するに、ブラントはモスクワ条約の締結のさいに、ベルリン交渉での満足のいく妥結を同条約批准の前提条件とすることで、ソ連のベルリン問題解決への取り組みを促し、他方ソ連は、SALT交渉の成果を求めるニクソンとキッシンジャーに対して、ベルリン交渉の進展とモスクワでのニクソン＝ブレジネフ首脳会談開催をリンクさせることによって、ワシントンのベルリン協議への積極対応を促した。その結果、ベルリン最終議定書の調印が可能となった。それゆえ、ブラントの「東方政策」は、冷戦の文脈から見るならば、ヨーロッパ・デタントの推進力となっただけでなく、キッシンジャーとニクソンの予想を超えて、グローバルなレベルでの米ソデタントの促進にも貢献したと評価することができる。

注

（1）筆者はこれまで、そうした問題関心から、以下の著書、編著を刊行している。菅英輝『冷戦と「アメリカの世紀」――アジアにおける「非公式帝国」の秩序形成』（岩波書店、二〇一六年）。同編著『冷戦史の再検討――変容する秩序と冷戦の終焉』（法政大学出版局、二〇一〇年）。同『冷戦と同盟――冷戦終焉の視点から』（松籟社、二〇一四年）。同『アメリカの戦争と世界秩序』（法政大学出版局、二〇〇八年）。上記の編著で紹介した先行研究以外では、以下の近著が注目される。小野沢透『幻の同盟――冷戦初期アメリカの中東政策』上・下巻（名古屋大学出版会、二〇一六年）。益田実・池田亮・青野利彦・齋藤嘉臣編著『冷戦史を問い直す――「冷戦」と「非冷戦」の境界』（ミネルヴァ書房、二〇一五年）。細谷雄一編著『戦後アジア・ヨーロッパ関係史――冷戦・脱植民地化・地域主義』（慶應義塾大学出版会、二〇一五年）。また、個別テーマを扱った単著としては、以下がある。藤本博『ヴェトナム戦争研究――「アメリカの戦争」の実相と戦争の克服』（法律文化社、二〇一四年）。渡辺昭一編著『コロンボ・プラン』（法政大学出版局、二〇一四年）。白鳥潤一郎『「経済大国」日本の外交　エネルギー資源外交の形成1967～1974年』（千倉書房、二〇一五年）。肥田進『集団的自衛権とその適用問題――「穏健派」ダレスの関与と同盟への適用批判』（成文堂、二〇一五年）。

（2）緒方貞子（添谷芳秀訳）『戦後日中・米中関係』（東京大学出版会、一九九二年）一七六頁。

（3）加藤典洋『戦後入門』（筑摩書房［ちくま新書］、二〇一五年）一五、一九、二二一―五一、三七〇―三九九頁。Gavan McCormack, *Client State: Japan in the American Embrace* (London: Verso, 2007). 新田準訳『属国――米国の抱擁とアジアでの孤立』（凱風社、二〇〇八年）。David A. Lake, *Entangling Relations: American Foreign Policy in Its Century* (Princeton: Princeton University Press) chapter 5; Do, *Hierarchy in International Relations* (Ithaca: Cornell University Press, 2009), pp.

54-55, chapter 3. David Sylvan and Stephen Majeski, *U. S. Foreign Policy Perspective : Client, enemies and empire* (London : Routhledge, 2009).

(4) 柳澤協二『亡国の安保政策——安倍政権と「積極的平和主義」の罠』(岩波書店、二〇一四年) 三一四頁。

(5) 山本満『自主外交の幻相』(中央公論社、一九七四年) 一九、三七頁。

(6) 日米安保は、旧安保条約の改訂、沖縄返還、一九九七年の新ガイドライン、周辺事態法の成立という形でその非対称性が改善されてきたと捉え、とくに新ガイドラインを「日米同盟の相互性」を保つための「きわめて重要な一歩」だとする主張はその例である。坂元一哉「日米同盟における『相互性』の発展——安保改定、沖縄返還、二つの『ガイドライン』」波多野澄雄編『日本の外交』第二巻 (岩波書店、二〇一三年) 五九、六八頁。同『日米同盟の難問』(PHP研究所、二〇一二年)。後者は、第三章で、解釈改憲による集団的自衛権の行使容認の必要性を訴えている。

(7) 中島琢磨『沖縄返還と日米安保体制』(有斐閣、二〇一二年) 三四三—三五三頁。中島「冷戦秩序の変容と日米安保体制——同盟の対等性のあり方をめぐって」前掲、菅編著『冷戦と同盟』、三三七—三四〇頁。

(8) 豊田祐基子『日米安保と事前協議制度 「対等性」の維持装置』(吉川弘文館、二〇一五年) 四、二五六—二六三頁。

(9) 初瀬は、冷戦後の「日米安保再定義」は「従属の傾向を強化する」ことになったとして、日本はふたたび「日米安保体制を抱きしめる」選択をしたと主張している。初瀬龍平「『日米安保再定義』——日米安保体制を抱きしめて」前掲、菅編著『冷戦と同盟』、三五三—三八四頁。

(10) 五十嵐武士、阿部斉【聞き手】『齋藤眞先生に聞く』〈American Studies in Japan Oral History Series Vol. 28、一九九二年〉東京大学アメリカ研究資料センター、七四頁。

(11) 豊下楢彦「『安保の論理』の歴史展開」、前掲、菅編著『冷戦と同盟』、一九五—一九六頁。

(12) 一九五七年九月の外交青書で発表された日本外交の三原則間のバランスが、日米二国間主義になっていく過程の考察については、以下の拙論を参照されたい。菅英輝「日米関係と日本外交」初瀬龍平・野田岳人編『日本で学ぶ国際関係論』(法律文化社、二〇〇七年) 四五—五八頁。同「日本、アジアそしてアメリカ」小林英夫編著『現代アジアのフロンティア』(社会評論社、二〇〇四年) 五五—八一頁。日米安保条約の締結によって、講和・安保体制と九条体制との相克関係が作りだされ、日本の政治と外交にねじれ現象を起こすことになった経緯については、以下の拙論を参照されたい。同「アジア太平洋戦争と日米安保体制」

杉田米行編著『アジア太平洋戦争の意義』(三和書籍、二〇〇五年)一七一―二〇九頁。

(13) ジョン・ダワー「二つの『体制』のなかの平和主義と民主主義」アンドルー・ゴードン編『歴史としての戦後日本』上(みすず書房、二〇〇一年)六八頁。John W. Dower, "Peace and Democracy in Two Systems," in Andrew Gordon eds., *Postwar Japan as History* (Berkeley, California: University of California Press, 1993), p. 20. 一九六三年二月二五日付パーソンズから国務省のフィアリーに宛てた手紙によると、在日米大使館は、一九五四年の時点で岸を「傘下に納めた」(cultivate)と述べている。一般に、岸はナショナリストだと受け止められているが、この文書はアメリカ側が、かなり早い段階から岸に注目し、彼をアメリカのコラボレーターとして育成してきたことを示している。Letter from J. Graham Parsons to Robert A. Fearey, February 25, 1963. J. Graham Parsons Papers, Georgetown University Manuscripts, Georgetown University Special Collections Research Center. なお、手紙作成時にパーソンズは在スウェーデン米大使だったが、一九五二年から五六年まで在日米大使館公使を務めていた。

(14) 筆者は戦後日本外交が、対米依存の構造から脱却できない状況を踏まえ、吉田茂政権以降の自民党政権は、「非公式帝国」アメリカの秩序形成に協力するコラボレーターとして振る舞ったとの議論を展開した。この点については、以下を参照されたい。「『非公式帝国』アメリカとアジアの秩序形成、1945～54年」宇山智彦編著『ユーラシア近代帝国と現代世界』(ミネルヴァ書房、二〇一六年)一九〇―二一八頁。また、前掲、菅『冷戦と「アメリカの世紀」』も同じ問題意識の下に執筆した。

(15) 日本での中印国境紛争に関する研究としては、以下がある。吉田修「インドの対中関係と国境問題」『境界研究』№1(二〇一〇年)五七―七〇頁。

(16) John W. Garver, "China's Decision for War with India in 1962," Alastair Iain Johnston and Robert S. Ross eds., *New Directions in the Study of China's Foreign Policy* (Stanford, California: Stanford University Press, 2006), p. 89.

(17) *Ibid.*, pp. 97–103.

(18) Neville Maxwell, *India's China War* (New York: Random House, 1972); Allen S. Whiting, *The Chinese Calculus of Deterrence: India and Indochina* (Ann Arbor: University of Michigan Press, 1975). その後、マックスウェルは、新たな資料を加えて、自説を補強する議論を展開している。Neville Maxwell, "Sino-Indian Border Dispute Reconsidered," *Economic and Political Weekly* (April 10, 1999), pp. 905–913. Garver, "China's Decision for War with India in 1962," *ibid.*, pp. 86–89, 103–123. 吉田も

インド側の一方的な対応を問題にしている。前掲、吉田「インドの対中関係と国境問題」、五八―六五頁。
(19) 長谷川和年『首相秘書官が語る中曽根外交の舞台裏』(朝日新聞出版、二〇一四年)六二頁。
(20) 同上、六三頁。
(21) 田中康友「ベトナム戦争終結と日本外交――戦後秩序をめぐる経済大国としての外交――」『国際政治』第一三〇号(二〇〇二年五月)一四四―一四五頁。
(22) 須藤季夫「日本外交におけるASEANの位置」『国際政治』(一九九七年一〇月)一五三―一五五頁。福田ドクトリンの三原則とは、以下の三つから成る。(1)日本は軍事大国にならない、(2)「心と心の『触れ合う相互信頼関係』の構築、(3)ASEANの連帯と強靭性の強化に向けた自助努力に積極的に協力し、同時にインドシナ諸国との関係構築をはかり、「東南アジア全域にわたる平和と繁栄の構築に寄与する」。(3)が、福田ドクトリンの第三原則である。一九七七年八月一八日の福田首相のマニラ演説全文は、以下を参照されたい。福田赳夫『回想九十年』(岩波書店、一九九五年)三六二―三七〇頁。
(23) 同上、須藤、一五三―一五四頁。
(24) 前掲、福田『回想九十年』、二七一―二七三頁。
(25) アンドレア・プレセロ「ヴェトナム戦争後の東南アジア秩序と日本」宮城大蔵編『戦後アジアの形成と日本』(中央公論新社、二〇一四年)一二二、一三三、一三七、一四〇頁。しかし、アメリカの反対に遭遇し、ベトナム援助を停止せざるを得なかったという肝心の事実について、同論文が言及していないのは問題である。自主外交を目指したということと、政策レベルでそれが可能となったか否かは区別して論じる必要がある。以下も同様である。波多野澄雄・佐藤晋編『現代日本の東南アジア政策』(早稲田大学出版部、二〇〇七年)一七九―一八〇頁。
(26) Secret memorandum, December 5, 1979, DDRS.この資料の入手に際しては、福岡アメリカン・センターのカグノ麻衣子さんにお世話になった。お礼を申し上げる。
(27) 一九七三年九月のハノイとの日越国交正常化にいたる過程を考察した伊藤は、九月の調印から七五年一〇月に至るまで北ベトナムとの間に大使交換が行われない変則的な状態が続いた理由として、アメリカ政府への配慮から、ハノイから要求された第二次世界大戦に関する賠償並びに南ベトナム臨時革命政権の承認を拒否し続けたためだとして、日本の対米自立外交に疑問を呈している。伊藤剛「日越国交正常化と日米関係――東アジア国際システムの多極化と日本外交」日本政治学会編『年報政治学』

（危機の日本外交―七〇年代）（岩波書店、一九九七年）六〇、七二―七七頁。
(28)　このような問題関心から、筆者は以下の編著を刊行している。拙編著『東アジアの歴史摩擦と和解可能性　冷戦後の国際秩序と歴史認識をめぐる諸問題』（凱風社、二〇一一年）。
(29)　この点に関する詳細な議論については、以下の拙論を参照されたい。菅英輝「日米関係と日本外交」前掲、初瀬・野田編『日本で学ぶ国際関係論』、四五―五八頁。同「日本、アジアそしてアメリカ」前掲、小林編著『現代アジアのフロンティア』、五五―八一頁。
(30)　菅英輝「冷戦後東アジア国際関係の構造変動と歴史和解――パワー、ナショナリズム、市民社会、歴史摩擦の交錯」前掲、菅編著『東アジアの歴史摩擦と和解可能性』、三〇―三一頁。
(31)　マイク・モチズキは、三牧と同様の認識に立ち、政府間合意のもとで実施された歴史共同研究は、意義ある活動ではあるが、政府を背後に控えた対話だと、参加者の間に政治的駆け引きが生じてしまうので、非公式な民間ベースの対話で、これらの公式協議の場を補う必要があると指摘する。その場合、歴史専門家、社会科学者だけでなく、教育者、ジャーナリスト、NGO活動家、宗教指導者、映画監督、作家、政治家など、多様な分野から参加者を広く募り、「厚みのある地域ネットワークを構築する必要がある」と主張している。「未完の課題としての歴史和解――地域安全保障と米国の戦略への影響」同書『東アジアの歴史摩擦と和解可能性』、四五三―四五四頁。
(32)　併せて以下も参照されたい。Lily G. Feldman, *Germany's Foreign Policy of Reconciliation From Enmity to Amity* (Lanham: Rowman & Littlefield Publishers, Inc., 2012).
(33)　John D. Montgomery, *Forced to be Free: the Artificial Revolution in Germany and Japan* (Chicago: University of Chicago Press, 1957).
(34)　核兵器をめぐる日独の対応に関しては、以下の共編著を参照されたい。菅英輝・初瀬龍平編『アメリカの核ガバナンス』（晃洋書房、近刊）。
(35)　コンラッド・アデナウアー（佐瀬昌盛訳）『アデナウアー回想録』Ⅰ（河出書房、一九六八年）二四八頁。
(36)　同上、二五一頁。
(37)　孫崎享『日本の国境問題』（筑摩書房［ちくま新書］、二〇一一年）五〇―五一頁。

(38) Carole Fink and Bernd Schaefer, "Ostpolitik and the West, 1969–1974," Fink and Schaefer eds., *Ostpolitik, 1969–1974—European and Global Responses*（Washington D. C.: German Historical Institute and Cambridge University Press, 2009), p. 1.

(39) *Ibid*., p. 1.

(40) Holger Klitzing, "To Grin and Bear It: The Nixon Administration and Ostpolitik," Fink and Schaefer eds., *Ostpolitik, 1969–1974, ibid*. pp. 98–99, 108.

(41) ブラントの「東方外交」と分断克服戦略については、以下を参照されたい。妹尾哲志『戦後西ドイツ外交の分水嶺』（晃洋書房、二〇一一年）。キッシンジャーがディーン・アチソン元国務長官にアドバイスを求めた際に発した、「最悪の事態」発言については、Klitzing, *ibid*., p. 97.

(42) 近年の研究は、ブレジネフが一九六六年七月に全社会主義諸国の主目標として、全欧安保会議（ESC）を提唱して以来、戦後の国境の画定を目指して東西間の交渉に積極的な対応を見せ、六九年一二月には、ブレジネフとブラントの間にバック・チャンネルを開設し、七〇年八月一二日のモスクワ条約の調印にこぎつけたことを明らかにしている。Andrey Edemskiy, "Dealing with Bonn: Leonid Brezhnev and the Soviet Response to West German Ostpolitik," Fink and Schaefer eds., *Ostpolitik, 1969–1974, ibid*. pp. 15–38.

(43) 山本健『同盟外交の力学　ヨーロッパ・デタントの国際政治史――1968－1973』（勁草書房、二〇一〇年）一二八―一三一頁。

(44) Marie-Pierre Rey, "Chancellor Brandt's Ostpolitik, France, and the Soviet Union," Fink and Schaefer eds, *Ostpolitik, 1969–1974, op. cit*. pp. 111–125.

(45) 前掲、妹尾『戦後西ドイツ外交の分水嶺』、一三七―一五〇頁。

（菅　英輝）

第Ⅰ部

アジアの冷戦

第1章 日米とアジア地域主義の変遷

はじめに

第二次世界大戦後の日本外交には、自主性・自立性が希薄なのか。もし希薄なのだとすれば、その回復はアジアとの関係強化によって可能になるのか。換言すれば日本にとって「対米自主」の実現は、「アジアとの連携強化」によって可能になるのか。日本の対米外交と対アジア外交との間にそのような関係が成り立つとすれば、それはいかなる場合においてなのか。本書に通底するこの問いへの答えを、過去の歴史的展開の中に探るのが本章の目的である。具体的にはこれまでのアジア地域主義、アジア連帯の動きに対して、日米がいかなる対応をとったのかを考察する。日米がアジアに対して共同歩調をとったこともあれば、日本にとって「対米自主」の色合いを帯びた局面もあった。その諸相の中から、「アジアとの連携強化による対米自主の実現」という図式はいかなる場合に成立しうるのか、その手がかりが得られるであろう。

「アジアか、欧米か」という問いは、日本にとって戦後のみならず、明治以降連綿とつづくものであった。戦前期においては、アジアの大半が西洋列強の植民地となる中で日本は「富国強兵」の下、欧米列強に並ぶ地位に登り詰め、他のアジア諸国を植民地化する側となった。その一方で日本では民間を中心に、アジアとの連帯を求める「アジア主義」の系譜も絶えることがなかった。やがて一九三〇年代以降、日本の大陸進出が対米関係の行き詰まりをもたらし、日本は最終的に対米戦争に踏み切る。「アジアか、欧米」という問いに揺れた戦前の日本は、最終的に欧米からの「アジア解放」を自らの使命として掲げるに至ったのである。

敗戦と占領を経て独立を回復した戦後日本においては、アメリカが圧倒的な存在感を持つようになった。その中から、アメリカの存在を相対化し、日本にとっての「行動の自由」を広げたいという欲求が「対米自主」のキャッチフレーズとともにしばしば浮上することになる。そこで「自主」を発露する対象として想定されたのが、多くの場合、アジアであった。

そこで問題となるのが、このような文脈で想起される日本にとっての「アジア」とは果たしていかなるものなのかという点である。振り返ってみれば幕末から明治初期における日清提携論のような例外もあるが、「欧米か、アジアか」という場合のアジアとは、アジアの特定国ではなく、より広い範囲で一定のまとまりを持ったアジアを想定したものであった。それは戦前、戦後を通じて、日本にとって欧米と対抗することを可能にするような強力な提携相手がアジアに存在しなかったことを意味している。換言すれば、アジアは一定のまとまりを持つことによって初めて、欧米と対比しうるような重みを有するのである。このアジアのまとまりや、連携・提携の模索を広い意味での「地域主義」と見なすことも可能であろう。

しかしアジアの地域主義や連帯といっても、その主体や範囲、目的はさまざまであり、「アジアか、欧米か」という日本の「問い」との関係も異なるものであった。そこにどのようなバリエーションや傾向性を見出すことができるのか。本章では明治初期から現代に至るまでの一四の局面を取り上げて、日本の対応やアメリカとの関係を検討する。帝国主義全盛期の明治期から冷戦下の戦後アジア、そして冷戦後までを通して概観するのが粗雑であることは確かであろう。しかし、異なる背景を持つ諸局面をあえて同じ枠組みで扱うことによって、日本外交にとっての「自主」や「行動の自由」と対欧米外交、対アジア外交との連関について、時代を超えた何らかの特徴や傾向性を見出すことができれば、本章の試みにもいささかの意味はあるということになろう。

さて、本章の枠組みをこのように設定した場合、問題となる点の一つは、いかなる基準によってここで扱う一四の局面を選ぶのかということである。本章同様の枠組みで、取り上げる事例の選択の基準を厳密に定義した研究もあるが、それでもなお恣意性を排除できているとは言い難いように思われる。[1]本章においては、事例を取り上げるうえでの定義の精緻化といった方向よりも、それぞれの時代における主要、あるいは特徴的だと思われる局面を事例として取り上げ、そこに見られる傾向性に着目するといった比較的緩やかな枠組みで議論を進めることとする。

以下では一四の局面を取り扱うが、その中にはアジア連帯や地域主義に向けた萌芽というべき段階のものも含まれている。また第一節（1）の琉球帰属をめぐる問題と、（2）のアメリカの太平洋国家化は、その中でもさらに例外で、アジア地域秩序の模索といった動きはまだ見られない局面であるが、アメリカがアジア太平洋に進出する過程において、日本がどのような反応を示したのかを「前史」として含めることとした。

1　歴史的検討——第二次世界大戦前

（1）前史・琉球帰属をめぐるアメリカの仲介

今日の国際社会が前提としている主権国家体系が、日本の位置する東アジアに及んだのは一九世紀末であった。それまでこの地域で優勢であったのは歴代の中華帝国を中心とする冊封体制であり、そこでは国境や国民の帰属もそれほど厳密だったわけではない。

明治維新後の日本が、欧米列強に伍して主権国家体系に参入しようとした際、まず課題となったのが国境画定であり、冊封体制との関係でいえば琉球国の扱いが問題となった。琉球国は清朝の冊封体制に組み込まれる一方、島津氏の琉球侵攻以来、実質的に薩摩藩の支配下にあった。明治国家の成立に伴って国境画定が課題となった時に、「日清両属」状態であった琉球の帰属が問題になったのである。この問題で日清間の仲介を試みたのが、世界旅行中のアメリカの前大統領、グラント（Ulysses Grant）であった。

グラントは世界視察旅行の最中に中国に立ち寄った際、李鴻章らからこの問題の調停を依頼された。その後、来日した際には伊藤博文内務卿らから日本側の主張を聴取するとともに、明治天皇に会見した際には、欧州各国の野心に対して日清が相互に譲歩して協調するよう力説した。日清両国はグラントの勧告に従って協議に同意した。その後に行われた会談で日本側は「琉球二分割案」を提示したのに対し、清国は「琉球三分割案」を提示した。前者は沖縄諸島、奄美諸島を日本領、宮古・八重山諸島を清国領とするものであったのに対し、後者は奄美を日本領、宮古・八重山を清国領とし、沖縄諸島には琉球国を存続させようというものであった。

結局このときは琉球国から清国への亡命者による強硬な反対もあって妥結には至らず、明治政府が「琉球処分」によって琉球国を「琉球藩」、そして「沖縄県」として日本に組み込んでからも、琉球の帰属は日清間の問題としてくすぶりつづけた。結局、琉球帰属問題は日清戦争で日本が勝利し、台湾の割譲を受けたことに伴って事実上、日本帰属で解消した形となった。(2)

日清の協調をアメリカが促したというのがここでの構図であり、日清提携によって西欧列強の進出に備えるべきだという議論も興味深い。しかし一方で、これがアメリカ政府というよりはグラント個人による関与という色彩が強いことは否めない。アメリカの関与がグラント個人のレベルにとどまったということは、国家としてのアメリカの利害や関心が、この段階では必ずしも極東に及んでいなかったことの反映であるともいえよう。グラントは欧州列強の極東進出に対する警戒を日清に呼びかけた訳で、アメリカはそこには含まれない「部外者」であることがその仲介の前提にあったといえよう。

（2）アメリカの太平洋国家化と日本

アメリカが「太平洋国家」としての実質を備えるようになった契機と目されるのは、米西戦争（一九八九年）である。キューバをめぐるこの戦争に勝利したアメリカは、スペインの植民地であったフィリピンを手に入れる。また同じ一八九八年にアメリカはハワイを併合した。アメリカ系住民を中心とするハワイ革命（一八九三年）によってハワイ王朝が瓦解して以降、アメリカとの併合に向けた動きが進められていたところに米西戦争がおき、軍事上の考慮から併合手続きが加速された結果であった。

アメリカ併合前のハワイ王朝は、王朝の生き残りを賭けて日本との提携に期待していた。カラカウア王はハワイが主権国家であることを誇示することを目的の一つとして世界周遊を行うが、最初の訪問地は一八八一年に訪れた日本であった。天皇からの敬意を込めた扱いに力を得たカラカウアは帰国後、日本に大使を派遣して移民協定を結ぶとともに、天皇を最高峰とし、ハワイを一員とする「アジア諸国連邦」を結成することを提案した。日本政府はこれに対して「陛下はこの思慮に富んだ視野の広い考えに大いに賛成であるが、これは大それた偉業であり、容易には実現しないだろうから、これがいつ実現しうるか予想することはできない」と返信した。またカラカウアは、彼の姪と天皇の親王である山階宮定麿王（後の東伏見宮依仁親王）との婚姻関係締結も提案したが、親王はすでに婚約しているとの返答を受けた(3)。

その後、日本政府はアメリカがハワイ併合に向けて同地を属領とした際には、「ハワイの現状維持は列国の協調上必要」であり、ハワイ在住日本人の既得権を脅かすものだとしてアメリカ政府に抗議した。また日本人移民のハワイ上陸が拒否される事件が発生し、日本は示威も兼ねて日本人保護のためとして軍艦をハワイに派遣した。しかしこのような日本の動きに対してアメリカは警戒感を強め、逆にハワイ併合を早める結果となった。日本は、英・仏・独と共同でアメリカのハワイ併合の動きに抗議することを試みたが、列国は傍観の立場をとり、日本の試みは不発に終わった(4)。

ここでの日本の対応を約言すれば、ハワイ王朝による「アジア主義」的な提携関係打診に対する否定と、アメリカのハワイ併合に向けた動きに対する軍艦派遣や列強との共同干渉の試みなど、「旧外交」的な手法を用いた阻止の試みということになろうが、後者についても成果は得られなかった。

一方、フィリピンについては、一九〇五年に桂・タフト覚書が交わされている。これは日露戦争が休戦状態に入り、講和会議の開催前というタイミングでアメリカのセオドア・ルーズベルト（Theodore Roosevelt）政権で陸軍長官をつとめていたタフト（William Taft）が、訪日して桂太郎首相と会談して交わされたもので、会談の覚書というべきものである。ここで桂はフィリピンに対する日本の野心を否定し、一方でタフトは日本が韓国の保護国化に向けた動きを加速させていたことに対して、朝鮮半島における日本の地位の正当性を認めた。

アメリカ側は日露戦争で勝利を収めた日本がその余勢を駆って、フィリピンに対して進出を図るのではないかと警戒していた。桂・タフト覚書は、日露戦争での勝利によって朝鮮半島を勢力圏に収めつつあった日本、米西戦争によってフィリピンを手中に収めたアメリカが、相互にその勢力圏を認め合うことで、日米間の抗争の可能性を減じようというものであった。また、セオドア・ルーズベルト大統領が日露戦争の講和に乗り出した背景として、日本が過度に勝利することで極東のパワーバランスが日本優勢に傾きすぎることを懸念したことも指摘される(5)。

この局面を特徴づけるとすれば、アメリカがハワイ、フィリピン、そして日本が朝鮮に向けて、ともに帝国主義的な膨張を見せたが、ハワイでは日本の牽制は不発に終わり、その一方で朝鮮とフィリピンについては、事実上、日米間で勢力圏の相互承認という図式が形成された。日米間におけるあからさまな「勢力圏の相互承認」という、本章で扱う諸事例の中でも特徴ある局面だといえよう。

（3）第一次世界大戦後の「新外交」と日本

第一次世界大戦は欧州列強間における勢力均衡の崩壊によって勃発し、ドイツ帝国やオーストリア＝ハンガリー帝国の瓦解を招くとともに、ロシア革命によってソビエト連邦が誕生する。大戦後の世界で存在感を増したのは、参戦によって大戦終結を決定づけたアメリカであったが、その「新外交」が日本、そしてアジアに対しても大きな影響を及ぼすことになる。

ベルサイユ講和会議で、ドイツ帝国、オーストリア＝ハンガリー帝国、ロシア帝国、オスマン・トルコ帝国と四つの帝国が瓦解した中東欧を念頭にウィルソン米大統領が提起したのが「民族自決」の理念であったが、それは日韓併合後の韓国や日本の帝国主義的な進出に圧迫される中国の民族主義を鼓舞し、韓国では3・1運動、中国では5・4運動が起きることになる。

その一方で日本は「五大国」の一つとして参加したベルサイユ講和会議において、「人種差別撤廃」を国際連盟規約に盛り込むことを試みる。黄禍論が欧州で流布される中、人種対立の芽を摘んでおきたいとの願望や、排日移民問題に対する牽制などが込められた提案であった。当初ウィルソンはこれに好意的であったが、移民問題に神経質なオーストラリアなどの強硬な反対を受けてイギリスが難色を示し、結局ウィルソンも反対して同提案は実現しなかった。

一方でアジア太平洋においては、大戦後に力を増したアメリカ主導の地域秩序構築の試みとして、一九二一年から二二年にかけてアメリカのハーディング大統領が提案してワシントン会議が開かれた。一連の会議を受けてワシントン海軍軍縮条約、日米英仏が太平洋地域における権益の相互尊重をうたった四カ国条約、日米を含めた各国が中国の主権尊重、領土保全、門戸開放、機会均等をうたった九カ国条約が結ばれた。アメリカは四カ国条約によってアジア太平洋における「旧外交」の象徴であった日英同盟を廃棄させ、従来、一方的な「声明」として掲げていた「門戸開放」を、列強各国を巻き込んで条約化することに成功した。日本を始め列強各国の既得権益に配慮した面があったことが、アメリカの要求を諸列強が受け入れる素地となった。

本章の関心からすればワシントン体制とは、アジア政策の調整を通じた日米関係安定化の試みであったと性格づけることができる。日本は、アメリカが打ち出した理念外交に対して、門戸開放政策に原則論として賛同する一方、実質的にはワシントン体制下においても満蒙権益を維持することに成功した。「まずはアメリカの外交的攻勢を無難に切り抜けることに成功した」と評される所以である。(6)

またこのアメリカ主導の地域秩序形成の試みの根底には、圧倒的な存在感を持つようになったアメリカの経済力があった。原敬首相が「対米協調」を重視したのも対米経済関係の重要性を最優先に考えたためであり、以後の日本の政党内閣が対米関係を筆頭とする「国際協調」を唱えたのも、日本経済が米ウォール・ストリートなどを中心とする欧米の国際金融システムと不可分な結びつきを形成したことを表裏としていた。(7)アメリカの圧倒的な経済力と理念としての「門戸開放」を受け入れつつ、「大陸進出」の既得権益を維持したのが、日本にとってのワシントン体制であった。

一方で、ワシントン会議を通じて中国による関税自主権の回復、治外法権撤廃などの要求は退けられた。また帝政ロシア時代に中国において大きな権益と影響力を有していたソ連も、共産主義国家という異質性から排除された。その意味で、ワシントン体制には列強協調による地域秩序管理という色彩があることは否めない。その諸列強の中でもとりわけ日米、そして植民地主義国の雄たるイギリスが重い比重を占めたことに鑑みれば、これが日米英協調を基軸とした大国による地域秩序管理であったという図式を見出すことが可能であろう。(8)

その後、ワシントン体制では周辺的位置づけであった中国のナショナリズムとソ連のコミュニズムが結合する形で中国革命が進展し、第二次世界大戦後には中ソ同盟として、米傘下の自由主義陣営と東アジアを二分することになる。

(4)　東亜新秩序構想

一九二〇年代後半になると北伐が開始され、中国の国権回復に向けた革命外交が激しさを増した。このような中国情勢への対応をめぐって、ワシントン体制の主軸を成した日米英間の協調は失われていく。さらに一九二九年に世界大恐慌が始まると、ブロック経済によって自国の生き残りを図ろうとする米英など諸列強の行動があからさまなものとなる。

その中で満州に駐屯する関東軍を中心に、満州を中国の国権回復運動から守るべきとの気運が高まり、満州事変（一九三一年）に至る。これは揺らぎつつあったワシントン体制に決定的な打撃を与える出来事であり、満州国が不承認とされたことに抗議して、日本は一九三三年三月には国際連盟を脱退する。

一九三三年春頃には関東軍の軍事行動も収束し、九月に外相に就任した広田弘毅が「広田外交」として対外関係の再建に乗り出す。しかし広田自身が一九三四年一月の議会演説で日本は東亜の平和維持に全責任を負うと演説するなど、そこには「アジア・モンロー主義」とも称された東アジアに日本中心の秩序を形成しようという志向性を孕んでいた。

モンロー主義は言うまでもなく、本来アメリカが南北アメリカ大陸に対する欧州列強の干渉を牽制して打ち出したものであるが、日露戦争のポーツマス講和会議の直前、セオドア・ルーズベルト大統領は、日本政府の内命で渡米したハーバード大学の同窓、金子堅太郎に対して、「将来の日本の政策は、アジアに対するモンロー・ドクトリンの採用であることを望む。これを採用すれば、日本は将来における欧州のアジア侵略を制止できると同時に、自らが盟主となってアジア諸国全体を基礎として、新興国の設立を成就できる」として、「日本はモンローが米大陸において創始したのと同じ方針を、スエズ運河以東のアジアで踏襲することを望む」と述べたと言う。しかしワシントン体制の成立に伴って日本でもこの種の言説は影を潜めた(9)。

その後、アメリカが一九三〇年代に南北アメリカを対象としたモンロー・ドクトリンを後退させていったのとは対照的に、満州事変後の日本では「モンロー・ドクトリン」のアナロジーで日本の東アジアにおける勢力圏確立の必要性を説く言説が盛んになる。

このような流れの中で表明された東亜新秩序構想は、結果として日本による「ブロック圏」形成の動きをイデオロギーのレベルで正当化するという性格を帯びた。同構想は日中戦争中の一九三八年一一月に近衛文麿首相が発したもので（第二次近衛声明）、この中で近衛は、中国の国民政府が「地方の一政権」に転落したとの認識の下に、「今次征戦究極の目的」は東亜新秩序の建設にあると宣言し、「この新秩序の建設は日満支三国相携へ、政治・経済・文化等各般に亙り互助連環の国際正義の確立、共同防共の達成、新文化の創造、経済結合の実現を期するにあり」と宣言した。

この宣言を発した日本側の意図は、国民党政権の枢要にあった王兆銘を離脱させて南京に政権を樹立させ、そのことによって時局の収拾を図ろうとするものであった。しかし王兆銘政権は日本の傀儡と見なされ、また東亜新秩序構想は、アメリカが掲げてきた門戸開放を理念のレベルで正面から否定するものと受けとめられ、結果的には日米戦争の思想的な起源の一つとなった[10]。

この局面を約言すれば、ワシントン体制下における日米英協調は中国のナショナリズムと、世界恐慌を契機とする自由貿易体制の瓦解によって弱体化し、満州事変によって決定的な打撃を受けた。その後の日本は東アジアにおける勢力圏確立に傾斜し、東亜新秩序構想は、結果としてアメリカの門戸開放政策を正面から否定する意味を持った。アメリカの強力な経済力と中国の民族主義を抑制することを基盤として成立したワシントン体制は、その二つの主柱がともに揺らいだとき瓦解し、日本の勢力圏確立とアメリカの門戸開放政策が正面から衝突するリスクを孕むことになった。

（5）大東亜共栄圏

日本の南部仏印進駐に対するアメリカの対日経済制裁や日米交渉の難航を経た末に、日本は一九四一年一二月に対米開戦に踏み切り、この戦争を「大東亜戦争」と名づけたが、戦争目的については開戦後も「自存自衛」と「アジア解放」の間を揺れつづけた[11]。

その中で、この戦争の「アジア解放」という側面を具現化すべく一九四三年一一月に東京で開催されたのが大東亜会議である。この会議には南京政府行政院長の王兆銘、満州国国務総理の張景恵、フィリピンのラウレル大統領、ビルマのバー・モウ首相などが参集し、全会一致で採択した大東亜宣言には、共存共栄の秩序の建設、自主独立の相互尊重、伝統と文化の相互尊重、互恵的経済発展、資源の開放などが盛り込まれた。

大東亜会議を主導した重光葵は、この会議や宣言に可能な限り、共栄圏内各国の互恵平等という色彩を盛り込むことに注力したが、一方で連合国の本格的反攻を前に、これを迎え撃つ体制を固めたい日本軍部は、互恵平等ではアジア側の離反や非協力の可能性も否めないとして重光の意向に難色を示し続けた。

また重光には、日本の軍事的劣勢が否めない中、米英の大西洋憲章を意識し、大東亜宣言に大西洋憲章と重なる戦争目的を盛り込み、理念のレベルで戦いの意味を消滅させ休戦につなげることも意識されていた[12]。その一方で大東亜宣言には、ベルサイユ講和会議で日本が提起した人種差別の撤廃も盛り込まれている。

しかし現実には、いかに東京で発出された大東亜宣言に「互恵平等」が盛り込まれようが、アジア各地の占領地を実質的に支配する日本軍部にとっては、目前の戦争遂行が最大にしてほぼ唯一の関心であり、そのために強圧的な手段も辞さずに現地の労働力や資源の供出を強いたのが共栄圏の現実であった。

一方で連合国側にとって日本が掲げた「植民地解放」は、反植民地主義を基調とするアメリカと植民地帝国の再建を当然視する西欧諸国との差異を浮き彫りにしかねず、また西欧諸国による植民地への復帰を困難にするという意味でも対応に苦慮するものであった[13]。

大東亜宣言はアジア一円における日本の軍事的支配を糊塗することが基本的な性格でありつつも、名目上は互恵を強調したことや「アジア解放」のイデオロギーが流布されたことによって、日本の軍事的敗北後も、アジアが戦争前の旧来の秩序に戻ることはないという情勢を作り出す要因の一つになった。

明治以降、欧米に対抗する「アジア連帯」を基調とする「アジア主義」は、日本で盛んに唱えられたが、それは主に民間レベルであり、政府はほぼ一貫して列強との協調を重視した。日本を盟主とした「アジア主義」が現実の政策として具現化されたのが大東亜共栄圏であったが、現実には戦争遂行のためのプロパガンダと化したことは否めない。「共栄圏」とはほど遠いその実態と結末は、日本を中心とするアジア地域主義構想を、第二次世界大戦後において長らくタブーとする結果を残したといえよう。

また従来、「東亜」とされた日本や中国など北東アジアに加え、「大東亜共栄圏」には東南アジアが含まれた。戦前の日本では「南洋」と呼ばれることが一般的であったこの地域は、朝鮮半島や中国と比べて、この戦争以前には日本との関係が比較的希薄であった。戦後日本の東南アジア進出も戦争賠償から始まった。「大東亜戦争」は、結果として日本にとっての「アジア」を従来の北東アジアにから東南アジアにまで広げる結果をもたらしたといえよう。そもそも「東南アジア」という地域概念自体が、東南アジア一帯を占領した日本軍に対する反攻を企図して設置された連合国側の「東南アジア総司令部」を端緒の一つとする。「大東亜戦争」と「東南アジア」という地域の登場は、密接に結びついたものなのであった。

2　歴史的検討——第二次世界大戦後

(1) コロンボ・プラン

第二次世界大戦後にはアジアに多くの独立国が誕生し、それらを構成メンバーとしてさまざまな地域的枠組みが形成されることになる。そのうちコロンボ・プランは植民地大国・イギリスが主導し、アジアにおけるコモンウェルス諸国を中心メンバーとして一九五一年に発足した。経済水準の向上によってアジアにおける共産主義の広がりを防ぐことを念頭に、同プラン加盟国のうち、経済水準の高いイギリス、オーストラリアなどが、インド、マラヤなどを支援する枠組みであった。当初、同プランは資金協力と技術協力の二本立てで構想されたものの、実際にはイギリスの財政危機もあって技術支援中心となっていった[14]。日本は国際社会復帰の一助として同プランへの加盟を希望しており、アメリカの強力な後押しによって一九五四年に加盟を果たすことができた。中国大陸が中華人民共和国の成立によって共産化されて閉ざされる中、日本に市場と資源の供給先を提供できなければ、日本は中立主義に傾斜、もしくは中ソに接近しかねないというアメリカの危機感がその背景にあった。

当時、東南アジアの枢要を占めるマラヤやシンガポールはイギリスの植民地であり、またオーストラリアは依然として日本に強い敵意を抱くなど、アジアにおけるコモンウェルス諸国との関係改善は日本にとって一つのハードルとなっていた。コロンボ・プランへの参加は、日本にとってコモンウェルス諸国との関係改善の糸口になると期待されたのである。結果として日本のコロンボ・プランへの関与は技術協力を中心としたものに収斂していくが、戦後アジアが朝鮮戦争やインドシナ戦争を契機に冷戦体制に組み込まれていく中、日本は冷戦の分断線を越えた存在としてコロンボ・プランに期待を寄せた面もあった[15]。

アジアを対象にした日米英を含む枠組みという構図では、戦前のワシントン体制を彷彿とさせるが、上述のようなコロンボ・プランの非力さは、この間のアジア国際秩序の巨大な変化を反映したものであった。すなわち、脱植民地化に伴うイギリスの力の衰え、ドルと軍事力を両輪としたアメリカの圧倒的な力、そして敗戦による帝国崩壊から「アジア復帰」を目指す日本などが、アジアを二分するに至った共産主義の浸透に対抗するという図式である。

(2) バンドン会議（アジア・アフリカ会議）

上記のコロンボ・プランとは対照的に、アジア諸国自身が中心となって推進・実現したのがバンドン会議である。アジア、アフリカから二九の新興独立国が参集して開催されたバンドン会議は、「白人のいない初の国際会議」とも目された。

会議を主催したのは、アジアにおける中立主義を主導したコロンボ・グループ（インド、パキスタン、セイロン、ビルマ、インドネシア）で、一九五五年四月にインドネシアで開かれたバンドン会議ではバンドン宣言が採択され、反植民地主義や新興独立国間の団結が掲げられた。会議にはインド、インドネシアなど中立主義諸国、共産主義の中国、そして日本やトルコ、フィリピンなどアメリカと軍事同盟を結ぶ国々が出席しており、決裂を回避し、宣言の採択にこぎ着けるのは必ずしも容易なことではなかった。

アメリカは当初、欧米をアジアから排除する気運が高まりかねないと見てバンドン会議が開催されないことを期待したが、開催が確定して以降は、むしろ自由主義諸国に積極的な参加を働きかけ、共産主義や中立主義側からの攻勢に対抗するよう促した(16)。

日本国内がバンドン会議への招請に「アジア復帰の絶好の機会」と湧く一方で、日本の一外交官は、日本に対するアジアからの眼差しを次のように観察した。「日本はアジアの独立国として、アジアの命運を相共に切り拓いていく気でいるのか、それとも西欧の手先として目前の利益を追う気でいるのか」、バンドン会議での日本の振る舞いによって、それは明らかになるであろう(17)。

鳩山一郎政権内では、バンドン会議を広くアジア諸国と関係回復の機会にすべきだという鳩山首相と、アメリカとの協調を重視し、反共姿勢を鮮明にすべきだという重光葵外相との立場が分かれた。最終的には高碕達之助経済審議庁長官が日本の首席代表として参加し、「平和五原則」の是非など同会議における政治的対立点に深く関与するのは避け、経済問題に力点をおく方針がとられた。しかし結果として経済面で見るべき成果をあげるには至らなかった。当時のアジア新興独立諸国間には、相互の協力によって得られる経済的メリットは多くないと見なされたのである。また独立間もない新興独立諸国にとって、地域協力の名の下に、獲得したばかりの主権が制約されることに対する警戒感も強かった。

アメリカとの関係でいえば、アジア諸国主導で「アジア団結」の動きが台頭し、これが欧米を排除して共産主義側に傾くことを懸念するアメリカは、日本に同会議への積極的参加を求めた。日本がアジア諸国に対して「穏健な」方向をとるよう誘導する役割を期待したのである。日本の国連加盟（一九五六年）後には、アメリカは国連のアジア・アフリカ・グループに属した日本に対して、同様の役割を期待した。「大東亜戦争」で「アジア解放」を高唱した日本が、独立を果たしたアジア諸国結集の場で、それが欧米排除に向かわないよう引き留める役割をアメリカから期待されたのは、いささか皮肉な構図と見えなくもない。

(3) 東南アジア開発構想

一九五〇年代から一九六〇年代後半にかけての日本において、アジアを舞台にした地域主義的枠組みとして最も関心を集めたのは「東南アジア開発」に関わる諸構想であろう。このうち日本が提唱したものとして、岸信介政権下の東南アジア開発基金構想、佐藤栄作政権下の東南アジア開発閣僚会議などが挙げられるが、それらはいずれも開発援助もしくは貿易決済枠組みの構築を目的としていた。それらは膨大な資金の裏付けを必要とするものの、当時の日本にそのような経済力はない。従ってアメリカがアジア向け援助を増額する気配を見せたときに、それを活用する枠組みとしてこれら日本発のアジアにおける地域的枠組みが提唱されたのであった(18)。

アメリカは一九五〇年代以降、経済水準向上によるアジアの共産化防止を念頭に、アジアに向けた大規模な援助計画を繰り返し検討し、それらは時に対西欧で実施された同様の枠組みを念頭に「アジア版マーシャル・プラン」とも目された。日本の諸構想もこれらに連動して提起されたものだったが、アメリカの構想は結局実現には至らず、それに伴う大規模な資金が東南アジアに投入されることもなかった。

イギリスが（旧）植民地宗主国としての影響力を残そうとしたコロンボ・プラン、アジアの新興独立諸国自身が主体となったバンドン会議に比べると、この「東南アジア開発」の文脈は圧倒的にアメリカの冷戦戦略を背景としたものであり、そこに関わることに日本が利益を見出したという構図であった。

憲法九条を掲げる日本はアジア冷戦下において、アメリカのアジアに対する軍事的関与からは一線を引く一方、アメリカの冷戦戦略に付随する経済的機会の獲得・追求には非常に熱心であった。アメリカは中国市場を断たれた日本と東南アジアを結びつけることによって日本の「中立化」を防ぎ、アジアにおける反共陣営が強化されることを重視しており、かかる日本の行動も、アメリカの許容範囲の中にあったといってよかろう。一九五〇年代後半からすでに、アメリカがアジアにおける日本独自の行動を警戒したとの指摘もあるが、それは米中接近によってアジアに冷戦の分断線を越えた勢力均衡が復活する一九七〇年代以降のことだと見るのが妥当であろう(19)。

(4) ASPAC(アジア太平洋協議会)

ASPACは、韓国の朴正煕大統領が主導して一九六六年に創設されたもので、「アジア太平洋」を冠したはじめての地域的な閣僚級の枠組みであった。加盟国は韓国、日本、オーストラリア、ニュージーランド、南ベトナム、タイ、マレーシアなどであったが、アジアにおける冷戦の最前線国家である韓国や南ベトナムを他の自由主義陣営のアジア諸国が支援するという色彩が強いものであった。アジア冷戦が自由主義陣営のアジア諸国によって担われることを期待するアメリカは、そのような方向性に沿うものとしてASPAC結成の動きに好意的であったが、日本やオーストラリアは類似の枠組みがないことからこれに加盟はしたものの、反共色が強いことを警戒して深い関与は避ける傾向が顕著であった。

ASPACは日本以外のアジア自由主義国が主導した地域的枠組みであること、冷戦下における政治色がきわめて濃厚であることが特徴であった。冷戦戦略の観点からアメリカはこれに好意的であったものの、逆にそれゆえに日本は、加盟はしたものの深い関与には消極的なままであった。日本国内の根強い平和主義志向、またASPACの一員であることが、中立主義諸国も多いアジアに向けた日本外交の足枷となることを警戒した結果でもあった。

いずれにせよ、同じ冷戦の文脈に沿ったものであっても、上記の「東南アジア開発構想」に対する積極的姿勢とは対照的なＡＳＰＡＣに対する日本の消極姿勢であった。

（5）福田ドクトリン

一九七七年に福田赳夫首相が東南アジア歴訪の際に行った政策スピーチが福田ドクトリンである。福田はその中で、①日本は軍事大国にならない、②心と心触れあう相互信頼関係を築く、③対等な協力者の立場で東南アジア全域の平和と繁栄の構築に寄与するという三点を強調した。①はベトナムからアメリカ、シンガポールからイギリスが撤退することで東南アジアに軍事的空白が生じる中、日本が軍事大国にはならないことを改めて宣言して東南アジア諸国を安堵させることを意図し、②は東南アジアに対する日本企業の急激な進出と存在感の高まりが引き起こした現地との摩擦を意識したものであり、③は共産化したインドシナ三国とＡＳＥＡＮ諸国との橋渡しを意図したものであった。

ベトナム戦争がサイゴン陥落によって一九七五年に終結した後、アメリカが撤退した東南アジアでは中ソが中ソ対立を持ち込む形で影響力拡大を図ろうとする気配があった。それを阻止し、インドシナ三国とＡＳＥＡＮ諸国が共存しうる環境を実現することが日本にとっての利益となるという判断が、福田ドクトリンの特に③の背景であった[20]。実際には新冷戦の到来やベトナムのソ連接近などで福田ドクトリン、特に③の点は実現したとは言い難いが、日本の東南アジア政策の志向性としてはその後も長く持続した[21]。

本章の関心からすれば福田ドクトリンは、アメリカがアジアから撤退傾向を強めた局面において、その後の空白が地域情勢を不安定化させることを食い止めようとする日本の試みであったと位置づけられる。インドシナの共産主義三カ国とＡＳＥＡＮ諸国との橋渡しという福田ドクトリンの試みは、それが日本主導によるものかは別として、一九九九年のカンボジア加入によってインドシナ三国を含む「ＡＳＥＡＮ10」が実現することによって達成されたと見ることも可能であろう。

「東南アジア開発構想」に対する積極姿勢とＡＳＰＡＣに対する消極姿勢との対比にうかがえるように、戦後日本の対アジア関与は、政治面への消極性と経済面での積極性によって特徴づけられるが、政治面における日本の役割拡大を志向した福田ドクトリンはその例外であるといえよう。またアメリカのアジアからの撤退傾向の後に生じた「空白」を、日本が政治的に埋めようとした点でも特徴的である。

(6) 環太平洋連帯構想からＡＰＥＣ（アジア太平洋経済協力）へ

環太平洋連帯構想は、政治レベルでは一九七八年に大平正芳首相が提唱したもので、パートナーとしてオーストラリアを重視したものであった。一九七三年にイギリスがＥＣに加盟するなど、イギリスとの歴史的な紐帯の希薄化に直面していたオーストラリアがアジア太平洋に目を向け始めたことに呼応する形で浮上したのが環太平洋連帯構想であった。大平はここに、改革・開放政策に転じ始めた中国をもいずれ引き込み、国際社会への結合を通した中国の安定化を意図していたとも指摘される[22]。

環太平洋連帯構想をより具体化した形で一九八九年に発足したのがＡＰＥＣ（アジア太平洋経済協力）であった。ＡＰＥＣは域内の貿易・投資の自由化、円滑化、技術協力を三本柱とした。ＡＰＥＣは貿易自由化に向けた緩やかな枠組みであったがゆえに、先進国から発展途上にある国々まで多様な国々を包含することができたが、その反面として貿易自由化に向けた努力義務は曖昧で、実効性が乏しい組織との指摘もつきまとった。アメリカは当初、ＡＰＥＣに強い関心を示さなかったが、冷戦後に登場し、経済を重視したクリントン政権になってアジア諸国の自由貿易促進の手段として重視するようになり、アメリカの呼びかけによって一九九三年には初のＰＡＥＣ首脳会合が開催されるに至った。

「アメリカか、アジアか」という「二者択一」傾向のある日本が、イギリスのＥＣ加盟によって南太平洋に取り残された形のオーストラリアと手を組んで実現を主導したＡＰＥＣは、アジア、西側先進国といった括りでは包摂しきれないアイデンティティを持つ「境界国家」である日豪が手を携えて実現したものでもあった[23]。

ちなみにオーストラリアは、一九六〇年代の日本における貿易統計では、南アフリカなどと併せて「先進地域」のうち、「大洋州南ア共和国」というカテゴリーを構成している[24]。地域秩序の区分自体が、時代によって大きく変化することを示す一例だといえよう。

明治期以降、「アジアか、欧米か」という二者択一に傾きがちな日本において、アジア、アメリカ、そしてオセアニアまでを包含する新たな地域概念として登場した「アジア太平洋」だが、このあと、日本を含む地域主義的な動きは、「アジア太平洋」と「東アジア」の間を揺れることになる。

(7) ＥＡＥＣ（東アジア経済協議体）

ＥＡＥＣ構想は、マレーシアのマハティール（Mahathir bin Mohamad）首相が提唱したもので、ＡＳＥＡＮ諸国に日中韓を加えたメンバーで地域統合を進める枠組みを設けようという試みであった。ヨーロッパでは欧州統合、北米でもＮＡＦＴＡが進展する中で、アジアにおいても同様の枠組みがあってしかるべきではないかというのがマハティールの主張であった。

しかしマハティールが人権問題などで度々アメリカやオーストラリアと激しい舌戦を交わしていたこともあり、アメリカなどは、同構想はアメリカをアジアから排除するものだとして激しく反発した。マハティールの欧米に対する反発と表裏を成すかに見えるＥＡＥＣ構想に、欧米からの独立というバンドン会議の系譜を見て取ることも可能であろう[25]。

同構想は当初、ＥＡＥＧ（東アジア経済共同体）と称していたが、アメリカなどからの強い批判に直面してより緩やかな印象を与える名称に変更したものであった。それでもアメリカの反発はやまず、日本に対してはこれに加わることのないよう働きかけがなされた。

結果的に日本政府としては、同構想から除外されていたオーストラリアとニュージーランドが加盟するのであれば日本も加わるという姿勢をとった。結局同構想が実現することはなかったものの、アジア通貨危機を契機に登場するASEAN＋3は、構成メンバーからすればEAECの枠組みと重なるものであるともいえる。

アジアが「アジア」でまとまり、これから排除されるという事態を懸念するアメリカが、日本にこれに加わらないよう働きかけたのがEAECであった。マハティールの強い個性もあって、その政治色が着目されがちなEAECであったが、「東アジアの奇跡」と称されたアジアの急激な経済成長の結果、欧州や北米における経済統合に伍してアジアでも同様の経済統合を進めようという気運を裏付けるだけの経済的結びつきがアジア域内に出現していたことを見逃すべきではない。別の観点からすれば、戦後長らくアメリカの圧倒的な経済力や市場に依存していたアジアが、アメリカを含まない形で域内の経済統合を進めようという試みの端緒がEAECであった。

(8) ASEAN＋3

上述のようにEAECは潰えたものの、一九九七年にはじまるアジア通貨危機への対応を検討するためにASEAN＋3（日中韓）の首脳会合が開催され、定例化されるようになった。それと並行して通貨危機への対応をめぐってASEAN＋3でさまざまな協力の枠組みが構築されるようになった。ASEAN＋3で構築された代表的な協力枠組みが、危機に際して各国が相互に外貨を融通するスワップ協定である（チェンマイ・イニシアティブ）。金融という専門性が高く、各国の世論・ナショナリズムとは結びつきにくい分野における協力が先陣を切った形であった。

ここでASEAN＋3の枠組みが急速に浮上した背景には、通貨危機に際して構造調整一本槍で後に危機を増幅させたと批判を受けることになったIMF（国際通貨基金）に対するアジア諸国の反発があった。IMFが事実上アメリカの影響下にあることも、アジア諸国間における暗黙の前提であった。この局面において日本の財務省は、IMFのアジア版としてAMF（アジア通貨基金）の設立を提唱したが、性急な手法がとられたこともあり、アメリカなどの賛成が得られずに頓挫した[26]。

その後、二〇〇〇年代になるとアジア地域統合をめぐる日本と中国の主導権争いが顕著となる。中国がASEAN+3を主張したのに対して、小泉純一郎政権下の日本は中国の存在感を相対化させる意図もあってオーストラリア、ニュージーランド、インドも加えたASEAN+6を主張するようになった。もともとASEANによる日中韓の招待という形で始まったASEAN+3の枠組みであったが、通貨危機の直撃を受けたASEANの弱体化とそれを免れた中国の相対的台頭に伴って、ASEANは地域統合の主導者から日中の主導権争いの舞台に転じた観があった[27]。

(9) 東アジア共同体／TPP（環太平洋経済連携協定）

二〇〇九年に発足した民主党の鳩山由紀夫政権は、東アジア共同体を提起した。その具体的な内容は具体性を欠く面もあったが、鳩山首相が同時に「対等な日米関係」を打ち出したこともあって、同構想にアメリカが入るのか否かに注目が集まることになった。

鳩山首相がアメリカも入るといえば岡田克也外相は「今のところアメリカは入らない」と、政権内でも歩調は乱れた。類似の構想としては小泉純一郎首相も二〇〇二年にASEAN+6を念頭においた「東アジアコミュニティ」構想を提起しており、鳩山首相の東アジア共同体構想も実際にはさほど唐突かつ継続性を欠くものではなかったのだが、「対等な日米関係」とセットだと見られたことが、「東アジア」を念頭においた地域枠組みにアメリカは入るのか否かという微妙な問題を焦点化することになった。

一年あまりで鳩山首相が退陣した後を継いだ菅直人首相は、東アジア共同体に触れることはほとんどなく、代わってＴＰＰ（環太平洋経済連携）への参加を目玉政策に打ち出した。鳩山政権期に揺らいだ日米関係を立て直すという意図も込められていたことは間違いあるまい。一方のアメリカはＴＰＰに経済規模の大きい日本が加わればアジア太平洋における貿易圏形成の主導権争いで中国に対して優勢となるという思惑に加え、東アジア共同体構想のような日本独自の動きを牽制するねらいも込められているものと見られた。

自民党が公明党との連立で政権に復帰した第二次安倍政権では、ＴＰＰへの加入をめぐる交渉が加速するとともに、対米安全保障協力の強化・緊密化によって、中国台頭への備えを固めるという発想が濃厚になっているように見受けられる。中国に対抗するために日米を固めるという、これまでにはなかったパターンの出現だと見ることもできよう。

3　アジア地域主義の変遷と日本

明治期から二一世紀まで、それぞれの時代背景があるのは当然だが、本章ではあえてアジア地域主義（アジア連帯の動き）と目されるものを時代を越えて取り上げ、それぞれの構図を本章の関心に沿って整理を試みた。果たしてそこから何を読み取ることが可能であろうか。

第一のポイントは、アジア地域主義、あるいはより緩やかにアジア連帯や結束の模索が、いかなる要因で志向されたか、その時代ごとの変化が明確になったことである。まず戦前期において「アジア連帯」の動きをもたらしたのは、何よりも西洋列強による植民地支配に対する危機感であった。その危機を免れるためにアジアが連帯するという動きが浮上したのである。グラント元米大統領は日清両国に対して、西欧列強のアジア進出に備えて提携するよう進め、その一方でアメリカの太平洋国家化に伴って併呑の危機にさらされたハワイ王朝は、日本との連携を深めて対応しようと試みた。このような西洋到来に伴う「危機への対応」をめぐって、その中心的役割を担うのはアジアで唯一近代化を遂げて列強に伍する地位を獲得した日本だという発想が、日本における「アジア主義」となって現れた。

大きな変化が現れたのは第二次世界大戦後である。中国における国権回復の動きなど、帝国主義・植民地主義に対するナショナリズムの台頭は戦前期にも見られたが、第二次世界大戦後には脱植民地化の世界的潮流となってアジア各地に新興独立国が登場した。それら新興独立国による結束の象徴がバンドン会議であった。しかし一九六〇年代になると、アジアはアメリカによるベトナムへの介入や中ソ対立などを背景に分極化の様相を強め、アジアの連帯や結束は希薄化した。

一九七〇年代以降、アジアにおける「開発の時代」が本格化すると、アジア域内の経済連携というそれまでにはない現象が生まれ始める。その可能性を具体的な枠組みとして提示した端緒が、マハティールによるＥＡＥＣ構想であった。

かつて、日本が「大東亜共栄圏」を掲げた際に用いたキャッチフレーズは「アジア人のためのアジア（Asia for the Asians）」であったが、それはバンドン会議に際しても一部で用いられた。植民地支配からの「独立」がその目指すところであった。これに対して一九九〇年代以降になると、それまで圧倒的に輸出市場としてのアメリカに依存していたアジア経済は、域内への依存度を高め始める。この現象を言い表す表現の一つが「アジアのアジア化（Asianization of Asia）」であった。かつての「独立の希求」から、実態としての経済的な域内相互依存へという大きな変化を、この百数十年余りの「アジア結束」の背後に見て取ることができる。

第二のポイントは、このような「アジア結束」の変遷に対して、日本がどのような姿勢をとり、それが日本の対米関係とどのように関係したかという点である。かつて入江昭は日本外交の特徴を、民間のアジア主義と政府の対列強協調外交という対比で捉え、それを前者の理想主義、後者の現実主義という対比と重ね合わせた(28)。確かに西洋からの圧迫に呻吟するアジアを日本が先頭に立って結集し、危機に立ち向かうという「アジア主義」は、戦前期日本において、「大東亜戦争」の一時期を除いて、「主義」であっても「政策」ではなかった。むしろ日本は旧外交に習熟し、朝鮮や中国大陸に勢力圏を構築することに注力した。

そこに「民族自決」「門戸開放」といった理念を持ち込んできたのが第一次世界大戦後のアメリカであった。ワシントン体制の下で日本は日米英の協調体制を構築し、中国の民族主義やソ連の共産主義を抑えて一定の安定した秩序を構築した。日米英協調によるアジア秩序の維持という図式である。だがそれは中国におけるナショナリズムの一層の台頭、世界恐慌後の自由貿易体制瓦解とブロック経済化の潮流の中で失われた。

第二次世界大戦後になると、アジアのナショナリズムは不可逆的な脱植民地化の流れをもたらし、次々に新興独立国が誕生した。これらの国々を共産主義陣営に向かわせないことが冷戦期アメリカのアジアにおける最大目標となった。ここで日本は、アメリカの「ジュニア・パートナー」、もしくは「コラボレーター」としての位置を占めることになる(29)。そこで日本は「東南アジア開発構想」のように、経済的利害に結びつくアメリカの冷戦戦略には積極的に同調する一方で、軍事的な関与は忌避した。

そして一九八〇年代以降になると、「アジアのアジア化（Asianization of Asia）」と言われるように、「東アジアの奇跡」を経たアジアが経済的な域内一体化を加速する。戦後日本の国力が絶頂期にあった一九八〇年代には、アジア経済の中心はまごうことなく日本であった。このような経済面における日本の中心性は、ソ連を共通の脅威とした日米中の「疑似同盟」を裏腹としていた。そこに日米中の「政経一致」を見て取ることも不可能ではあるまい。

だがその後、日本の経済的中心性はその他のアジア諸国の経済成長に伴って相対的なものとなり、二一世紀の昨今では大半のアジア諸国において対中貿易が対日貿易を凌駕している。他ならぬ日本においても、二〇〇四年には対米貿易を対中貿易が抜き去り、その差は開く一方である。他方で、日本のアジア政策は「中国台頭」を意識する色合いを強め、ASEAN＋6、そして昨今ではASEANの相対的な地位低下に伴って、インドやオーストラリアといった国々との提携を強め、中国に対抗する気運が顕著である。一九八〇年代との対比でいえば日本のアジア政策には「政経分離」の色彩が漂っているともいえよう。

アメリカとの関係でいえば、冷戦後の日本の地域主義は「東アジア」と「アジア太平洋」の間を揺れているといえよう。そこに「安全保障は日米同盟だが、経済はアジア」という安全保障と経済の「ズレ」を重ね合わせて見ることも可能であろう。

そして最後に第三のポイントとして、「対米自主」は「アジアとの連携強化」によって可能なのかという冒頭の問いである。換言すればアジアとの関係強化によって、日本の「行動の自由」が広がる局面とはいかなるものかということである。

戦前の日本にとって、対米関係の難題はアメリカの掲げる「理念」であった。これに対抗する上での提携相手をアジアに見出すことはほぼ不可能であり、アメリカの「新外交」に対して牽制を試みる上での提携相手は西欧列強ということになった。その筆頭はしばしば日本と帝国主義的な利害を共有したイギリスであった。戦前のアジアにおいては主権国家の数はきわめて限られており、イギリスを筆頭に西欧列強こそが、アジアにおける主要プレイヤーだったのである。戦後になっても吉田茂首相が中国問題などで対英提携にこだわった背景には、イギリスとの提携によって硬直したアメリカの対中政策を牽制・軟化させる意図もあったであろう[30]。

本章冒頭で述べたように、「アジアとの連携強化」による「対米自主」が成り立つためには、「アジア」が結束したものとして存在することが前提となる。戦後においてそのような「アジア」が相対的に存在したと言いうるのは一九五〇年代であろう。この時代、日本においてひときわ声望が高かったのがインドのネルー（Jawaharlal Nehru）首相である。外交面ではアメリカの冷戦戦略に決然と一線をひく中立主義をとり、アメリカが封じ込めの対象とする中国とは「平和五原則」で友好関係を築き、他方で国内では社会主義的な計画経済を取り入れた経済運営と、ネルー率いるインドは、日本国民が思い描いた（特に外交面における）「こうあって欲しい」日本の姿を具現したものであった[31]。

そのネルーが立役者の一人となったバンドン会議には、冷戦の分断線を越えてアジア各国が参集し、「アジア」というまとまりが確かに存在しうるかに見えたのである。時の鳩山一郎首相は、このような潮流を国際的なデタントの流れに沿ったものだと捉え、バンドン会議に際しても、反共陣営の側に立つことを求めるアメリカに対して、広くアジア中立主義諸国と関係回復の機会にしたいと望んだ。吉田派が強く反発する日ソ国交回復交渉を、社会党を引き込んで推進しようと考える面もあった鳩山であった。しかし一九六〇年代にはアジアは冷戦や中ソ対立の激化を背景に、分極化の傾向を強め、「アジア」としてのまとまりを見出すことは困難になる。

そのようなアジアの混迷を横目に一九七〇年以降には名実ともに経済大国となった日本にとって、対米関係上の最大の問題は貿易摩擦であった。しかしこの時期においては、アジアで日本と連携して対米関係に臨むほどの経済規模を備えた国は皆無であった。日本経済が絶頂期にあった一九八〇年代後半に流行したのは、日本は表面上は資本主義だが、実際には異なる論理で動いているという「日本異質論」であった。その後、一九九〇年半ばになると今度は、リー・クアンユー（Lee Kuan Yew）など東南アジアの指導者の側からむしろ積極的な形で「アジア的価値観（Asian Value）」が提起されたが、それもアジア通貨危機とともに潰えた。

そして経済規模では中国が日本を凌駕する昨今では、前述のように日本にとっても「安全保障は日米同盟だが、経済はアジア」というズレが生じ、それは「東アジア」と「アジア太平洋」との間の揺れとも重なっている部分もあるように見える。この中にあって、近年では日本がアジアにおける中国主導を牽制するために対米提携を強めるという、本章で扱った明治以降で、かつて見られなかった図式が生じつつある。それはアジアにおける「行動の自由」を確保するために「対米連携」を深めるという、従来とは逆の問いが提起されることを意味する。いずれにせよ、「中国中心のアジア」というこの百数十年なかった局面が、本章で扱った「問い」の性質を大きく塗り替えつつあるようにも見えるのである。

注

（1）保城広至『アジア地域主義外交の行方　1952－1966』（木鐸社、二〇〇八年）序章。宮城大蔵「書評　アジア外交の構図を探る　保城広至著『アジア地域主義外交の行方　1952－1966』」『レヴァイアサン』四七号（二〇一〇年）。
（2）波平恒男『近代東アジア史のなかの琉球併合』（岩波書店、二〇一四年）、山城智史「一八七〇年代における日清間の外交案件としての琉球帰属問題」『研究年報社会科学研究』第三五号（二〇一五年）。
（3）ノエノエ・シルヴァ「ナショナル・アイデンティティのハワイの先住民の主権問題」松浦正孝編著『アジア主義は何を語るのか』（ミネルヴァ書房、二〇一三年）一九四—一九五頁。
（4）外務省外交史料館日本外交史辞典編纂委員会編『日本外交史辞典』（山川出版社、一九九二年）八五四—八五五頁。
（5）長田彰文『セオドア・ルーズベルトと韓国』（未来社、一九九二年）九七—九九頁。
（6）服部龍二『東アジア国際環境の変動と日本外交　1918－1931』（有斐閣、二〇〇一年）三〇四頁。
（7）三谷太一郎『ウォール・ストリートと極東』（東京大学出版会、二〇〇九年）序論。
（8）北岡伸一「門戸開放政策と日本」（東京大学出版会、二〇一五年）三四—四六頁。
（9）草野大希「日米の台頭と地域的国際秩序の連鎖」『国際政治』一八三号（二〇一六年）。
（10）北岡伸一『日本政治史』（有斐閣、二〇一一年）一九五頁。
（11）波多野澄雄『太平洋戦争とアジア外交』（東京大学出版会、一九九六年）八—一〇頁。
（12）同上、二八〇—二八一頁。
（13）クリストファー・ソーン『米英にとっての太平洋戦争』上（草思社、一九九五年）第七章。
（14）コロンボ・プランの全体像については渡辺昭一編著『コロンボ・プラン』（法政大学出版局、二〇一四年）。
（15）波多野澄雄「東南アジア開発」をめぐる日・米・英関係」『年報　近代日本研究』一六号（山川出版社、一九九四年）二一六頁。
（16）Circular Telegram From the Department of State to Certain Diplomatic Missions, Jan.25, 1955, *Foreign Relations of the United States, 1955–1957*, vol. 21.
（17）「アジア・アフリカ会議に関する件」倭島駐インドネシア公使から重光外相、一九五五年二月二七日、外務省外交記録文書、

B’0049（外務省外交史料館蔵）。

（18）前掲、保城、三〇四頁。

（19）樋渡由美「岸外交における東南アジアとアメリカ」『年報　近代日本研究』一一号（山川出版社、一九八九年）二三七頁。

（20）若月秀和『「全方位外交」の時代』（日本経済評論社、二〇〇六年）第三章。

（21）アンドレア・プレセロ「ヴェトナム戦争後の東南アジア秩序と日本」宮城大蔵編著『戦後アジアの形成と日本』（中央公論新社、二〇一四年）。

（22）前掲、若月、第四章。渡辺昭夫「冷戦の変容から生まれた新しい機会を日本外交はどう戦略的に掴んだのか?」『レヴァイアサン』四一号（二〇〇七年）、一六七―一六八頁。

（23）大庭三枝『アジア太平洋地域形成への道程』（ミネルヴァ書房、二〇〇四年）序章。

（24）日本貿易協会編『戦後日本の貿易二〇年史』（通商産業調査会、一九六七年）。

（25）船橋洋一『アジア太平洋フュージョン』（中央公論社、一九九五年）。

（26）榊原英資『日本と世界が震えた日』（角川書店［角川ソフィア文庫］、二〇〇五年）。

（27）宮城大蔵編著『戦後日本のアジア外交』（ミネルヴァ書房、二〇一五年）二五三―二五四頁。

（28）入江昭『日本の外交』（中央公論新社［中公新書］、一九六六年）二七―二九頁。

（29）白石隆『海の帝国』（中央公論新社［中公新書］、二〇〇〇年）菅英輝『冷戦と「アメリカの世紀」』（岩波書店、二〇一六年）六―九頁。

（30）井上正也『日中国交正常化の政治史』（名古屋大学出版会、二〇一〇年）第二章。

（31）宮城大蔵「願望としてのもう一つの日本　P．J．ネルーへの敬愛」『国際交流』一〇〇号（二〇〇三年）。

（宮城大蔵）

第2章 米中接近と日米関係
――沖縄返還と日米安保体制の問題の視点から

はじめに――問題の所在

冷戦史においてニクソン（Richard M. Nixon）政権は、対ソ・デタントを推し進めたことで知られる。[1] しかし、そのアジア政策にどれほどの整合性があったのかはなおも明確でない。とくに論点としてあげられるのが、米中接近と沖縄返還問題との関係である。日本外交の視点から見たとき、二つの間には次のような政策の矛盾がある。すなわち、ニクソン政権は沖縄返還交渉では、中国、ソ連、北朝鮮の脅威を理由に沖縄の基地の重要性を強調し、緊急時の核兵器の沖縄への配備や、米軍による台湾防衛のコミットメントの保証などを主張した。このため日本側は一九六九年一一月の沖縄返還合意の際に、中国などの脅威を理由として、返還後の沖縄の基地使用を保証したのである。しかし、同時期にニクソンとキッシンジャー（Henry A. Kissinger）大統領補佐官は、その中国との関係改善を試み、七一年七月一五日にはニクソン訪中声明が発表された。二日後の七月一七日、アメリカ政府は「沖縄から撤去される核兵器は中国により近い場所には配備されない」と発表した。さらに七二年二月にはニクソンが中国を訪問し、二月二七日に発表された米中共同声明（「上海コミュニケ」）では、台湾からの米軍・米軍施設撤退が最終目標として盛り込まれたのである。

このようなアメリカの多面的な動きから、米中接近と沖縄返還との関係をめぐっては従来、多様な説明がなされてきた。しかし、検証されないまま史実から離れて解釈が先行している部分がある。本章でとくに論点にあげたいのは、ニクソン政権による沖縄の核兵器撤去の決定は、中国との関係改善のためであったとする解釈である。[2]また前述の一九七一年七月一七日のアメリカ政府の発表から、沖縄の核兵器撤去は、中国と軍事対決するつもりはないというアメリカのサインだったとされる。[3]しかし、米中関係改善と沖縄の核兵器撤去とのリンケージの有無を論じるためには、沖縄返還交渉と米中接近の過程を時系列的に比較検討し、そのうえで、肝心のＮＳＣが沖縄返還後のアジアにおける核戦略の問題をどう考えていたのかを考察する必要がある。

本章の目的は、米中接近と沖縄返還問題との関係性について、日米安保体制の問題の視点から再検討することにある。とくに、以下の二つの論点を取り上げて検討したい。第一に、はたして先行文献が指摘するように、沖縄からの核兵器の撤去は対中政策改善のための政策決定だったとまで言えるのか、という疑問点である。第二に、それでは米中接近と沖縄返還問題は、実際にはどのようなかたちで結びついていたのか、という点である。

先に述べると、一九六九年に沖縄返還と沖縄からの核兵器撤去の決定が行われた段階では、ＮＳＣ内の沖縄返還をめぐる安保政策上の決定過程に、対中関係改善という明確な政治目的が入り込む状況にはなかった。また一九七〇年の米中対話のプロセスにおいて、中国が強い関心を見せたのはむしろ台湾の米軍施設・米軍の問題であって、[4]沖縄の核兵器問題が米中接近の取り引き材料になっていたわけではない。先行研究は、沖縄返還と米中接近の政策決定の時期のずれを区別せず、また米中の政治対話の問題と、核兵器を含む安保政策の次元の問題とを分けずに、沖縄返還を米中接近の文脈から説明している。米中接近をふり返る際、ニクソン政権による日本軽視という点が指摘されるが、[5]実際にはアメリカ側は米中接近にともなう日米関係への悪影響を懸念しており、日米安保体制に関す

る政策変更が生じないよう対応を行っていたことにより気を払う必要がある。(6)

以下、第一節では、一九六九年中のニクソンやＮＳＣのアジア政策について、沖縄返還問題と中国問題を中心に検討する。そこから、沖縄からの核兵器撤去に関する合意と、中国政策の再検討が、それぞれ異なる政策決定過程にあったことを示す。第二節では、沖縄返還合意後の一九七〇年一月から一九七一年七月のニクソン訪中声明発表までの米中関係の状況を検討する。このなかで、中国が強く示した関心は台湾の問題であり、米中間ではむしろ一九七一年のキッシンジャー訪中時に沖縄返還問題が論点となったことなどを論じる。

そして第三節では、ニクソン訪中声明後の日米安保体制をめぐる議論を検討する。本節で論じるように、実際にはＮＳＣは、アジアの核兵器の配備問題について、政府内の政策調整を簡単に行える状況にはなく、アメリカはニクソン訪中声明後も中国の核兵器に対する核抑止政策を大きくは変更しなかった。また日本は、日米安保条約における台湾防衛のコミットメントの問題にはふれずに日中国交正常化を実現した。これらを踏まえながら最後に本章では、同時期に進んだ米中接近と沖縄返還との関係の問題について整理を行う。

1　ＮＳＣにおけるアジア政策の検討——沖縄返還問題と中国問題

(1)　検討への着手

一九六九年一月二〇日のニクソン政権成立後、ＮＳＣでアジア政策を主導したのは、国務省からＮＳＣへ移ったスナイダー（Richard L. Sneider）である。スナイダーがまず動かそうとしたのは沖縄返還であった。政権発足前の一月七日にスナイダーは、キッシンジャーへ沖縄を検討事項としてあげ、ニクソン大統領は一月二一日にＮＳＳＭ５で対日政策の文書の準備を指示し、第一項で沖縄返還が取り上げられた。(7)

一方、対中政策の再検討は、ＮＳＣスタッフの側からではなく、ニクソン本人のイニシアティブによって始まった。大統領就任前から対中関係の改善を期待していたニクソンは、二月一日にキッシンジャーに対中和解の可能性を探るよう指示し、二月五日付のNSSM14において、NSCに中国政策の準備と検討作業を指示した[8]。だがキッシンジャーには当初、沖縄と中国のいずれにも充分な理解がなかった。キッシンジャーの関心はまずは対ソ関係にあり[9]、沖縄についてはどこまで緊急性があるのか半信半疑であった[10]。また彼は、中国との関係改善は「夢物語」だと感じていた[11]。

キッシンジャーだけではない。ニクソン政権内の多くの政策エリートは、米中関係改善に二の足を踏んだ[12]。実際に、中国では文化大革命による内政の混乱で外交不在の状況が続いており、ワルシャワでの米中大使級会談は一九六八年一月に中断されたままであった。こうしたなかスナイダーは、前政権の政策の延長上にアジア問題を捉えた。スナイダーは米台関係について、前政権と同様、台湾防衛のコミットメントは維持するが、中華民国国民政府（国府）への軍事的支援を減らす方向で検討した[13]。ただし、国府はカナダとイタリアが北京政府の承認に動いていたことから神経質になっており、アメリカの台湾防衛コミットメントは米台間の重要な論点となっていた。

こうした状況のなか、先にNSCで検討が進んだのは沖縄返還の方である。日本側の大きな関心は、沖縄に配備された核兵器の撤去であった。二月から四月にかけて、佐藤栄作首相と兄の岸信介元首相は連携して、沖縄の「核抜き」返還の意向をニクソン大統領やニクソンにつながる人物に伝えている[14]。他方で沖縄の核兵器は、中国に対する米軍の抑止力の一部を構成していた。増加する中国の核兵器や、核貯蔵拠点である沖縄の日本への返還といった問題があったため、ニクソンにはアジアにおける核兵器政策の再検討を延期する余裕はなかった[15]。こうしたなか政権内では、中国の軍事的脅威を前提とした従来の核政策が継承された。同年四月、日米関係を再検討したNSSM5が作成されたが、そこでは沖縄からの核兵器の撤去が、中国との大規模紛争が生じた際の核能力の低下につながらないようにすることの必要性が指摘された[16]。

五月一五日、NSCはSRGを開き、中国問題などを検討した。会議ではキッシンジャーが、検討中のNSSM

14に基づく対中政策として、①現状路線の継続、②封じ込めの強化、③緊張緩和の各選択肢について尋ねた。JCSのアンガー（Ferdinand T. Unger）や国防省のナッター（Warren Nutter）は現状の政策を維持する考えを示した。またスナイダーは②の強硬な選択肢を支持する者が一部いると述べ、ゾンネンフェルト（Helmut Sonnenfeldt）も中国の政策変更に備えて②の選択肢を残すよう提案した。会議では米中関係と沖縄の核兵器の関係性の問題は出ず、むしろ中ソ関係や台湾の基地使用の問題が取り上げられた。議論の結果、緊張緩和という政策オプションの下、貿易や旅行者の制限の変更を短期的措置とすることで一致したが、台湾の基地使用の問題やアメリカの台湾政策全体の問題などはこれら短期的措置とは分けることとされた(17)。

このようにNSCは、米中関係の問題と、核兵器の問題を含めた沖縄返還交渉とを分けて検討していた。その後五月二八日、先に沖縄返還方針の決定文書であるNSDM13が承認され、沖縄からの核兵器撤去の条件として、米軍の台湾などに対する最大限の基地の自由使用（通常兵器）や緊急時の沖縄への核兵器の持ち込みなどが目標に定められた。NSDM13を起案したハルペリン（Morton H. Halperin）によれば、沖縄返還の政策決定は縦割りの官僚政治のロジックで決定され、米中関係と結びつけてなされたものではなかった。沖縄の核撤去という方針は、むしろハルペリンらが軍部との調整の積み重ねのうえで検討・決定したものだったといえる(18)。

したがって一九六九年五月の段階で、ニクソンの対中関係改善の意向がNSCでの沖縄の核兵器撤去の方針決定に直接影響を及ぼしたとは考えにくい。外務省アメリカ局も、沖縄返還交渉中のアメリカは、縦割りの官僚政治で動いていると認識していた(19)。その後、六月に入り愛知揆一外相がワシントンで、返還後の沖縄と本土からの米軍の韓国出撃を認めた日米共同声明の日本側案を説明した。しかし、国務省が台湾とベトナムへの自由出撃も求めたことで、外務省は米軍の台湾防衛のコミットメントの問題についても検討を進めることになったのである(20)。

(2) 対中脅威認識の継続

さてニクソン大統領はNSCに対し、七月一四日付のNSSM69で、アメリカのアジアにおける核政策の検討を準備するよう指示した。四つの検討項目の一番目には、中国に対するアメリカの戦略核能力があげられ、二番目の検討項目として、太平洋におけるアメリカの戦域核能力（theater nuclear capability）があげられた。ここでは、沖縄返還を考慮したうえでの、中国からの攻撃に対する米軍の戦域核能力の役割も検討されることとされた[21]。しかし、その後、これらの問題に関するNSCでの検討はすぐにはまとまらなかった。

先にニクソンは、政治経済面での対中関係改善の試みを実行した。七月二一日、アメリカは対中国貿易とアメリカ人の中国旅行制限の緩和を発表した。また七月二六日のグアム・ドクトリンは、対中メッセージの一場面としても位置づけられる。だが移動中の大統領専用機の機内では、ホルドマン（H. R. Haldeman）がキッシンジャーに、「彼（ニクソン）は二期目が終わるまでには中国を訪問すると真剣に考えている」と伝えると、キッシンジャーは、「可能性はほとんどゼロ」と答えた。そして彼は側近のヘイグ（Alexander M. Haig）に対して、ニクソンの現実離れについて、どうしようもないという仕草をしながら表したという[22]。このように対中関係の改善については、まだ関係者の心理的枠組みができていなかった。

八月までキッシンジャーは、SALTとベトナム和平に関心を集中していたが[23]、一方で彼は国府への対応も行っていた。グアム・ドクトリンの発表から約一〇日後の八月六日、キッシンジャーは国府の周書楷駐米大使に、ニクソンからの伝達事項として、共産中国に対するアメリカの基本政策に変更はなく、ニクソンの外遊に関する報道から対中政策が変更されたという臆測が出ているが、本当ではないと説明した。周はルーマニア・チャネルの有無を尋ねたが、キッシンジャーは米中対話を否定した[24]。こうしたなか八月には、初期の対中政策を主題としたNSSM14の最終回答書が完成した。そこでは、台湾問題が米中関係改善の第一義的な障碍である点が記されている一方で、米中の緊張緩和に向けて沖縄の核兵器配備を再検討しようとする考えは確認することができない[25]。

他方で同じ八月、NSCのアジア部長だったスナイダーが駐日大使館の公使として来日し、外務省との間で返還後の沖縄の米軍基地に関する集中交渉を進めた。大きな争点になったのは、返還後の沖縄や日本本土からの、韓国・台湾・ベトナムへの米軍出撃であった。スナイダーは執拗に台湾などへの米軍出撃の保証を要求し、密約の必要性にも言及した。他方でこの頃のスナイダーが起案した文書をあたる限り、スナイダーが対中関係の改善に向けたコミットメントをしていた様子はうかがえない[26]。

ニクソンの対中関係改善に対する関心はあったが、アメリカは中国の核兵器については分析を続けていた。一九六九年一〇月末のNIE（National Intelligence Estimates）では、中国にはTU－16ジェット中距離爆撃機による核兵器使用能力があると分析されており、中国がMRBM開発に着手していることにも注目されている[27]。一一月一〇日のWSAGのレポートでは、中ソ対立との関わりに対するアメリカの警戒心を日本に明確に伝えながらも、日本に対しては、沖縄での米軍基地の柔軟な使用の大切さを強調することとされた[28]。

米中対話の進展が見られないなか、沖縄の核撤去交渉は最終局面を迎えた。ニクソンとキッシンジャーは、佐藤首相との間で緊急時の沖縄への核兵器配備を認めた秘密合意議事録を交わすことを条件に、沖縄のメースBなどの核兵器の撤去に合意した。核撤去を拒んだアメリカの強硬な態度の背景には、ホイーラー（Earle G. Wheeler）JCS議長を筆頭とした軍部の強い反対があった。一一月二一日に発表された日米共同声明の第八項では、沖縄からの核兵器の撤去の合意が発表された。また日本は第四項で、在米・在沖米軍の台湾出撃を政治的に保証した。

この段階でまだNSSM69はまとまっておらず、中国の核兵器に対する米軍の核抑止政策は、変更なく継承されていた。沖縄返還合意の翌日となる一一月二二日、グリーン（Marshall Green）IG／EA議長は、「一九七〇年代におけるアメリカの東アジア政策」と題した回答を送り、「この地域で新たに武力行使を伴うコミットメントは避ける」「ソ連、共産中国、日本などの潜在的覇権国家が覇権を確立しないよう勢力均衡を維持すべし」と主張した[29]。その後、沖縄では核兵器の撤去作業が開始されている。

日米共同声明の第八項の文言は、アメリカのNCND政策との関係で、明確に沖縄の核兵器を撤去するという表現にはなっておらず、分かりにくかった。そのため、国内の各野党は核兵器の撤去に対する疑義を表明した。こうした日本国内の反応を受けて、北京政府も沖縄の核兵器の存続に対する疑念を表明した。一一月二八日付の『人民日報』社説は、「共同声明にはあいまいな言葉で、アメリカがひきつづき沖縄で核兵器を配備するために伏線をはっているが、実際には、アメリカに沖縄の核基地を無期限に保留させようとしているのである」と批判している。[30]

以上、一九六九年の沖縄返還交渉を米中関係との比較から論じた。ニクソン政権内において、国務省やスナイダーが関与した沖縄返還問題と、ニクソン・キッシンジャーが秘密裏に取り組んだ中国政策の再検討とは、政策決定過程が分かれていた。また対中関係改善の働きかけは、政治次元の対話の話であって、沖縄に関する軍事決定過程とは異なる次元の話であった。加えて一九六九年の段階では、NSCで沖縄返還を対中政策に利用できるほどの政策環境はできておらず、アジアにおける核兵器政策の方針もまだ検討中の段階で、中国の脅威を前提としたうえで先に返還後の沖縄の軍事的地位が定まった点が指摘できよう。

2　米中対話の進展

(1)　米中対話と台湾問題

外交不在の状態が続いていた中国は、一九六九年夏頃から外交活動を再開し、カナダ、イタリア、赤道ギニアと国交を樹立するなど、積極的な外交を展開するようになっていた。[31] こうしたなか同年一二月、アメリカ政府内では、台湾海峡への米艦隊のパトロール停止や在台米軍の削減の示唆が検討された。一方でこれらは核政策の次元の決定ではなく、また背景としてすでに前月の日米共同声明で、沖縄や日本本土からの米軍の台湾出撃の政治的保証が日本政府から得られていたことが重要である。

年が明けて一九七〇年一月、ホワイト・ハウスにはポーランド、オランダ、そしてパキスタン・ルートから有益な情報がもたらされ、米中関係の進展に向けた具体的動きが出てきた。当時ＮＳＣにいたロード（Winston Lord）は、沖縄を解決できたことが区切りとなり、アメリカは中国政策を進めることができたと回想する。[32]まず一月二〇日、ワルシャワでの米中大使級会談で、中国側が前向きな態度を示し、大使級会談が再開されることになった。この日の中国側の応答の大部分は、台湾問題に費やされていた。このことについてキッシンジャーは一月二一日、台湾に関する現在の安定した状況を動揺させて「棚ぼた（a windfall）」を中国に与えることは避ける必要があると、ニクソンに進言した。[33]さらに同月、オランダのダークセン（Jacobus Jerome Derksen）公使も、アメリカのロッジ（Henry Cabot Lodge）に対して、周恩来国務院総理がアメリカとの関係改善を欲している点を伝えてきた。

キッシンジャーは秘匿性を重視した。というのも、もしこのことを国務省内の親ソ派が知ると、ソ連のドブルイニン（Anatoliy F. Dobrynin）駐米大使を通じてワルシャワ対話の内容がモスクワに伝わり、その結果、ソ連が中国を脅してワルシャワ対話を妨害する可能性があると考えたからである。ゆえにニクソンから周恩来へのメッセージに関する情報は、ニクソン、キッシンジャー、ロッジ、ダークステンの四名に制限されることとされた。[34]

他方で国務省は、ワルシャワのストッセル（Walter J. Stoessel）大使に対する指示を五項目にまとめた。そのなかに、台湾の米軍施設を、当該地域の緊張が減じると共に削減する意図を示すことがあげられている。後のニクソン訪中時の米中共同声明につながる文言である。一方で、沖縄の基地については言及がない。ロジャーズ（William P. Rogers）国務長官も、台湾の軍事プレゼンスを緊張緩和に応じて削減することなどを重ねてニクソンに伝えている。[35]このように、米中対話のプロセスでは、台湾の帰属問題や台湾の米軍・米軍施設の問題が争点として浮上していた。他方でアメリカは、日本の基地の役割を重視した。同年二月一七日、ニクソン大統領は共和党議員との会合のなかで、在日米軍の役割を説明した。そのうえで、アジアでの中国へのおもな対抗勢力はアメリカではなく日本であるべきで、中国とソ連もこのことを認識しており、それゆえに中ソが沖縄返還に非常に関心を払っているという見方を示した[36]。

二月には、パキスタンのヤヒヤ（Agha Muhammad Yahya Khan）大統領から有益な情報がホワイト・ハウスにもたらされた。二月二二日にキッシンジャーが受け取ったヤヒヤからの情報では、アメリカによるイニシアティブが中国を勇気づけているとされていた[37]。他方で三月、ワルシャワでの米中対話を伝聞した蔣介石総統がニクソンに書簡で驚きを伝え、「ニクソン・ドクトリン」は自由諸国の強化を意味するものでなければならないと釘を刺した。ニクソンは返書のなかで、二月一八日の外交教書に言及しながら懸念払拭を図った[38]。

佐藤栄作首相も、ワルシャワ対話に合わせて対中対話を求めている。しかし、日台関係の緊密化を警戒した周恩来は反応しなかった。こうしたなか外務省の調査部は、アメリカの台湾防衛の軍事コミットメントが維持されなければ、将来的に台湾による単独での防衛は難しいと考えていた。二つの中国論の立場だった岡崎久彦調査課長は、もし中国側が制空権をとれば、台湾への上陸は可能だと分析した[39]。この年、日米関係でも気になることが起こっている。一〇月、佐藤は国連総会での演説の機会に、ワシントンで日米首脳会談を予定していた。このとき外務省は、日米共同声明を作成する予定で準備を進めていた。そのなかで、中国に関しては日本とよく相談するという趣旨の文言を入れて準備を進めていた。しかし、その後アメリカ側が、今回は非公式訪問である点を理由にコミュニケを発表しないこととしたいと提案してきたのだった[40]。実際に、日米共同声明が発出されることはなかった。

一一月一九日、ニクソンは中国政策の検討準備を指示し、そのなかで今後五年から一〇年の長期にわたるアメリカの対中政策目標など七つの検討課題が示された。ちなみに第五項で、中国について特別な利害をもつ国々との政策調整があげられ、日本がオーストラリアやニュージーランドとともに関係国としてあげられているが、沖縄返還との関係性についてはふれられていない[41]。そしてヤヒヤ大統領が訪中したのち、周恩来首相は台湾問題を話し合うためにニクソンの特使を北京で歓迎するという重要なメッセージを出してきた。一二月一六日、キッシンジャーはパキスタンのヒラリー（Agha Hilaly）駐米大使に対して、もしアメリカの代表団が北京に行ったら、台湾問題に制限せず、対中関係の改善と緊張緩和に関することはすべて話し合うと述べ、「台湾からの米軍撤退に関する中国の要求に応じるのは困難ではないだろう」という考えを示した。加えて、顧問団と訓練教育部隊を除き米軍は台湾に展開していないと説明した[42]。そして同月、毛沢東主席は、同月の『ライフ』でのエドガー・スノー（Edgar Snow）によるインタビューで、ニクソン訪中を歓迎する意思を示したのだった[43]。

(2) キッシンジャー訪中と論点化した沖縄の基地問題

ここまで見てきたように、一九七〇年に米中間で論点化したのは、沖縄の核基地問題ではなく、むしろ台湾問題であった。同じ頃、日米の外交当局は沖縄返還協定交渉を進めていた。外務省は将来の日中関係に配慮して、沖縄の米軍について、日米安保条約の範囲外の任務を持つ部隊（VOA中継施設、陸軍情報学校、第七心理作戦部隊）の撤退を要求した。しかし、駐日アメリカ大使館は当初、消極的姿勢を示した。

また沖縄返還と米中関係との関係性の問題は、とくに尖閣諸島をめぐる日米協議のなかで発生した。外務省条約局は、沖縄返還協定のなかに尖閣の施政権返還を明記することを部内で提案した。また外務省条約局は、国府との間で大陸棚の境界線の画定や、台湾の漁業従事者の尖閣周辺での操業を認めるための「暫定協定」を結ぶ案を検討していた。しかし、北京政府が参入してこないよう、条約レベルでの解決は行わないこととした[44]。

一方で、アメリカは国府との関係もあって、尖閣諸島の領有権の問題については当事国で解決すべきだという立場を示し、中立政策を維持した。結局、日米は沖縄返還協定第一条に付属する「合意された議事録」で、緯度と経度によって尖閣を含む沖縄の施政権返還領域を定義することで妥結し、尖閣諸島の施政権については日本に返還されることになった。

他方でこのころのニクソンは、対中政策の日本への影響を考慮する必要性を認識するに至っていた。ニクソンは、一九七一年四月一五日付のNSSM122で対日政策の検討を指示した。第三項では、アメリカの対中政策の進展が米日関係におよぼす影響があげられ、第五項では沖縄返還交渉が米日関係にもたらす影響があげられている。ただし、米中関係の沖縄返還問題への影響については、直接の検討項目にはあがっていない[45]。また四月一九日付のＮＳＳＭ124では、中国との関係改善を目的とした外交上のイニシアティブの検討が指示され、そのなかでもとくに台湾、ソ連、日本との関係については考慮に入れておくこととされた[46]。

しかし、肝心のアジアの核戦略に関する結論は、まだＮＳＣ内でまとまらなかった。ＮＳＳＭ69に基づき、ＮＳＣの省庁間グループはアジアの核政策を検討し、一九七〇年七月に草案ができた。しかし、政権内では、核兵器の役割とその使用のあり方や、増大する中国の軍事力を抑止する手段をめぐって、解決の難しい意見の相違が明らかになった[47]。省庁間の意見は多様で、なかなかまとまらなかったのである[48]。

アジアの核戦略に関する政策がまとまらないなか、米中は政治対話を進めた。一九七一年四月、中国が卓球のアメリカ・チームを北京に招待するピンポン外交を展開した。五月三一日と六月二日に、パキスタンのヒラリー駐米大使がキャッシンジャーと会い、キッシンジャーを特使として歓迎するという周恩来首相の回答を伝えた。他方で、国府は尖閣諸島問題のこじれなどから沖縄返還の延期をアメリカに主張したが、ニクソンとキッシンジャーはこれを受け入れず[49]、アメリカは予定通り六月一七日に沖縄返還協定に調印した。

沖縄返還協定が調印された後の七月一日、ニクソンはキッシンジャーに対し、日本の脅威の可能性を中国に強調するよう指示した[50]。密かに北京に入ったキッシンジャーたちは、七月九日に周恩来と会談し、ここで米中は沖縄の米軍に関する突っ込んだ意見交換を行うことになる。この日の会談では、台湾問題が話し合われたのち、周恩来は具体的に在日米軍と在韓米軍の問題を取り上げて、キッシンジャーの見解を尋ねた。周は、極東から米軍を撤退させて日本の力を強くし、日本をアジア諸国を支配するための極東における「先兵（vanguard）」とすることがアメリカの目的ではないかと述べて、キッシンジャーを批判した。

キッシンジャーは、「われわれは日本を中国に対して使うことはない」と述べた。しかし周は、沖縄返還協定はなおも沖縄の非核の状態を保証しておらず、返還には条件が付されていて、一部の権利がアメリカによって保有されており、完全な返還ではないと日本国民が言っていると指摘した。これに対してキッシンジャーは、「私は沖縄が日本とまさしく同じ状態、すなわち非核の状態になることを知っている」と、核の存置を否定した(51)。

このように、すでに日米共同声明や沖縄返還協定を通じて沖縄の軍事的地位が決定したのちに、周とキッシンジャーの会談で沖縄の基地の問題が取り上げられ、周恩来はむしろ日本の軍国主義や沖縄の核兵器の存置への疑念を表明した。そこでキッシンジャーは、沖縄の基地からの核撤去など基地政策の説明に迫られる形となったのである。そして七月一五日、ニクソンは訪中することを発表し、日本を始め世界各国を驚かせることとなる。

3　ニクソン訪中声明後の安保問題

(1) 安保政策の維持

七月一七日、ホワイト・ハウスは周恩来とキッシンジャーが握手を交わしている写真を発表した。写真は一九日付の『朝日新聞』朝刊など、国内の新聞に掲載された。写真をみた日本側関係者の思いは複雑だったと思われる。ただし、ニクソン・キッシンジャーの動きは、アジアにおける核政策の変更までを構想したものではなかった。そもそもニクソン訪中声明は、日本や国府といった同盟国はおろか、米軍部・国防当局などにも秘匿して実施されたため、安保政策の調整は状況的にも難しかった。まずアメリカは同盟国への説明に追われた。七月一六日、国府の沈剣虹駐米大使はグリーン国務次官補に対し、「訪中声明は自由世界全体にとっても重大な影響をもたらす」などと抗議した。これに対してグリーンは、「声明は米台の友好関係に影響を及ぼすものではない」「アメリカの防衛コミットメントは継続する」と説明した。ニクソン大統領も蔣介石総統へ書簡を認め、米華相互防衛条約に基づく防衛上のコミットメントを続けると説明した(52)。また七月二七日にはキッシンジャーが沈剣虹駐米大使と会い、国府

との関係の重要性を説いて沈を宥めている。(53)

日本の外務省も、ニクソン訪中声明に強い不満を抱いた。七月二三日には、牛場信彦駐米大使がキッシンジャーを往訪し、キッシンジャーは弁明を行った。彼の理由は、①アメリカ国内での反対が結集すれば訪中自体が実現できない恐れが多分にあったため、②漏れる恐れなく佐藤総理と話ができるか見当がつかなかったこと、をあげた。そのうえでキッシンジャーは、「米中が話し合いを始めても中共は米国の敵側（OPPONENT）であることには変りなく、中共側の基本的態度（BASIC ORIENTATION）に変りがあろうはずがないことは十分認識している」というものであった。(54)

外務省調査部企画課は、状況を分析し、アメリカへの対抗策を検討した。調査部企画課が作成した未定稿の検討文書では、日本がドル防衛への協力や在日米軍経費の一部負担によってアメリカに「恩恵」を売ると同時に、核兵器拡散防止条約の批准問題につき再考しようとしているのではないかという印象をアメリカに与えてみることなどが提案されており、興味深い。(55)

ホワイト・ハウスは、国防当局との調整にも追われた。レアード（Melvin Laird）国防長官は八月に入り、政治軍事問題への国防省のコミットメントをニクソン大統領に求めた。実はすでにレアードは、キッシンジャー訪中前に、米中のパキスタン・ルートでのやりとりを傍受したＮＳＡより、キッシンジャー訪中に関する情報を得ていた。しかし、キッシンジャーがレアードに事前に訪中について明かすことはなかった。(56) ＮＳＣが台湾の米軍基地や沖縄の米軍基地の問題について検討を行う際には、国防当局との調整が不可欠だが、キッシンジャーは米中対話にあたり、国防省トップとの調整は行っていなかったのである。

ニクソン訪中後、レアードはキッシンジャーに対し、国防省に関係する政治軍事問題については、国防省が認識を共有しかつ関与する必要があると指摘した。というのも、将来の台湾における米軍のプレゼンスの規模や、他のアジア諸国とくに日本との政治軍事関係の調整といった問題を考える際には、台湾に対する軍事援助計画の再評価などが必要だからであった。これらの問題の検討には、国防省だけでなく、関係するすべての省庁と人物が関与する必要があった。とくにレアードは、台湾からの米軍のプレゼンスの撤退が、日本の基地とくに沖縄の基地を必須のものとすることから、米日関係の重要性を説き、日本との十分かつ率直な協議を求めた(57)。

八月、SRGはNSSM122の検討を行ったが、記録を読むと、ニクソン訪中声明にともなう日本の独立した外交に警戒しつつも、日本をアジアの主要パートナーとして位置づけ続けることが考慮されている。日米関係に関しては、対潜水艦行動や兵器購入など、日米二国間防衛協力の強化が関心対象となっている(58)。他方でキッシンジャーは、SRGで日本との間の経済問題を検討するよう、部下や他省庁から求められていた(59)。NSSMに関する事務当局との検討の場では、このようにむしろ二国間の枠組みに基づく論点が重視された。キッシンジャーは、実際のSRGの場では、国務、国防、財務、商務、農務など各省庁との意見調整を行う立場にあり、その場面で彼が米中接近にともなう沖縄や台湾の米軍・米軍施設に関する大きな政策変更を主導できる状況にはなく、またその政策変更を強引に行う意思もなかったと見られる。

こうしたなか同年一〇月、キッシンジャーが再び訪中した。日本への警戒を示す周恩来首相に対し、キッシンジャーは、日本が台湾で軍事力を展開したり、あるいは台湾に軍事的影響力を及ぼしたり、台湾の独立運動を支援したりすることに反対すると説明した。他方で、中国側は米軍の台湾からの撤退を求める立場であったが、アメリカ側は基地政策の変更まで踏み込んだ考えは示さなかった(60)。

(2) 日米の調整と日中国交正常化

日本の外務省は、一二月一三日から一五日にかけてウィリアムズバーグで行われた日米協議の場で、率直に意見を述べた。記録には、アメリカ側の接遇ぶりは最高で、「大分気を使っていた」と記されている。森治樹事務次官や牛場駐米大使は、ジョンソン（U. Alexis Johnson）国務次官や、キッシンジャーの補佐官であるホルドリッヂ（John

H. Holdridge）らに対し、ニクソン訪中時にニクソンから中国側に示してほしい点として、①日米安保体制の堅持、②天皇はじめ戦犯問題の拒否、③尖閣列島についての日本の主張擁護、④日本軍国主義復活の否定、⑤台湾独立運動に日本政府は無関係なることの説得、を要求した。アメリカ側は、「日本に於いては米中が接近すればそれだけ日米が疎遠になるとの危惧がある様だが、これは当らない」とし、「中国問題について日米間には style や tactics の面で差はあっても、基本的利害の面では完全に一致している」との見解を示した(61)。

一九七二年一月の日米首脳会談でも、佐藤首相は日米安保体制に関する同様のメッセージをニクソンに伝えた(62)。そして実際の一九七二年二月のニクソン訪中時、ニクソンは周恩来に対し、日本の軍事行動を防ぐ観点から日米安保体制の必要性を説いた(63)。一方の周恩来は、常に一九六九年の日米共同声明のことに言及してきたがいまや状況が変わったと指摘しながらも、日本国民がなおも沖縄に核基地があると不満を抱いており問題がなお残っていると再び主張した。これに対してニクソンは、それは日本の野党が佐藤首相に対してもち出している政治問題であって、実際には正しくないと指摘した。キッシンジャーは、「すべての核兵器を沖縄から撤去している」と説明し、ニクソンも、「そこ（沖縄）には（核兵器は）一つもない」と付言したのだった(64)。

他方で外相級会談では、姫鵬飛外交部長が米軍の台湾からの撤退の約束を求めたのち、アメリカはアジア地域から可能な限り早く米軍を撤退させるべきだと述べた。ロジャーズは、「緊張が低下するのに応じて」と答えたものの、時期的なコミットはしなかった(65)。二月二七日に発表された米中共同声明（上海コミュニケ）では、「米国政府は、台湾から全ての米国軍隊と軍事施設を撤退ないし撤去するという最終目標を確認する。当面、米国政府は、この地域の緊張が緩和するにしたがい、台湾の米国軍隊と軍事施設を漸進的に減少させるであろう」という意思が示された(66)。

しかし、この台湾からのアメリカ軍隊・米軍施設の撤退・撤去という最終目標については、冷静に捉える必要がある。キッシンジャーは記者団の前で、米華相互防衛条約の堅持を公に述べた。またグリーン国務次官補の説明によれば、アメリカは台湾からのすべての軍事力と軍事施設を撤退させるという最終目標を確認したが、これは米中共同声明にある通り、中国人みずからによる台湾問題の平和的解決という展望を念頭に置きながら述べたもので、「台湾海峡の両側の全中国人が満足するような解決が得られない限り台湾からの撤兵はしない」という意味であった(67)。

このようにアメリカは米中接近に際して、台湾防衛のコミットメントや沖縄の米軍基地の問題など、核兵器を含む軍事政策での大きな変更は想定していなかった。一方で同年七月、田中角栄政権成立後に日本の外務省は日中国交正常化に向けた準備を一気に進めた。法的問題を精査した栗山尚一条約課長は、「サンフランシスコ体制から日本が離脱しなければならないという形での日中国交正常化というのはあり得ない」と確信していた。すなわち問題は、日米安保条約と日中国交正常化をどう両立させるかであった。この点について橋本恕中国課長は、同年四月、一九六九年の日米共同声明の台湾条項の解釈変更または修正の必要性についても思案していた(68)。

しかし、七月に周恩来首相が竹入義勝公明党委員長に示した案は、①日米安保条約には触れず、一九六九年一一月の日米共同声明にも言及しない、②中国政府は日本に対する戦争賠償請求権を放棄する、③台湾は中華人民共和国の領土であって、台湾を解放することは中国の内政問題であるという点を「黙約事項」とする、などというもので、日米安保体制の変更にかかわる意見表明はなかった。竹入メモを見たのち橋本は、栗山に対して、安全保障に関連する問題は条約局の判断にしたがうと伝え、一任する態度を示した。

栗山は、日米安保条約や一九六九年の日米共同声明に書かれていることをひっくり返すような形で日中国交正常化はしない方向で準備を進めた(69)。田中首相は、八月三一日と九月一日の日米首脳会談で、ニクソンとキッシンジャーに対して、日米関係が不利益を蒙らない形で、かつ台湾問題に配慮しながら日中国交正常化を進める旨を説明している(70)。そして田中と大平外相は、九月二五日から北京で国交正常化交渉を重ねた。その結果、九月二九日の日中共同声明では、日米安保条約のことには言及されずに、国交正常化が実現したのであった(71)。

その後、翌一九七三年二月のキッシンジャー訪中の際に、周恩来は日米間の協力を支持する意思を示すことになる。かくして日米安保体制は、米中接近と日中国交正常化のプロセスにおいても、政策変更を行わずに存続することになった。他方で一九七三年に入ると、米ソ間のデタントの進展や核戦争防止協定の締結などによって、今度は米中の関係が難しくなった。デタント期の日米関係・米中関係・日中関係は、このように年ごとに揺れ動きを見せながら、複雑な形で展開していったのである。

おわりに

沖縄返還交渉と米中接近は、たしかに同じ時期に進展した。しかし、ニクソン政権のアジア政策において、両者の関係は冷静に捉え直す必要がある。沖縄返還合意と沖縄の核兵器の撤去が決定された一九六九年、ニクソンは一方で対中関係の改善を期待していたが、ワルシャワ・ルートなどでの中国との対話は進んでおらず、先に沖縄返還に関する安保政策上の決定がなされた。NSC内を含め多くの政策エリートは米中関係改善に懐疑的で、この年はまだキッシンジャーを含め、対中政策変更の心理的枠組みの形成の段階にあった。

したがって沖縄からの核兵器撤去の決定をめぐる因果関係は、まずは日本の非核政策に基づく撤去要求と、米軍のアジアにおける軍事戦略という日米二国間の政策対立の構図から理解すべきである。一九六九年の沖縄返還や沖縄からの核兵器の撤去の決定が、対中関係改善のメッセージとして行われたとまでは言えない。また現時点で、一九七〇年からニクソン訪中声明までの米中協議において、米中が沖縄の基地のあり方を事前に検討していた様子も確認できない。ニクソンの対中関係改善の意思やそのための政治的次元でのメッセージの発信と、アメリカの核政策とは分けて認識する必要がある。

NSSM69では、中国に対するアメリカの戦域核戦力のあり方が検討課題となったが、軍部・各省庁の多様な意見を前にすぐにはまとまらなかった。こうしたなかニクソン政権は、一九六九年の日米共同声明や一九七一年の沖縄返還協定において沖縄の軍事的地位を決定する際には、従来通り中国の核兵器を脅威対象とした政策判断を行った。アメリカの軍事戦略ではＩＣＢＭやＳＬＢＭが重要な位置を占めていたが、一方で沖縄のメースＢなど地上発射型の巡航ミサイルがアジアの核戦略の一端を担っていたことに変化はなかった。旧式で退役近くではあったが、沖縄のメースＢや、その他の核兵器の沖縄からの撤去は、アジアにおける核政策にかかわる問題であった。

したがってこれらの核兵器の問題は、米中対話における外交カードに使える対象ではなかった。またキッシンジャーは、レアード国防長官には米中対話のことを秘匿しており、米中対話のプロセスにおいて、ＮＳＣと国防省のトップ同士がアジアの核兵器に関する政策調整を行える状況にはなかった。他方で周恩来首相は、むしろ日米共同声明と沖縄返還協定の内容から日本による台湾への自衛隊配備を警戒し、沖縄からの核兵器の撤去に疑念を抱いた。そのため、いざキッシンジャーが一九七一年七月に周恩来と会談すると、周はアメリカを批判し、キッシンジャーには、沖縄からの核兵器撤去が本当の話であることを説明する必要が生じた。すなわち沖縄からのメースＢの撤去が開始された後に、キッシンジャーが中国の批判にこたえるかたちで、沖縄からの核撤去を説明して中国の納得を得ようとしたというのが、事の経緯であった。

たしかにキッシンジャーには、繊維問題でのこじれや過去の日独伊三国同盟に起因する日本への反感があった。しかし、米中対話の秘匿は、まずは国務省の親ソ派やソ連への漏洩とホワイト・ハウスに対する妨害を防ぎ、国府・台湾ロビーの強い反発を招かないようにするためであった。それが日本軽視に見えた一面はあるが、外交史的には、米中接近後も日米安保体制が変わらなかったことの意味がより重要である。ニクソン訪中声明後、キッシンジャーは日本や台湾への説明・弁明のなかで、安保政策が変更されない点を説明し続けた。ＮＳＣの対日政策の検討でも、対潜水艦行動での協力や防衛兵器購入などによる対日関係の強化がめざされた。

この点、中国側は台湾への米軍のコミットメントの再検討を求めていたが、ニクソンとキッシンジャーにとって台湾の米軍・軍事施設は、米華相互防衛条約や日米安保条約と密接につながる、米軍部のみならず複数の関係国と複数の争点が絡み合った問題で、米中の政治対話が進んでも短期的には動かしにくい問題であった。あくまでニクソン・キッシンジャーは、米ソの核のパリティ状況を背景にSALT交渉を進める一方、対ソ・デタントの文脈から対中政策の再検討を進めたといえよう。ニクソンの戦略的地政学的発想は、地域的問題または二国間の問題をグローバルな視点で捉える傾向があり、ニクソン・キッシンジャーのデタント外交と、対日政策との間のずれは、この点を踏まえながら捉えることができる。

最後に、日本政治にかかわる問題について述べたい。一九七〇年代前半の日本は、非核三原則を理由に沖縄からの核兵器の撤去を実現し、さらに非核三原則を国会決議とした。このことについて筆者は別稿で、こうした非核三原則の規範化を、日本国内に存在した平和主義的価値の政権による政策への組み入れとして論じた[72]。しかし、本章で見たように一方で日本は、米中接近後も日米安保体制を変更せず、米軍の台湾防衛コミットメントを認めた日米安保条約にはふれずに中国との国交正常化を実現した。日本は、非核三原則によってアメリカの軍事要求に対する「盾」を政策化する一方で、米中接近による国際環境の変化後も、日米安保条約に基づく政策体系を変えずに強化するという政策選択を行ったのである。

この点、アメリカと同様、デタント期の日本の政策選択もまた多面的であったといえよう。この日本の多面的な政策選択をめぐる因果関係を明らかにするためには、日本の政策選択の背景をなした国際政治状況に関するさらなる検討と、当時の国際環境と日本の安保政策との関係を明らかにする必要がある。これらについては、筆者の次なる検討課題としたい。

注

（1）近年の研究書として、たとえば Fredrik Logevall and Andrew Preston, eds., *Nixon in the World: American Foreign Rela-*

tions, 1969-1977 (Oxford University Press, 2008): Francis J. Gavin, *Nuclear Statecraft: History and Strategy in America's Atomic Age* (Cornell University Press, 2012) などを参照。

（2）神谷不二『NHK市民大学　戦後日米関係の文脈』（日本放送出版協会、一九八四年）八六、八七頁、田久保忠衛『ニクソンと対中国外交』（筑摩書房、一九九四年）六二―七二頁、植村秀樹『自衛隊は誰のものか』（講談社［講談社現代新書］、二〇〇二年）一一三頁、李東俊『未完の平和――米中和解と朝鮮問題の変容　一九六九～一九七五年』（法政大学出版局、二〇一〇年）六二頁。

（3）大嶽秀夫『ニクソンとキッシンジャー』（中央公論新社［中公新書］、二〇一三年）九三頁。

（4）先行研究では、米中接近のプロセスにおいて、台湾問題が最大の争点だったという解釈（秋元英一・菅英輝『アメリカ20世紀史』東京大学出版会、二〇〇三年、二六四頁、井上正也『日中国交正常化の政治史』名古屋大学出版会、二〇一〇年、三九七頁）と、台湾問題を二義的・二次的なものと捉える見方（増田弘編著『ニクソン訪中と冷戦構造の変容　米中接近の衝撃と周辺諸国』慶應義塾大学出版会、二〇〇六年）があるが、記録を辿ると米中対話のなかでは台湾問題が最大の争点であったといえる。

（5）前掲、増田、一四六、一四七頁。

（6）この点に関する指摘として、Hideki Kan, "The Nixon Administration's Initiative for U. S.-China Rapprochement and Its Impact on U. S.-Japan Relations, 1969–1974," *Hosei Kenkyu*, vol. 78, no. 3, pp. 644–682.

（7）中島琢磨『沖縄返還と日米安保体制』（有斐閣、二〇一二年）一三九頁。

（8）*Foreign Relations of the United States*, 1969–1976, vol. 17, China, 1969–1972, pp. 7, 8 (hereafter cited as *FRUS*, with appropriate year, volume, and page numbers).

（9）キッシンジャーの対ソ認識については、大嶽、前掲書、に詳しい。

（10）前掲、中島、一四〇頁。

（11）石井修『覇権の翳り――アメリカのアジア政策とは何だったのか』（柏書房、二〇一五年）一三五頁。

（12）ヘンリー・A・キッシンジャー『キッシンジャー回想録　中国』上巻（岩波書店、二〇一二年）二二九頁。

（13）*FRUS*, 1969–1976, vol. 17, China, 1969–1972, pp. 1–3.

（14）中島琢磨「佐藤栄作――ナショナル・プライドと外交選択」（増田弘編著『戦後日本首相の外交思想』ミネルヴァ書房、二〇一六年）一九二、一九三頁。

（15）Richard A. Hunt, *Secretaries of Defense Historical Series, vol. 7, Melvin Laird and the Foundation of the Post-Vietnam Military—1969–1973—*（Washington, DC: Historical Office, Office of the Secretary of Defense, 2015）, p. 330.

（16）中島琢磨「冷戦秩序の変容と日米安保体制——同盟の対等性のあり方をめぐって」（菅英輝編著『冷戦と同盟——冷戦終焉の視点から』松籟社、二〇一四年）三四二頁。なお筆者はこのなかで、一九六九年前半のニクソン政権が、沖縄返還の方針を対中政策と結びつけて決定した様子が確認できない点を部分的に述べた。

（17）*FRUS*, 1969–1976, vol. 17, China, 1969–1972, pp. 31–39.

（18）「モートン・H・ハルペリンへのNHKによるインタビュー記録」（二〇一五年二月四日）。なおインタビューには筆者も同席した。

（19）大河原良雄へのインタビュー（二〇一五年一月一九日）。

（20）前掲、中島、一六五、一六六、一六八頁。

（21）NSSM69, The National Security Archives, *Japan and the United States: Diplomatic, Security, and Economic Relations, 1960–1976*［microfiche］（Bell & Howell Information and Learning, 2000）, no. 1094（hereafter cited as *Japan and the United States*, with appropriate numbers）. NSC内の核兵器をめぐる議論の資料については、森聡氏より教示を得た。

（22）前掲、石井、一三五、一三六頁。

（23）前掲、大嶽、七七頁。

（24）*FRUS*, 1969–1976, vol. 17, China, 1969–1972, pp. 53, 54.

（25）*Ibid.*, pp. 56–65.

（26）たとえば、Memo, "Okinawa Reversion Negotiations（U）," September 5, 1969, History of the Civil Administration of the Ryukyu Islands, box 18（沖縄県公文書館所蔵）。

（27）*FRUS*, 1969–1976, vol. 17, China, 1969–1972, pp. 114–117.

（28）*Ibid.*, p. 120.

（29）前掲、石井、三五二頁。

(30)「日米反動派の罪悪的陰謀（一一月二八日　人民日報社説）」「中共対日重要言論集（第一五集）——一九六九年一月より同年一二月まで——」（「楠田實資料（佐藤政権期関係）」神田外語大学和田研究室所蔵）一七頁。

(31) 中国課「国連における中国代表権問題の表決について」一九七〇年一一月一二日（「楠田實資料（佐藤政権期関係）」神田外語大学和田研究室所蔵）。

(32)「ウィンストン・ロードへのＮＨＫによるインタビュー記録」（二〇一五年二月五日）。なおインタビューには筆者も同席した。

(33) *FRUS*, 1969–1976, vol. 17, China, 1969–1972, pp. 170–172.

(34) *Ibid.*, pp. 176–178.

(35) *Ibid.*, pp. 178–180, 189, 190.

(36) *FRUS*, 1969–1976, vol. 1, Foundations of Foreign Policy, 1969–1972, p. 191.

(37) Henry A. Kissinger, *White House Years* (Little, Brown, 1979), p. 689; *FRUS*, 1969–1976, vol. 17, China, 1969–1972, pp. 185, 186.

(38) *FRUS*, 1969–1976, vol. 17, China, 1969–1972, pp. 187, 193, 194.

(39) 調査課長「中国問題についての所見」一九七〇年一〇月二六日（「楠田實資料（佐藤政権期関係）」神田外語大学和田研究室所蔵）。

(40) この点については佐藤行雄氏（当時在米日本大使館書記官）より証言を得た。

(41) *FRUS*, 1969–1976, vol. 17, China, 1969–1972, pp. 246, 247.

(42) *Ibid.*, pp. 251, 252.

(43) ただし、インタビューは意図したようには役立たなかった（キッシンジャー『キッシンジャー回想録　中国』上巻、二四二、二四三頁）。

(44) ロバート・Ｄ・エルドリッヂ、吉田真吾・中島琢磨訳『尖閣問題の起源——沖縄返還とアメリカの中立政策』（名古屋大学出版会、二〇一五年）一三六、一四一—一四四頁。

(45) National Security Study Memorandum 122, "Policy Toward Japan," April 15, 1971, 石井修監修『【アメリカ合衆国対日政策文書集成ＸＸＸⅡ】ニクソン大統領文書——国家安全保障会議機構文書　日本・アジア関係』第四巻（柏書房、二〇一三年）（以下、『集成第32期』第四巻、などと略記）一一三、一一四頁。

（46）*FRUS*, 1969–1976, vol. 17, China, 1969–1972, pp. 299, 300.

（47）Hunt, *Secretaries of Defense Historical Series, vol. 7, Melvin Laird and the Foundation of the Post-Vietnam Military*, p. 330.

（48）Memo, Packard to Kissinger, June 30, 1970（『集成第32期』第九巻）一一七頁。

（49）前掲、エルドリッヂ、一八九－一九一頁。

（50）前掲、石井、一四五、一四六頁。

（51）*FRUS*, 1969–1976, vol. 17, China, 1969–1972, pp. 390, 394, 395.

（52）*Ibid*., pp. 456–458.

（53）*Ibid*., pp. 468–472.

（54）在米国牛場大使発愛知外務大臣宛電報第二〇九二号「ニクソン大統領訪中（本使・キッシンジャー会談）」一九七一年七月二三日（「楠田實資料（佐藤政権期関係）」神田外語大学和田研究室所蔵）。

（55）調企課「米中接近とわが国の施策について（未定稿）」一九七一年七月二九日（「楠田實資料（佐藤政権期関係）神田外語大学和田研究室所蔵」）。

（56）Dale Van Atta, *With Honor : Melvin Laird in War, Peace, and Politics*（The University of Wisconsin Press, 2008）, pp. 298, 299.

（57）*FRUS*, 1969–1976, vol. 17, China, 1969–1972, pp. 473–475.

（58）Memo, “SRG Meeting, August 27, on NSSM 122–Japan,” August 31, 1971, *Japan and the United States*, no. 1425 ; “ SUMMARY, NSSM 122–JAPAN,” undated, Nixon Presidential Materials, National Security File, Institutional File, H–058（Nixon Presidential Library）.

（59）Memo, Johnston to Kissinger, “Attendance at the SRG meeting on Japan,” August 2, 1971（『集成第32期』第四巻）一三九頁。

（60）*FRUS*, 1969–1976, vol.17, China, 1969–1972, pp. 505, 511, 514.

（61）作成者不明「日米政策企画協議メモ」一九七一年一二月二六日（「楠田實資料（佐藤政権期関係）」神田外語大学和田研究室所蔵）。

(62) MemCon, "Meeting with Eisaku Sato, Japanese Prime Minister, on Thursday, January 6, 1972 at 1:30 p. m. at San Clemente," January 6, 1972, *Japan and the United States*, no. 1499; MemCon, "Meeting with Eisaku Sato, Japanese Prime Minister, on Friday, January 7, 1972 at 9:30 a. m. in San Clemente," January 7, 1972, *Japan and the United States*, no. 1500.

(63) *FRUS*, 1969–1976, vol. 17, China, 1969–1972, pp. 703, 704.

(64) *Ibid.*, p. 734.

(65) *Ibid.*, pp. 759, 760.

(66) *Ibid.*, pp. 812–816.

(67) 作成者不明「グリーン国務次官補のコメント要点（72・2・29）」（「楠田實資料（佐藤政権期関係）」神田外語大学和田研究室所蔵）。

(68) 栗山尚一『外交証言録　沖縄返還・日中国交正常化・日米「密約」』（岩波書店、二〇一〇年）一〇一—一〇三、一一六、一一七頁。

(69) 同上、一一七、一一八、一二五頁。

(70) 作成者不明「日米首脳会談（第一回會談）」一九七二年八月三一日（「一九七二年の沖縄返還時の有事の際の核持込みに関する『密約』に係る調査関連文書」（0611–2010–00794_02, H22–013, 外務省外交史料館所蔵）、MemCon, "Prime Minister Tanaka's Call on President Nixon," August 31, 1972（『集成第25期』第二巻）八三—九五頁、MemCon, "Prime Minister Tanaka's Call on President Nixon,"September 1, 1972（同上）九六—一〇三頁、MemCon, "Prime Minister Tanaka's Call on President Nixon," September 1, 1972（同上）一〇四—一〇八頁。

(71) 服部龍二『日中国交正常化——田中角栄、大平正芳、官僚たちの挑戦』（中央公論新社、二〇一一年）第九章、終章。

(72) 中島琢磨「非核三原則の規範化——一九七〇年代日本外交への道程」（福永文夫編『第二の「戦後」の形成過程』有斐閣、二〇一五年）第七章。

（中島琢磨）

第3章 中印国境問題をめぐる中国の戦略的選択とその影響、一九五〇—一九六二年

はじめに

本章は、一九五〇年から一九六二年までの間、中国が中印国境問題をどのように処理したかを検討するが(1)、その段階は大きく三つにわけることができる。第一段階は、一九五一年から一九五四年までの時期であり、「当面の現状維持」を続ける政策がとられた。第二段階は、一九五五年から一九六〇年四月までの時期であり、中国の基本政策は、インドとの国境交渉に備え、平和的解決を望むこと、積極的に調査を行い、調査隊を組織して、東西両端の国境を調査することであった。しかし、中印の国境紛争の重点が西部の辺境にあることが強調され、インド側に対して「マクマホン・ライン」を承認する用意があり、「東部をもって西部と換える」ことを望んでいると表明していた。第三段階は、一九六〇年五月から一九六二年一〇月までの時期であり、インドは交渉による問題解決を望んでいないと中国が判断して、軍事力の配備を積極的に進め、「マクマホン・ライン」付近の地域の巡回を再開し、一九六二年六月にはチベット軍区前進指揮部を設置した。中共中央は、また中印国境問題の政策を、インドのよう

な民族主義国家の戦略的意味合いに対する再認識および中ソ関係の進展と結びつけて考えた。同時に、インドの「前進政策」に対して、中国は国境問題では「絶対に譲歩せず、流血をできるだけ避け、複雑な情勢を前提とし、長期的に武装して共存する」という方針をとったが、最終的には国境戦争へと発展した。本章の目的は、中国が各段階でとった政策について論じ、中国国内政治の発展、中国指導者の国際戦略思想の変化、冷戦体制の変容といった要素が、中国の国境紛争を処理する仕方に与えた影響を分析し、この時期における中国の中印国境問題を処理する政策を総合的に評価することにある。

1　「当面の現状維持」政策、一九五〇―一九五四年

新中国の建国当初から、指導者は周辺国との国境問題に高い関心を示してきた。周恩来は、一九五三年に次のように指摘した。「対外関係において、重大な利害関係のある問題が二つあり、一つは華僑の問題、もう一つは国境問題である。われわれは周辺諸国との間に国境紛争を抱えているため、この問題の解決は非常に重要である(2)」と。中国が解放軍のチベット進出を発表すると、インドはイギリスから継承したチベットにおけるすべての権益、ラサに駐在する使節団、亜東、江孜と噶大克に設置した商務代表並びに商務代理処、およびチベットにある宿泊所と武装部隊などを維持しようとした。そのため、インドは中国との交渉を繰り返しながら、解放軍のチベット進出を阻止しようとした。他方、インドは国境地域で重大な行動をとり続け、中印国境問題に大きな影響をもたらした。一九五一年一月、インド軍は中印国境の伝統的慣習線を越え、二月一二日には達旺を、一〇月には珞瑜の梅楚卡を、それぞれ占領した。一九五三年末まで、インドは中印の伝統的慣習線北部と「マクマホン・ライン」以南のほぼすべての地域を占領し、広大な領土が係争地域となるように仕向けた。

中共中央は、解放軍がチベットに進出した時期には、中印国境問題に比較的慎重な態度をとった。一九五一年九

月二七日、周恩来はインドの在中国大使パニッカー（K. M. Panikkar）と会談し、中印間に領土問題は存在せず、チベット問題については、インドが同地域に持つ利益を中国が全力を挙げて保護すると述べた。中共中央は一九五二年四月一日に「チベット工作に関する指示」を発表し、次のように強調した。チベットを全面的にコントロールするのには困難があり、「われわれは目下、軍事の面でも政治の面でもチベット地域を完全にコントロールすることはできない」、この地域では「状況は非常に複雑であるため、われわれがこの地域を回復する準備（政治的、軍事的および外交的な決定を含めて）ができてから、この問題を提起する方が、われわれにとって有利である」[3]と。したがって、この時期の中国は、インドによる「マクマホン・ライン」以南の占領に対し、交渉を求めなかった。

この時期のインドは、チベット地域に持つ権益の問題を交渉によって解決することを中国側に繰り返し要求した。中共中央は、チベット工作委員会関係部門に研究調査を行うよう指示した。一九五三年一〇月二一日、チベット工作委員会は中央のチベット駐在代表である張経武の名義で、外交部に「チベット地域における中印関係の諸問題について」と題する電報を送った[4]。チベット工作委員会関係部門は、チベット当局がシムラ（Simla）会議（一九一三年一〇月―一九一四年七月）で収集した「マクマホン・ライン」の地図を検討した。そのうえで、インドの門隅、察隅など山南地域の侵入状況を踏まえて、上記電報はまず、交渉によってインドとの国境紛争問題を解決するよう提案した。また同電報は、次のように指摘した。「我が方に出された文書のなかで、インド側は『インドと中国との間には領土の争いと紛争が存在しない』（インドの新聞『The Statesman』によれば、ネルーはインドの議会上院でもそのように宣言した）ことを強調した。それはまさにインド側の陰謀である。いわゆる一九一四年シムラ条約によって、インドは目下わが門達旺一帯を占領している。しかし領土問題は存在しないと宣言するのは、まさに視聴覚を混乱させ、すでに占領したわが領土を黙認させ合法化する意図からである。そのことは、ここで注意すべきである」と。

張経武はまた、阿沛、柳霞らと相談した結果をチベット工作委員会に報告し、シムラ会議、関係条約および地図のことを知り、関係の文書と地図を入手した。それらにより、張経武は電報のなかで、「目下インドにとって、チベットにおける主要な問題の一つは、上述の条約および国境問題、すなわちシムラ条約およびいわゆるマクマホン・ライン問題である」としたうえで、次の点を強調した。第一に、旧条約の廃棄、中国政府の承認を得てないシムラ条約は無効であると声明しなければならない。第二に、インド側は目下占領しているわが国の門達旺、下洛瑜などから撤退しなければならない。第三に、チベットとインドとの辺境にある中印の国境は、将来双方で具体的に画定する。条約、国境問題を根本的に解決しようとしても現状では不可能であり、われわれは当面こうした問題を先延ばししたほうが有利である。しかしわれわれの立場を説明することは必要である。さもなければわれわれはインドの主張を黙認したことになる。インド側のわなにはまって、われわれが今後受け身の立場に立たされるのは妥当でない(5)。

時を同じくして、中国外交部は「チベットにおけるインドの特権問題に関する概説」（一九五三年一二月一九日）（以下、外交部報告）と題する報告書を作成し、間もなく始まろうとしていた中印交渉の参考資料として中央関係部門に提出した。「インド軍によるわが国領土の不法占拠」という一節のなかで、外交部報告は、チベット辺境問題、インドがわが領土を不法に占拠している現状、対応策という三つの問題に分けて分析した。チベット辺境問題について同報告は、中印国境の「東部と中部は画定されたことがなく、西部の一部の境界線が画定されただけで、他は画定されない状態にある」と強調した。インドが侵略占拠する「チベット管轄」の領土状況について、同報告は、具体的に六つの地域を挙げた。門達旺地区には、「現在、インド軍が一二六人がおり、軽機関銃一四挺、ライフル一二二丁、刀一一六本、ラジオ一式がある」、瓦龍は、「西南方面が何度も調査を行い、確かにわが国境内にあると確認でき」、「現在、駐留インド軍が二二人いる」。シッキム、ブータン、拉达克は、「もともとチベットの土地であったが、外国人に占領された」。そのうえで、「インド軍がわが領土を不法占拠していること」にどう対処するかに関して、外交部報告は二つの重要な提案を行った。一つは、中印国境画定の準備をすることである。もう一つは、インドに対して中印国境が未画定の状況にあるという声明を出すことである。外交部報告は特に、「いかなる方法をとるにしろ、当方はインド側に中国側の立場を表明しなければならないと強調した(6)。

しかし、上述のチベット工作委員会および外交部の提案は、中共中央に採用されなかった。中央は国境問題を解決する条件がまだ熟していないからであり、一九五三年から一九五四年にかけてのインドとの交渉では、通商、軍駐留、拝謁、商務代表権といった問題に限定して交渉し、双方とも国境問題には言及しなかった。中国外交部は、一九五四年にチベット工作委員会に伝達した中印国境問題に関する指示のなかで、次のように指摘している。第一に、中印国境は完全に未確定であり、イギリス帝国主義が歴史的にチベットを侵略したことに起因する紛争が少なくない。チベット解放後、次にインドが未確定地域を占領し新たな紛争を引き起こした。近年インドは軍事と外交の面で勢いを強め、領土拡大を企んでいる。中印国境問題は、すでに両国の関係において突出した問題となっている。第二に、中印国境に関するインドの意図は、かつての英印関係の時代からチベットを占領してきたという既成事実をわれわれに認めさせることで、また辺境が未確定の状況を利用して、「わが軍がまだコントロールしていないのに乗じて、一部の地域を先占することにある。同時に、中印国境問題がまだ懸案事項なので、インド側はわれわれに対してまだ疑念を抱いている」。その上で、第三に、わが国の中印国境問題に関する基本方針は次のようなものであるとの見解を示した。わが国の領土主権を完全に守り、外交交渉においては自国の立場と原則を堅持し、辺境防衛工作においては積極的な措置をとってインド軍の侵入を阻止する。そして同時に、インドが団結し、中印国境問題の矛盾を先鋭化させないようにしなければならない。「中印国境問題を完全に解決する条件は目下整っていないものの、われわれはさまざまな形でその事態に備え、将来しかるべきときに、外交ルートを通じてインドとこの問題を合理的に解決していく(7)」。

一九五四年七月、ネルーは関係部門に地図の修正を指示し、北部の境界を正式に「既定国境線」として表記し、従来の中印国境の伝統的慣習線を記載した古い地図は回収し廃棄させた。同じ時期、インドは一九五四年七月から中印国境中部の山口地域を次々と占領した。一九五四年一〇月、北京での周恩来・ネルー会談で、ネルーは、中国の地図が「インドに属する土地」を中国の国境内に含めていると批判したが、周恩来は特に反論しなかった。こうしたことは、すべて中国が中印国境紛争に対して「当面の現状維持」政策を取っていたことの現れであった。

中国がこの時期、特に中印国境問題で「当面の現状維持」政策をとったことは、当時の中印関係の構造と本質に密接に関連しており、双方が政治、経済、軍事の面で「非対称」な関係にあったことを具体的に示すものであった。構造からいえば、中印関係は、政治と経済面では一種の「対等ではない」関係であり、だからその本質においても、依然一種の不平等な関係を続けていた。重大な利益に関わる外交問題において中国はインドの支持を求めるだけでなく、中国によるチベット統治の過程においては、内地とチベットを結ぶ交通輸送の困難によって、特にチベット駐在員と解放軍部隊は、食料や日用必需品をインドに大きく依存していた。この意味で、両国の非対等性は特に顕著であった。中央の指導者からみれば、周辺国との領土紛争が顕在化するよりも、チベット内部の政治的安定および中国のチベット統治戦略の円滑化のほうがはるかに重要であった。中共中央と中央政府は、中国の安定とチベットの発展という戦略を重視し、考慮したのである(8)。

中国の基本方針は、まずインドとの友好関係を発展させ、国際舞台でインドに頼ることであった。新中国は建国当初の相当期間、重要な外交問題についてはインドの支持を求めた。中共中央から見れば、インドのような中立国に対して、「彼らはアジア・アフリカ諸国の中で広範な影響力を持つから、われわれは彼らを慎重に取り込み、彼らと共同して国際平和と反戦を強化する努力をしなければならなかった」のである。毛沢東はネルーに明言した。「われわれはインドを信頼しているのであり、インドはわれわれがよく眠れるようにさせてくれるのである」と。

中国は、アメリカによる対日単独講和に反対する過程で、インドと何度も協議を重ねて協調し、中国の立場を明らかにして、積極的に「できるだけインドが対日講和条約に調印しないように」働きかけた。それが実現すれば、ビルマ(現ミャンマー)、インドネシア、セイロン(現スリランカ)にも調印させないよう影響を与えることができる。それが実現すれば、このことは、われわれにとって「道義上の勝利」となると考えられた(9)。

一方、インドもまたこの問題については明確な立場をとっており、中国支持を表明した。ネルーは一九五一年六月二二日に在インド中国大使袁仲賢と会談した際、中国の講和条約参加が不可欠であること、各国は日本と単独講和することができない、インドはアメリカの対日講和草案を受け入れない場合、単独で日本と講和条約を締結することができる、などを表明した。一九五一年九月八日、日本を含めた四八カ国の代表がサンフランシスコ講和条約に調印した。インドは調印式に招請されたが、結局は講和会議に出席しなかったのである。(10)

インドは、この時期の朝鮮停戦交渉において、とりわけ戦争捕虜の問題に関し積極的な役割を果たした。中国とインドは、朝鮮停戦交渉問題をめぐっては意見の相違があったにもかかわらず(11)、次第に各自の政策を調整し、情勢の進展に適応させてきた。一九五三年五月、朝鮮停戦交渉が重要な局面に入ると、中国は新しい交渉方針をインド側に事前に通知した。五月六日、毛沢東は周恩来に書簡を出し、インドの在中国大使と面会し、中国がインドを中立国委員会の五カ国の一つとして提案する、とインド側に伝えるよう指示した。毛沢東はまた、中国がインドを信用しており、実際朝鮮戦争の中国志願軍の戦争捕虜をインドに送っても、「インドには大きな迷惑をかけない。逆に、大多数の戦争捕虜は迅速に送還されるかもしれない」と述べた。(12)

以上の点以外にも、インドはチベットの交通にとって非常に重要であった。中共中央にとって、チベット駐在員と解放軍部隊がチベットに入って安心できるかどうかの鍵は、後方供給面における巨大な困難、とりわけ食料等の生活必需品を基本的に保証する問題を解決できるかどうかにかかっていた。チベットは、その特殊な自然と地理的環境により、以前から食料不足問題が極めて突出していて、毎年周辺国から相当量の食料を輸入しなければならなかった。軍事委員会連絡部は一九五二年四月に作成された『目下のチベットにおける主要な軍事政治経済状況集成』のなかで、特に食料問題について次のように指摘している。「チベットは食料を本来自給できるが、貴族、寺院および地方政府が大量に食料を備蓄しているため（通常三万二五〇〇トン以上と推測）、常に食料不足状況にあり、ブータンやネパールからの食料輸入に依存しなければならない。ラサ地域は後蔵日喀則などの地域の食料に依存している」[13]。解放軍のチベット入り後の食料供給およびその他の生活物資の保証問題にかんしては、中央と西南局は最初から非常に重要視していた。中央は、「歴史上、チベット統治が成功するか失敗するか」の鍵を握るのは食料問題である、と認識していた[14]。

ネルーはチベットが食料および物資の供給でインドに依存していること、解放軍のチベット侵出後にこれらの物資をインドに頼っていることを十分理解していた。そこで、インドは、一九五〇年と一九五九年の二度にわたって、チベットに対して貿易制限と禁輸を実施し、これらの政策措置を通じて、中国に、中印関係、チベット問題、特に中印国境問題で重大な譲歩を迫っていた[15]。疑いなく、ネルーは解放軍の直面する後方支援分野での困難、特に食料供給の困難を意識していたし、ネルーの禁輸政策は、極めて戦略的なものであり、彼は、中国のチベット駐留軍が供給上の困難により、チベットから撤退せざるを得ないことを想定していた。ネルーは、ゴビ砂漠を通って食料を輸送することや中国から大量の食料を輸送することは、非常に困難であることを確信していたからである[16]。駐中国インド大使ネーディヤム・ラガワン（Nedyam Raghavan）は、一九五四年中印交渉の第一次会談のなかで、「貿易問題は、一つの重要な問題であり、インドにとっては貿易量が多くないにもかかわらず、現地の中国国民にとっては、非常に重要である」と明言したが[17]、そこには明らかに脅しの意味合いが含まれていた。

上述の点にくわえて、朝鮮戦争の勃発は中央の政策にすくなからず影響を与えた。中共中央と西南局は、一九五〇年九月にチベット全域の占領を想定していた。戦争勃発後、第二野戦軍は一部の部隊を朝鮮戦争に参加させた。第一陣は三軍団、三師団を選出して一二月初めに出動させ、ほかに六師団を直ちに次々と出動させた[18]。ゆえに、解放軍がチベットに入った当初、軍事上まだ国境地域を完全に掌握していないこともまた、中共中央が「当面の現状維持」政策をとる根本的理由の一つであった。このことは、当時の中央の対チベット政策とも関係していた。チベットの上層部の信頼を勝ち取り、駐留軍をできるだけ少なくすることは、当時の中央の主要な原則であった。

最後に、チベット地方当局が、インドの占領に対して抵抗しないこと（無作為）も影響した。チベット地方当局がかつて、インドを利用して中央に対抗し、一九五〇年にインドから武器を購入し、チベット軍がインドの軍隊のなかで訓練を受けるなどがあった。一九五〇年チベット暦の四月初め、噶厦（the Kashag、チベット地方当局）は昌都の軍営に駐屯しているチベット軍に、五〇名の兵士を江孜のインド軍駐在地に派遣して、大砲の荷役やその使い方を習得させるよう指示した。(19) このように、チベット地方当局が、インドの占領に抵抗しないばかりか、インドに頼って中央に抵抗する場面すら多く見られた。これも中国がこの時期に中印国境問題で「当面の現状維持」政策をとった一つの原因だろう。

2　「当面の現状維持」政策の変化と「東部をもって西部と換える」提案の提出、一九五五―一九六〇年

一九五四年以降、中国の国境地域とチベット内部の政治情勢により発生した一連の事件は、中国の国境紛争処理に関する「当面の現状維持」政策の実施効果に重大な影響を与え、中国の指導者たちに上述の情勢変化への対応を迫ることになった。一九五四年の中印協定調印の直後、インドは中部の山口地域に侵出し、係争地域が生まれた。一九五五年一一月、中国とビルマの国境地域で黄果园事件が起き、ビルマ側は両国の国境紛争を解決するための交渉を要求し続けた。中印国境地域でも一九五六年九月一日、九月一〇日、九月一二日と、小規模な衝突が三回続いた。それと同時に、一九五六年、四川西部のチベット地域では民主改革が挫折し、局部的に反乱が始まった。中共中央が康区のチベット族の反乱に対してとった政策は、ダライ・ラマらチベット上層部の不満を引き起こした。この時、ダライ・ラマは一九五六年一一月にインドの招きで釈迦牟尼仏涅槃の二五〇〇周年記念儀式に出席したのを機にインドから戻らなかったが、そのことは、中国のチベット政策に大きな衝撃を与えた。

このため、一九五六年一二月、周恩来がインドを訪問し、中共中央はチベットに対する新政策を伝え、「六年間は変更しない」ことを条件に、ダライ・ラマのチベット帰還を強く求めた。それと同時に、周恩来はネルーと会談

し、インドがその影響力によってダライ・ラマに早期帰国を促すことを期待した。さらに周恩来は、一九五七年一月一日のネルーとの会談で、条件付きで「マクマホン・ライン」を受け入れる用意があると表明した。周恩来はネルーに、「マクマホン・ライン」が「ひとつの既成事実」であることを考慮して、中国側が「それを承認すべきである」と述べ、次のように語った。「だが、いままでわれわれはチベット側と協議したことがない。前回チベット問題に関する協定を締結した際、チベット側はわれわれにこのラインを拒否するよう求めた。しかし、われわれは彼らにこの問題をとりあえず棚上げにすべきだと伝えた。インドが独立した直後、噶厦がこの問題についてインド政府に書簡を出したと思う。だがわれわれは今現在、チベット人にこのラインを受け入れるよう説得すべきである。この問題は、中国とビルマ国境問題と関わっていて、ダライ・ラマがラサに戻った後に決めるべきである。ゆえに、この問題がまだ解決されておらず、しかもわれわれにとっては不公平であるが、このラインを承認する以外にいい方法がないと感じている[20]」。

この時期中国の国境紛争に対する政策について、周恩来は一九五七年七月九日、第一回全国人民代表大会第四回会議における講話のなかで、次のように説明し、指摘した。わが国が誕生した最初の数年間、政府は国内外の一連の重大で切迫した事務に全力で対処しなければならなかった。しかも、手段もなく、調査もできない状況下では、一時期先送りする以外になかった。「しかしわれわれはいつか解決するように準備しなければならない。方策としては、もともと領有すべきところを確保したうえで、さらに歴史上依拠できる法的根拠に基づき、われわれと関係諸国との新しい関係およびわれわれの政策を考慮した上で交渉することである[21]」。

一九五八年四月から六月にかけて、中印は烏熱地域紛争について会談を行った。これは両国が国境紛争に関して開いた初の公式会談であり、中央に「当面の現状維持」政策を変更させ、国境問題の解決を促す重要な要素の一つとなった。烏熱は、達巴宗の南西にある約六〇キロメートルの峡谷内に位置し、阿里地域とインドの北方邦（Uttar Pradesh）との辺境にあった。一九五四年から、インドの地図ではこの地域は自国領とされた。一九五四年六月、インドは武装要員を派遣して姑馬拉山口を越え烏熱に侵入し占領した。七月一七日と八月一三日、中国はインドの外交部にメモを送り、この状況に抗議した。一九五八年四月一九日、中印両国はニューデリーで烏熱問題に関する会談を行ったが、三カ月続いた交渉は物別れに終わった。一九五九年九月になると、両国政府の烏熱問題に関する往復書簡は一八通にものぼった。双方がそれぞれの主張と理由を表明し、激しい論争もなく、雰囲気は良好だったが、成果は得られなかった(22)。烏熱紛争をめぐる中印会談は、双方とも武装人員を紛争地域に一切派遣しないという暫定的な合意に達したが、民政官の進出を制限することについては、意見が一致しなかった。ニューデリーでの会談後、双方とも引き続き民政官を当該地域に派遣したことで、両国間で継続的な「外交文書戦」を引き起こした。

この時期の国境地域の新しい状況と、それが中国外交戦略にもたらした挑戦を踏まえ、中央は周辺諸国との国境問題を解決する構想と方針を打ち出して、国境問題を集中的に指導、指示できるように、専門機関の設置を決定した。一九五八年五月一〇日の周恩来の指示にもとづき、国務院外事弁公室の下に国務院辺境委員会を設置することを決定した。辺境委員会の任務は、国境画定を全面的に推進し、関係諸部門に呼びかけて研究調査を行い、資料を収集し、現地調査を実施し、交渉方策を提出することであった。同時に、遼寧、吉林、黒龍江、甘粛、内モンゴル、新疆、チベット、雲南、広西など辺境の省・自治区には辺境工作小組を設置し、辺境事務を担当した。辺境委員会は「社会主義国家組」（グループ）と「資本主義国家組」（グループ）を設置し、中印、それに中国とビルマ、中国とネパールおよび中国とアルバニア等の国境関係事務は、資本主義国家組が担当し、「組長」（責任者）は外交部アジア局長の章文晋が担当した(23)。

中印国境地域の情勢を踏まえて、中央は、一九五八年一二月二二日に外交部の中印国境問題に関する稟議（請示）を作成し、この文書のなかでインド側の意図を分析し、中国側の関係政策方針を解説した。そのなかで次のように指摘した。中印国境が両国政府によって協議され、画定されるまでには、できるだけ辺境の現状を安定させるように努める。インドが新たに侵入占領する企てを断固として阻止するだけでなく、中央がすでに承認したコントロール線を墨守し、インド側がコントロールしている地域には入らない。外交においては、インドの新たな侵入占領に対しては直ちに交渉し、その撤退を求める。インド側が以前からすでに侵入占領している地域に対しては、われわれは不承認の態度を堅持し、外交交渉を提起するかどうかは、状況によって決める。具体的には、「マクマホン・ライン」について、中央は次のように指示した。われわれは依然としてマクマホン・ラインを越えないが、正式に承認しない態度をとる。わが部隊はこのライン以北の重要な個所を徐々に支配下におくようにする。マクマホン・ラインの以南か以北か一時的に判明できないところ、あるいは習慣ではわが国に属するが同ラインの以南にあるところには、われわれはとりあえず進入駐在しない。第二に、アクサイチンに関して、中央は次のように指示した。「インド軍が新たに占領する場合は、われわれは外交交渉を求める」。第三に、烏熱と新蔵（新疆からチベットまで）間の道路に関して、中央は次のように指示した。「インド軍が烏熱地域に入る場合は、われわれは外交ルートを通じて交渉を求める。南疆新蔵道路地域は、すでにわれわれのコントロール下にあり、われわれはインド側の侵入を断固阻止する[24]」。

その後、中共中央は一九五八年一二月一三日、辺境にある省、自治区に対して、「中央の辺境工作の強化に関する指示」を伝達した。この文書は次のように指摘している。「目下われわれは辺境の状況をまだ完全に把握しておらず、辺境に関する歴史資料や外交文書は極めて不備であり、精確な地図もなく、特に未確定地域に対する理解がさらに少ないのである。これは、われわれの国境警備と対外交渉に一定の困難をもたらした。……われわれはタイミングを見計らい準備作業を進めるべきで、ある隣国と辺境問題を解決する必要が生じ、条件が整った際、われわれは受け身の姿勢にならないようにしなければならない[25]」。中央の決定に従い、一九五九年の国境工作の任務は、「国境問題を合理的に解決するために準備」をすることとされた。また中央は、中印国境が重点事項だとしたうえで、「中印国境は一時的にすべての探査を終了させることが難しいことに鑑み」、すぐには中印全体の国境を解決する方案を提出することが難しいと考えた。故に、「当面は幾つかの係争地域に対して調査研究を行い、交渉方案を練りだし、必要な時に備えておく」とした[26]。

だが、チベット反乱とそれに伴って発生した朗久事件および空喀山口事件は、前述した中国の方針を混乱させた。一九五九年三月、ラサで反乱が起こり、解放軍は鎮圧の過程において、国境警備部隊が中印国境地域に到着したが、インド軍もチベット反乱後国境地域にすぐ派兵した。国境が実際に画定されていない状況のもと、双方の軍事衝突は避けられず、一九五九年八月の朗久事件と一〇月二一日の空喀山事件は起きた。

チベット反乱に対するインド側の反応、特にダライ・ラマに政治的批判を行う機会を提供したことは、中国指導者のネルーに対する認識に重大な変化を引き起こした。だが同時に、朗久事件と空喀山口事件は中印関係の緊張を作り出したことから、中国は両国の首相同士の会談を通じて、緊張関係を緩和させることを望んだ。一九六〇年一月七日から一七日にかけて、中共中央政治局は上海で常任委員会拡大会議を開き、毛沢東が主宰した。インド及びその他の周辺諸国と国境問題を議論する際、中央指導者は国境問題を迅速に解決しなければならないと考え、インドに対しては、交渉を通じて、平和的に中印国境問題を解決するよう努力し、原則的にはお互いに譲り合い、双方が相互に少し譲歩を行い相互に妥協して、交渉を成功させるべきだとした。この会議で決まった重要な決定の一つは、周恩来が適切な時期にインドを訪問し、中印国境問題の解決を図ることであった[27]。一九六〇年一月、中国・ビルマ国境条約の交渉が妥結し、中国側はその情報をインド側に伝えた。中国・ビルマ国境条約に規定される国境には、マクマホン・ラインの一部が含まれているから、中国がこの情報をインド側に伝えることは、マクマホン・ラインを認める用意があることを意味した。

チベット反乱後、インド国内において対中姿勢に重要な変化が生じ、朗久事件と空喀山口事件はまたインドの反中感情を強めた。一九五九年九月七日、ネルーは、中国と国境問題について交渉したそれまでの政府文書（すなわち『白書』）の公表を決定した。その結果、交渉による国境紛争解決はさらに困難なものとなった。交渉を通じて国境紛争を解決する周恩来の提案（一九五七年一一月七日付書簡）をネルーは拒否した[28]。周恩来は一九五九年一二月一七日、再度ネルーに書簡を出し、国境紛争の解決を図るため、総理会談の実施を提案し、ネルーもこれに同意した。その結果、ニューデリーにおいて、一九六〇年四月二〇日から二五日にかけて両国首相は七回の会談を行った。特に言及しなければならないのは、周恩来が四月二四日に「東部をもって西部と換える」、すなわち「東部ではインドの行政管轄に入る地域の辺境を承認するが、西部ではインドも中国の行政管轄にはいる地域の辺境を認めるべき」という提案を行ったことである。だが、ネルーは周恩来の提案をすべて拒否し、会談後の共同声明に「平和共存五原則」に言及することすら反対した。(29)

3　「辺境自衛反撃作戦」に向かう、一九六〇年五月―一九六二年一一月

一九六〇年四月、中印総理会談の結果、中国指導者たちは、インドが交渉による国境紛争の解決を望んでいないと考えるようになった。より重要なのは、中国指導者が、ネルー政府の内政と外交政策と結びつけて中印国境問題に対応するようになった点であり、当時の中国の外交戦略の変化を表していた。一九六〇年一〇月一八日、周恩来はアメリカ人記者エドガー・スノーとの会談のなかで、「インド側は異なる態度をとり、中印国境問題をカードとして、国内の進歩勢力に打撃を与え、他国からの援助を勝ち取ろうとしている」と述べたうえで、「インド政府は問題を解決しようとしない」と指摘した。(30)さらに重要だったのは、中ソ関係において、一連の重大な問題に関して両党間で意見対立が表面化しつつあるが、その亀裂の一つ重要な側面は、社会主義陣営の外交戦略において、ネルーの指導するような民族主義国家の位置付けや役割を、どのように認識し判断するか、ということである。

同時に、インドは、「前進政策」を遂行する中で、一九六二年九月末に新たな見張り所を西部に四八カ所、東部に三五カ所設置した。(31)「前進政策」は、インドが中印国境問題を政治的論争から軍事的対決へと変更させたことを象徴している。インドの「前進政策」に直面して、中国人民解放軍総参謀部は一九六二年五月九日、周恩来、林彪、

賀龍、陳毅らに「中印国境の西部、中部地域におけるインド軍の活動状況および採るべき措置に関する報告」を送った。「報告」のなかでは、「中印国境の情勢からみれば、インド側は中印国境地域において軍事的挑発をしようと決心しており、……武力衝突は避けがたいのである。ゆえに、軍事面では十分な戦争の準備をしなければならない」と記されていた。[32] 五月二七日、総参謀部は周恩来の「中印国境闘争の幾つかの問題に関する報告」の返答を発表し、総参謀の中印国境闘争の見解を承認した。五月三〇日、総参謀部は周恩来および中央軍事委員会が承認した「中印国境軍事闘争部署意見に関する報告」を発表した。[33] 六月二〇日、総参謀部は中国の西部国境警備部隊に対して、目下最も現実性のある問題は、あらゆる方法を尽くして、インド軍の蚕食を制止し、ふさぐべきところは迅速にふさがなければならず、蚕食に対抗する措置を確実に実施してこそ、われわれが主導的な立場に立ち、次の段階の作業をよりよく行うことができると指示した。七月五日、インド軍は加勒万河谷地区（Galwan River Valley）に侵入した。この地域は、インドが中国のアクサイチン地区に入る通り道であり、戦略的要衝とされていた。中国外交部は七月八日にインド政府に激しく抗議したが、インド側は軍の撤退を拒否した。

その直後、中国の国境警備部隊はこの地域におけるインド軍の蚕食に対抗する苦しい闘争を展開した。中共中央は、インド軍の加勒万河谷地区侵入は、単独の出来事ではなく、インドの意図は次第にアクサイチン地区を占領することにあり、すでに五月に下した判断が正しいものだと実証してみせたと受け止めた。七月下旬、総参謀部は「加勒万河谷地域で反撃を実施する準備をし、背後のインド軍哨舎を破壊して、後方補給線の安全を保障する」という作戦を周恩来と毛沢東に上申したが、毛沢東はその作戦を撤回させ、インド軍の侵入には絶対譲歩しないが、流血はできるだけ避けること、同時に国境警備部隊には撤退を求め、複雑な情勢に鑑み、長期的には軍事力を維持したまま共存することを求めた。[34]

一九六二年九月下旬、総参謀部は「インド軍が一〇余りの旅団で同時に大規模攻撃を発動する」状況と作戦について、周恩来と毛沢東に報告した。毛沢東は、急がず、部隊には後退させ、反撃はさせず、自衛のための反撃は軍事委員会の命令を必ず待つよう国境警備部隊に通知せよ、と指示し、しかも「これは私が判断する」と述べた。一〇月八日、中共中央は会議を開き、中印国境紛争問題を議論する会議で、毛沢東は、侵入したインド軍に対する「自衛反撃作戦」の実施を決めた。一〇月上旬、彼は次のように指示した。最初の発砲は最高統帥部の命令に従わなければならない。いったん発砲したら、どうやって戦争を遂行するかは諸君の責任だ。いずれにしろ勝利を勝ち取ればいいのだ[35]、と。一〇月一七日、副総参謀長の楊成武が中印国境作戦を検討する会議を主宰し、中央軍事委員会に代わって、「侵入したインド軍を殲滅する作戦命令」草案を検討し、作成した。会議後、中南海の豊澤園にいる毛沢東に報告を行った。その夜、毛沢東は中央軍事委員会の「侵入したインド軍を殲滅する作戦命令」に署名した。一〇月一八日から一九日にかけて、総参謀部は作戦会議を開き、中印国境作戦に関するいくつかの問題を強調した。一〇月二〇日、楊成武は、インド軍が克节朗川を越えて大規模な攻撃を仕掛けてきた状況を周恩来、毛沢東に報告し、これを受けて毛沢東は「自衛反撃作戦」の命令を下した[36]。一〇月二〇日の明け方、命令を受け取った中国国境警備部隊が中印国境の東部、西部両側で同時に「自衛反撃作戦」を開始した。

中国指導部は国境地域における「自衛反撃作戦」の実施を決定したが、その目的は、中国の西部国境地域、とりわけ新蔵道路を経由するアクサイチン地区の支配を強化することにあった。より重要なことは、中国指導部、特に毛沢東が、「自衛反撃作戦」を通して、対ソ闘争の必要性を示そうとしていたことである。中ソ両党間には一九五九年以来、インドのような民族主義的国家に対する戦略について意見の相違が生じていた。中国側はインドとの「闘争」をもって（訳者注：相手との論争や相手への批判を通じて）、インドとの「団結」（訳者注：戦略的支持を得ること）を図ると主張するのに対して、ソ連側はインドとの「闘争」に反対し、主としてインドとの「団結」を図る、と主張した。

「自衛反撃作戦」において大きな勝利を得た後、中国指導部は次の段階について考え始めた。一九六二年一一月一九日、毛沢東は中南海の住宅に二度も周恩来らを呼んで会議を開いた。その後、周恩来と陳毅はインドの在中国臨時代理大使バナジーと面会し、中印両国は友好を保たねばならず、「われわれは遠いところを見るべきで、われわれは信頼しており、少しも希望を失っていない」と述べた。周恩来はまた、デリーを訪れ中印国境問題の解決について交渉する用意があると表明した。その日の午後、毛沢東は『参考資料』で（筆者注：当時中国指導者の重要な情報源、新華社などが編集する内部資料）、インドの首相と大統領が一八日の発言で、いずれも平和交渉を通じて中印国境衝突の解決を望むと言及したことが分かった。毛沢東はすぐさま、「突然平和的解決とおおやけに言うが、……インドの指導者はこの何日かの間に、一八日のような発言（筆者注：中印国境問題を平和的に解決すること）が行われたかどうか、外交部に調査するよう」指示した。毛沢東はこの機会を利用して、一一月二〇日に劉少奇、周恩来らと協議を行い、一歩先んじて、積極的な行動をとり、国境の緊張状態を逆転させることを決定した。一一月二一日、毛は新たに命令を発出し、「停戦を保証せよと、政治委員に伝える」よう要求した[37]。

総参謀部は連日連夜、毛沢東の命令を国境警備隊指揮官に伝えた。一一月二〇日二一時三〇分、総参謀部は、中国の国境警備隊に「反撃作戦を停止する命令」を出し、中共中央は二二日零時から、反撃作戦の停止を決定した。侵攻することも迫ることもせず、さらに政治的攻勢を展開して、インドや帝国主義などの、人民を欺く本当の姿を白日の下にさらすことにより、中印国境の平和的交渉による解決を有利にするのだと指摘した。一一月二一日二三時五分、総参謀部はまた、『追撃を停止し、現地で集結する』よう指示を出した。この指示によると、第一線の追撃部隊は二一日二四時に前進した地点で停止し、引続き前進することはせず、ある部隊が二一日二四時までに前進停止の指示を得られず引続き前進していた場合は、命令を受けた後ただちに二一日二四時に到達した地点に戻ること、と明確に規定している。部隊の停戦および撤退をうまく行うため、二一日二四時に、総参謀部は「部隊配置調整に関する命令」を伝達し、「できるだけ政治面での主導権を勝ち取り、……わが軍は一一月二二日零時から、自発的に停戦し、一二月一日からは、一九五七年一一月七日に双方が実際に支配している境界線から二〇キロ以内までの地域に自発的に撤退する」と決定した。

中国が停戦・撤兵を決定したのは、兵站の確保という考慮を除けば、基本的には作戦を通じて西部国境地域にあるインド軍の拠点を消滅させるという目標を実現したからである。この時セイロンをはじめとするアジア・アフリカ六カ国は「コロンボ・プラン」を提出し、同時に中印国境紛争を調停しようとした。これを背景にして、中国は停戦と撤兵を通じて、インドを交渉のテーブルに復帰させ、さらにアジア・アフリカ諸国から中国に対する支持を勝ち取り、同時にそれによってソ連共産党に対しては、中共中央の「闘争をもって団結する」という対インド政策の正しさを証明してみせたのである。

おわりに――中国の中印国境問題を処理する戦略についての若干の考察

中国の中印国境問題に対する処理は、この時期の中国の国内政治における変化、冷戦の変容、中国の外交戦略の変容と密接に関わっている。中国の国境紛争を処理する戦略は、まず国内政治であり、チベット統治の政治的な必要に対する反応である。政治面では、中国の指導者がチベットを統治する際、ダライ・ラマを中心としたチベット上層部と団結する政策をとる。ゆえに、一九五六年にダライ・ラマがインドに亡命し、康区の民主改革に対して不満を表明すると、中国指導部は、一方ではチベットに対し「大下馬」政策をとり、駐留軍を削減し、改革を行わず、ダライ・ラマにこの方針を「六年間は変更しない」と伝えることを了承した。他方では、ダライ・ラマがチベットに戻るようネルーに説得してもらうべく、周恩来は条件付きで「マクマホン・ライン」を承認する用意があると表明した。周恩来はチベット反乱後の一九六〇年四月にニューデリーを訪問し、ネルーに「東部をもって西部と換える」という提案を行った。実際に中国は反乱の平定に際し、特に昌都地域で多大な困難に遭遇した。したがって、中国指導部が国境紛争問題における譲歩を通じて、ダライ・ラマがチベットに戻るようインドに説得してもらうことは、一九五七年にネルーにダライ・ラマのチベット帰還を説得してもらったのと同じことであった。同時に、中国は、インドが実際に支配している境界線を警備する際、ある程度チベットの反乱民の自由な往来を制限するよう希望していた。それによって、中国のチベット国境内の反乱を沈静化させることが可能となるからである。だが、一九六〇年以降、中央のチベット政策に根本的な変化が生じ、政治面ではダライ・ラマを中心に据えることはなくなり、中印関係もそれに応じて根本的に変化した。

歴史的に、中国は、チベットに必要な主要な生活物資、特に不足しがちな食料を、長らくインドからの輸入に依存していた。この状況のもと、解放軍によるチベット侵出後の物資、特に食料供給は、川蔵道路とチベット道路が開通する以前には、基本的にはインドからの輸入および積み替えに頼っていた。この特徴は、中印関係、特に国境紛争に対応する中国の慎重な姿勢を規定した。ネルーとインド政府はこの点で両国は対等ではないことを十分に意識し、この時期の中印関係を処理する際に十分に利用した。しかし川蔵、青蔵、新蔵という三つの道路が開通した後、チベットと内地との交通問題がほぼ解決され、中印の「対等ではない」経済関係の基盤が大きく変化した。一九五九年のチベット反乱平定後、中国側はチベットの経済を発展させるためにさまざまな措置を講じ、さらにチベットの貿易面におけるインド依存を根本的に是正し、その結果国境紛争の処理においてイニシアティブのとれる地位を獲得した。

次に、中国の国境紛争処理における戦略的変容は、中国の外交戦略の変化、特に民族主義的国民国家に対する政策の変化に表れた。この問題におけるソ連との政策的相違は、イデオロギーの国際的利益に与える重要な影響を浮き彫りにした。第一段階において、中共中央は反帝国主義統一戦線という外交戦略のもと、インドを「平和中立派」とみなし、「さらにわれわれと接近し、統一戦線をより強める」ことを考えた[38]。この段階では、中国は重大な国際問題に関して、インドに頼っていた。一九五九年のチベット反乱後、中国指導部は中印国境問題の処理を、中国外交の変化、中国の民族主義国家に対する判断、なかでも中ソの重大な理論的問題の認識と密接に結びつけた。国境紛争を通じて、中国はソ連に、ネルーのような民族主義国家の指導者との付き合いが非常に有効であることを示したかった。まさに周恩来が一九六二年五月に強調したように、中印国境紛争は軍事的意味合いよりも政治的意味合いのほうが重要であり、軍事闘争の勝利は政治闘争の勝利を勝ち取る重要な条件にもなるとみなされた[39]。

最後に、中国の中印国境問題を処理する経験および教訓を整理すると、以下のようになる。第一に、交渉の時期を把握することの重要性である。中国は、インドが「マクマホン・ライン」以南の地域を占領した最初の段階でインドに国境問題を提起すべきだった。中国はしばらくの間、インドに抗議しなかった。そのため、ネルーは一九六〇年四月二〇日に周恩来と会談した際、以下のような苦言を呈した。「最もわれわれが苦痛を感じたのは、もし中国政府がわれわれに同意しないのであれば、そのことをわれわれに知らせるべきである。しかし、まるまる九年間も何も言ってくれなかった……ゆえに、こうした事態の進展は、一つ大きなショックとなるのである」。第二に、重大な動議を提出する時機を把握することの重要性についてである。一九五六年一二月、周恩来はネルーと「マクマホン・ライン」について協議する際、中印間には東部のみならず西部にも領土紛争があり、「東部をもって西部と換える」という提案を適切な時に提起すべきであった。一九六〇年のニューデリー会談で「東部をもって西部と換える」と提起した際、中印両国の政治的環境はすでに完全に変化していた。最後に、実効支配の重要性についてである。インドと交渉する過程において、「マクマホン・ライン」を越えないことを強調しすぎると、事実上それを承認することになってしまう。この態度は、かえってインドとの国境問題を解決する難しさを増すことになった。したがって、一九六二年の中印国境戦争後、特に東部については、撤退の決定は急ぎ過ぎであったし、行動も迅速すぎ、徹底しすぎていた。中国についていえば、戦略的なやり方としては、「マクマホン・ライン」以南のいくつか戦略的意味をもつ拠点、例えば、邦迪拉、達旺、徳譲宗などの地域を占拠すれば、それをもって、中国の「マクマホン・ライン」以南の領土の主権を公示することができ、同時に、インドと交渉する手段を増やすことができただろう。インドは、停戦後しばらくの間成り行きを見守り、あらためて解放軍が撤退した地域に進出したのである。インド側の資料が示したように、インド側は、中国が再度戦争を仕掛けてくることを恐れ、インド陸軍本部はインド軍を再び「東北国境特区」に駐留させることを拒否していたのである。この点について陸軍総部と陸軍参謀部は激しく議論したが、結局、陸軍参謀長チョウドリー（Muchu Chaudhuri）の主張で、国防部およびインド政府に報告しない中、陸軍参謀部は一九六三年一〇月、第五歩兵師団を邦迪拉に送りこみ再占領を行ったのち、さらに第五師団と第二三師団のいくつかの旅団を派兵し、卡門地区を再び占領した(40)。こうした経緯を踏まえると、中国が依然として「マクマホン・ライン」は違法だと主張するにもかかわらず、中国の国境警備部隊の撤兵は、「マクマホン・ライン」の合法性を認めたことに等しい。

注

（1）Alastair Lamb, *Tibet, China, and India, 1914–1950* (Hertfordshire, U. K.: Roxford Books, 1989); M. Taylor Fravel, *Strong Borders, Secure Nation: Cooperation and Conflict in China's Territorial Disputes* (Princeton, NJ: Princeton University Press, 2008); Srinath Raghavan, *War and Peace in Modern India: A Strategic History of the Nehru Years* (London: Palgrave Macmillan, 2009); A. G. Noorani, *India-China Boundary Problem 1846–1947: History and Diplomacy* (New Delhi: Oxford University Press, 2011); Eric Hyer, *The Pragmatic Dragon: China's Grand Strategy and Boundary Settlements* (Vancouver: UBC Press, 2015). 詳細については、戴超武「中印辺界問題学術史述評（1956–2013）」『史学月刊』二〇一四年第一〇期、九一―一一五頁を参照されたい。

（2）中共中央文献研究室編（金冲及主編）『周恩来伝』(三)、北京：中央文献出版社、一九九八年、一二九三頁。

（3）「中共中央のチベット工作問題に関する指示」（《中共中央关于西藏工作问题的指示》）、一九五二年四月一日、中共中央文献研究室、中共チベット自治区委員会編『チベット工作文献選編（1949–2005）』（中共中央文献研究室、中共西藏自治区委員会編：《西藏工作文献选编（1949–2005）》）、北京：中央文献出版社、二〇〇五年、六五―六六頁。

（4）張経武「中印のチベット関係に関する諸問題」（张经武：《关于中印在西藏关系之诸问题》）、一九五三年一〇月二一日、档案番号105-00032-23、中国外交部档案館蔵。

（5）張経武「中印のチベット関係に関する諸問題」、一九五三年一〇月二一日、档案番号105-00032-23、中国外交部档案館蔵。
（6）『インドのチベットにおける特権問題に関する概略』（《关于印度在西藏特权问题简述》）、一九五三年一二月一九日、档案番号105-00153-02、中国外交部档案館蔵。
（7）楊公素『滄桑九十年』（杨公素：《沧桑九十年》）、二四四頁を参照。楊公素の回想録では、中央のこの指示の具体的な日時を説明していないが、張経武の電報が届いた後、中印交渉が終了する前だと推測する。
（8）この問題について詳細な分析は、戴超武「インドのマクマホン・ライン以南地域を占領することに対する中国の反応およびその意味（1951-1954）」（戴超武：《中国对印度占领〝麦克马洪线〞以南地区的反应及其意义（1951-1954）》）、『中共党史研究』二〇一四年第一二期、二〇一五年第一期を参照。
（9）「周恩来総理の中国在インド大使袁仲賢にネルーと談話する原則に関する電報指示（周恩来总理电示我驻印度大使袁仲贤关于同尼赫鲁谈话原则事）、一九五一年二月三日、档案番号105-00081-02、中国外交部档案館蔵。「在インド大使の宴会における毛沢東とネルーとの談話摘要」（在印度大使宴会上毛泽东主席与尼赫鲁谈话纪要）、一九五四年一〇月二一日、档案番号204-00007-08、中国外交部档案館蔵。毛沢東とネルーとの談話については、中共中央文献研究室編（逄先知、金冲及主編）『毛沢東伝（1949-1976）』上（中共中央文献研究室编（逄先知、金冲及主编）：《毛泽东传（1949-1976）》上）、北京：中央文献出版社、二〇〇三年、五七二頁を参照。「米国の対日平和条約問題の検討と我々の対策」（研究美对日和约问题及我之对策）、一九五一年七月二〇日、档案番号105-00090-04（1）、中国外交部档案館蔵。
（10）「昨夜のネルーとの談話内容　袁仲賢から外交部宛の電報」（昨宴尼赫鲁时谈话内容，袁仲贤给外交部的电报）、一九五一年六月二三日、档案番号105-00081-04、中国外交部档案館蔵。
（11）中国とインドの朝鮮戦争の捕虜送還問題における意見の相違については、「インドが国連総会に提出した朝鮮停戦に関する決議案草案に対して中国がインド政府に提出する声明」（《中国政府就印度向联合国大会提出的关于朝鲜停战的决议草案事向印政府提出的声明》）を参照、一九五二年一一月三〇日、档案番号105-00027-12、中国外交部档案館蔵。
（12）毛沢東から周恩来宛の手紙、一九五三年五月六日、『毛沢東年譜』（《毛泽东年谱》）（1949-1976）第二巻、北京：中央文献出版社、二〇一三年、九二頁。
（13）軍事委員会連絡部「チベットの現在主要な軍事政治経済状況集」（军委联络部：《西藏目前主要军政经济情况汇编》）、一九五二

年四月一二日、档案番号105–00119–01、中国外交部档案館蔵。

（14）張国華の十八軍委員会拡大会議における講話、一九五〇年五月二八日、張向明『張向明の五五年チベット工作実録』（张向明：《张向明五五年西藏工作实录》）、二〇〇六年自製本、二四頁。

（15）インドのチベットに対する貿易統制と禁輸の具体的な状況については、戴超武「インドのチベット地区の貿易管制と禁輸およびそれに対する中国の反応と政策（1950–1962）」（戴超武：《印度对西藏地方的贸易管制和禁运与中国的反应和政策（1950–1962）》）上、下、『中共党史研究』二〇一三年第六期、第七期を参照。

（16）The Indo-Tibet Frontier Issue, Reply to a debate in the Council of States, 24 December 1953, Ravinder Kumar, H. Y. Sharada Prasad, eds., *Selected Works of Jawaharlal Nehru*, Second Series, Volume Twenty Four（1 October 1953–31 January 1954）,（New Delhi: Jawaharlal Nehru Memorial Fund, 1999）, p. 583.

（17）「中印の中国チベット地域との関係問題に関する第一次会談記録」、一九五四年一月二日、档案番号105–00136–01、中国外交部档案館蔵。

（18）鄧小平、劉伯承が中共中央に毛沢東、賀龍の電報を転送する、一九五〇年一月八日、『鄧小平年譜』（中）、八七七頁。鄧小平、賀龍の中央軍事委員会宛の電報、一九五〇年一〇月二七日、『鄧小平年譜』（中）、九四七—九四五頁。

（19）雪康・索朗達吉『チベット地方政府のインド政府から購入した武器の状況』（雪康・索朗达吉：《西藏地方政府从印度政府购买军火情况》）、チベット自治区政協文史資料研究委員会編『チベット文史資料選輯』（西藏自治区政协文史资料研究委员会编：《西藏文史资料选辑》）第一五輯、北京：民族出版社、一九九八年、一四六—一四七頁。

（20）Talks with Chou En-lai–I, Record of Talks with Chou En-lai at Sutlej Sadan, Bhakra-Nangal, between 3 and 6 p. m. and partly on the train from Nangal to Delhi, between 10.30 and 11.30 p. m. and from 00.30 to 2.30 a. m., 31 December 1956 and 1 January 1957, *Chou En-lai's Visit to India*（*December 1956–January1957*）, File No. EI 2（109）, NGO/56 and EI 21132/NGO/59, MEA, *SWJN, SS*, Volume Thirty Six, pp. 583–603. ここで引用した周恩来の談話は、インドの文献から翻訳したものであり、中国の関係回顧録、外交史論著および研究論著のなかでは、いずれも言及されていない。周恩来がネルーと会談した際の具体的な文言は、中国側の関係政府文書の公開を待って、確認しなければならない。

（21）周恩来の第一回全国人民代表大会第四回会議における講話、一九五七年七月九日、『章漢夫伝』編写組『章漢夫伝』（《章汉夫

伝》编写组：《章汉夫传》)、北京：世界知識出版社、二〇〇三年、二一〇頁。『周恩来外交文選』にはこの一節が収録されていない。中華人民共和国外交部、中共中央文献研究室『周恩来外交文選』(中华人民共和国外交部、中共中央文献研究室：《周恩来外交文选》) 北京：中央文献出版社、一九九〇年、二三〇―二三八頁を参照。

(22) 楊公素『滄桑九十年』、二四六―二四七頁。

(23) 外交部の国境委員会工作問題に関する報告、一九五八年七月一六日、全宗X50、目録二、巻号二九〇、広西壮族自治区档案館蔵。

(24) 『当面中印国境問題に対する我々の方針』、『外事動態』(《目前我对中印边界问题的方针》,《外事动态》) 第八七期 (総第一六七期)、一九五九年八月二一日、外事動態編輯委員会編印。中共中央の転送した外交部の中印国境問題に関する稟議、一九五八年一二月二二日、『中印国境自衛反撃作戦史』、四五一―四五二頁。楊公素の回顧録によれば、中共の中印国境問題に関する上述の指示は、彼が一九五八年インドから北京に戻り、外交部に交渉状況を報告する際、陳毅副総理兼外相が聞いた後、中印国境問題について長い発言をし、そのなかで中央の中印国境問題に関する方針を述べた。その精神及び言葉遣いは『当面中印国境問題に対する我々の方針』と一致している。陳毅のこの講話は、一九五八年六月あるいは七月の時期に行われた。楊公素『滄桑九十年』、二四七頁を参照。

(25) 中央の国境強化工作に関する指示、一九五八年一二月一三日、全宗X50、目録二、巻号二五八、広西壮族自治区档案館蔵。

(26) 羅貴波副部長の第二回外事工作会議における発言、一九五九年三月四日、全宗X50、目録三、巻号六、広西壮族自治区档案館蔵。

(27) 呉冷西『十年論戦：1956–1966中ソ関係回顧録』(吴冷西：《十年论战：1956–1966年中苏关系回忆录》)、北京：中央文献出版社、一九九三年、二四八頁。

(28) To Krishna Menon, Reply to Chou En-lai, 8 November 1959, Madhavan K. Palat, ed., *Selected Works of Jawaharla Nehru*, Second Series, Volume Fifty Four (1–30 November 1959), (New Delhi: Jawaharla Nehru Memorial Fund, 2014), p. 490.

(29) 周恩来とネルーとの七回会談の記録については、Record of the Talks between PM Nehru and Premier Chou En-lai, Subject File 24, P. N. Haksar Papers, Nehru Memorial Museum and Library, New Delhi. を参照。

(30) 周恩来とスノーとの会談、一九六〇年一〇月一八日、『周恩来年譜』中巻、三五九頁。

(31) P. B. Sinha and A. A. Athale, *History of the Conflict with China, 1962* (New Delhi: History Division, Ministry of Defense, Government of India, 1992), pp. 70, 88.
(32) 『楊成武年譜』編写組『楊成武年譜』(《杨成武年谱》编写组:《杨成武年谱》)、解放軍出版社、二〇一四年、三六二―三六四頁を参照。
(33) 『楊成武年譜』、三六三頁を参照。
(34) 中印国境自衛反撃作戦史編写組『中印国境自衛反撃作戦史』(中印边境自卫反击作战史编写组:《中印边境自卫反击作战史》)、北京:軍事科学出版社、一九九四年、一三六頁;『楊成武年譜』、三六七頁。
(35) 『楊成武年譜』三六八―三六九頁を参照。
(36) 『楊成武年譜』三六八―三六九頁を参照。
(37) 『楊成武年譜』三六九頁を参照。
(38) ネルー訪中問題についての周恩来の講話、一九五四年一〇月一八日、『周恩来年譜』上巻、四一九―四二〇頁。
(39) 一九六二年五月周恩来の講話、『中印国境自衛反撃作戦史』(《中印边境自卫反击作战史》)一三一頁を参照。
(40) D. K. Palit, *War in High Himalaya: The Indian Army in Crisis, 1962* (New Delhi: Lancer International, 1991), pp. 418-420.

(戴　超武)

第4章 一九七〇年代の対ベトナム援助をめぐる日米中の対応

はじめに

政府開発援助（ODA）の歴史はそれほど長くない。一九四七年アメリカによって発表された欧州復興計画（マーシャル・プラン）がODAの始まりとするならば、最初から、ODAは冷戦の対立を反映したもので、陣営作りの一手段であった。しかし、一九七〇年代になると、東アジアにおける政府援助の構図は、大きく変貌を遂げる。当時まさに新興援助国であった日本は、「政治制度の違いを超えて国際協力を行う」とし、一九七三年にベトナム民主共和国（以下、北ベトナム）に、そして、その後南北統一したベトナム社会主義共和国にもODAを提供するようになった。それと対照的に、北ベトナムにとって「同志プラス兄弟」の関係にあり、一貫して最大援助国であった中国は、一九七〇年代前半には多大な援助を提供していたが、七〇年代半ばから援助を削減し、七八年についに対ベトナム援助を停止した。

本章は、一九七〇年代において、日本と中国の対ベトナム（北ベトナムから統一ベトナムまで含めて）援助の展開およびその停止の過程を一次資料に基づき詳細に検証する。まずは、一九七〇年代は、日本がまさに新興の援助国として注目されるようになった時期である。その背景として、日米間の援助肩代わり、特に日米安保（責任分担）と援助の役割分担との関連性を解明する。次に、日本の対ベトナム援助の経緯と実績、対ベトナム援助を積極的に試みる理由、七〇年代末に「実施困難」となる過程および、それについての関係国（主にアメリカと中国）との外交調整を分析する。また、中国の対ベトナム援助の過程、七〇年代初期に援助がピークに達した状況、七〇年代半ば以降の対ベトナム援助の削減・停止の過程およびその理由を分析する。

これらの分析を通じて、日中の対ベトナム援助政策の違いを浮き彫りにし、対ベトナム援助をめぐる日米中関係の変容を考察し、そして東アジア国際関係における政府援助の役割の変化、ないし地域秩序の変容を論じることとする。

1　日米の「援助肩代わり」

一九六〇年代の後半になると、アメリカが西側同盟国に対して、国際的財政支出の負担再配分、「援助肩代り」を求めていくようになる。一九七〇年代に入ると、冷戦下のソ連との援助競争による多大な負担を一因として、アメリカは深刻な財政赤字を抱えるに至り、これまでのように大規模な開発援助を継続的に実施することが困難となっていた。さらに国内では、援助は短期の軍事的関心に傾倒しがちであり、アメリカの外交上の利益を生み出していないとの懸念が持ち上がり、アメリカ議会では対外援助の見直しに関する議論が活発化した。一九七一年七―八月の二つの「ニクソン・ショック」を契機として、「援助肩代わり」政策は、いよいよ決定的段階へと突入することになる。さらに、ベトナム敗戦によるアメリカの世界戦略再編策がこれを加速した。

一九六九年七月二五日のニクソン・ドクトリン発表後、日本のアメリカへの防衛協力が一層求められるようになった。そうした中、日本は「経済的役割を担う」ことを約束して、責任分担の要請に応じるのである。

一九六九年一一月一九日から二一日まで、日米首脳会談が行われた。ニクソン（Richard Milhous Nixon）米大統領は、「現在世界には、米国、西独を含む西欧、ソ連、中共という四つの勢力圏があるが、これに日本が加わり、この五者の間の力の均衡を築くことが必要と考えている」と述べ、佐藤栄作首相は、「日本としては、純軍事的に世界の平和維持に加わることは無理であるが、経済協力等の面ではすでにその方向に努力している」と答えた。二一日の三度目の会談で、ニクソンは、「日本が経済面のみでなく、安全保障の面でも今後一層大きな役割を果たしてほしいとの strong feeling がある。（中略）米国は今後アジアにおいて major role は果しえようが、predominant role は果しえない。（中略）そこで、自由陣営の中でアジアでの役割を果たすのは日本だけである」と述べた(1)。佐藤首相は、二一日にワシントンのプレス・クラブでの演説のなか、アジア援助においては、「米国よりもむしろ日本の方が主体的役割を果たすべきであると考えます」と表明した。

一九七一年六月二九日、第一三回日米安全保障協議委員会（Security Consultative Committee：SCC）で、ジョン・マケイン（John S. McCain, Jr.）米太平洋軍総司令官は、極東でのソ連の軍備増強が生じている事実を示しながらも、「日本がアジア諸国に対する経済援助を増やすことを望んでいる」と述べた(2)。

一九七二年一月六日、再び佐藤とニクソンとの会談が行われた。佐藤は、「日本はアジアでの経済的役割を果たすことに限定されているが、軍事的役割を担うことはできないので、経済的役割を利用することが望ましい。（中略）military power になることを目指すべきでなく、経済的に大きな役割を負うことを目指すべきであるとする日本の現在の立場は正しいと信じる」と述べた(3)。

一方、アメリカでは、一九七三年に対外援助法が再び改正され、「新路線（New Direction）」が打ち出された。この新路線では、大規模な資金の供与やインフラ建設ではなく、農業・保健・教育等の貧困層に直接裨益するセクターにアメリカの専門知識を提供することを目指すとされた。また、ときを同じくして、アメリカ議会の援助政策

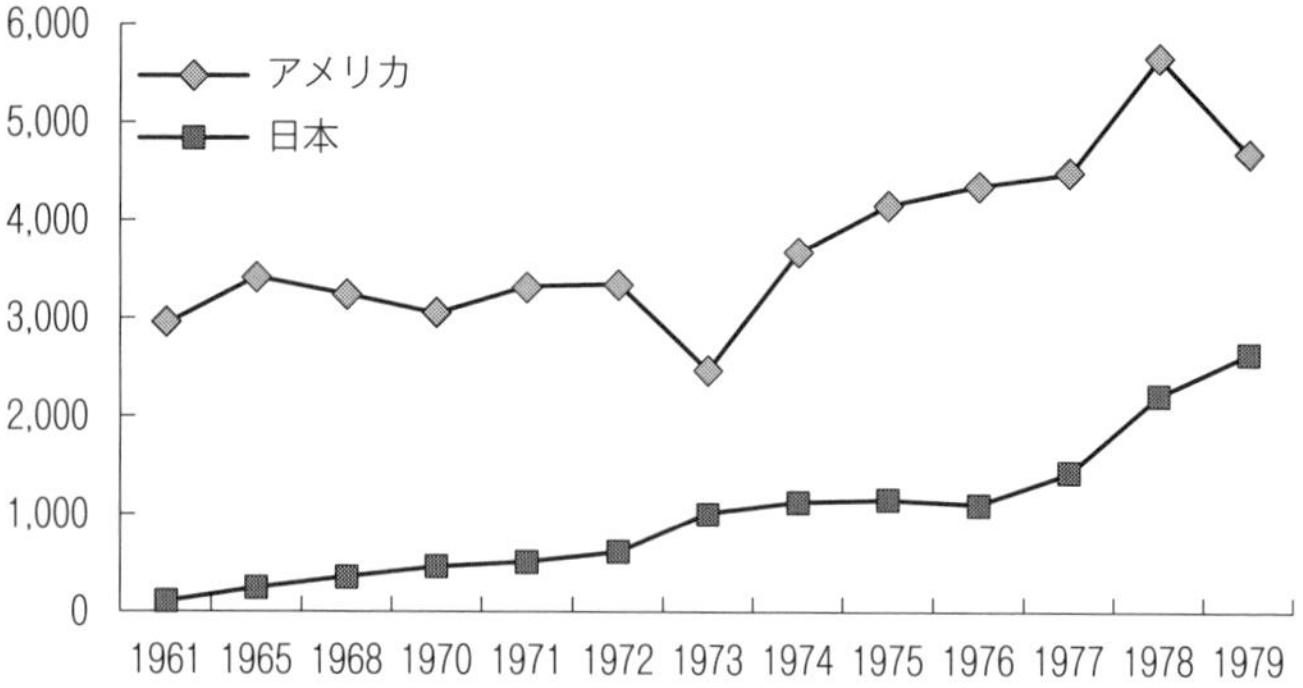

図4－1　日米のODA実績の推移（1961–1979年）

（資料出所）通産省『経済協力の現状と問題点』，各年版.

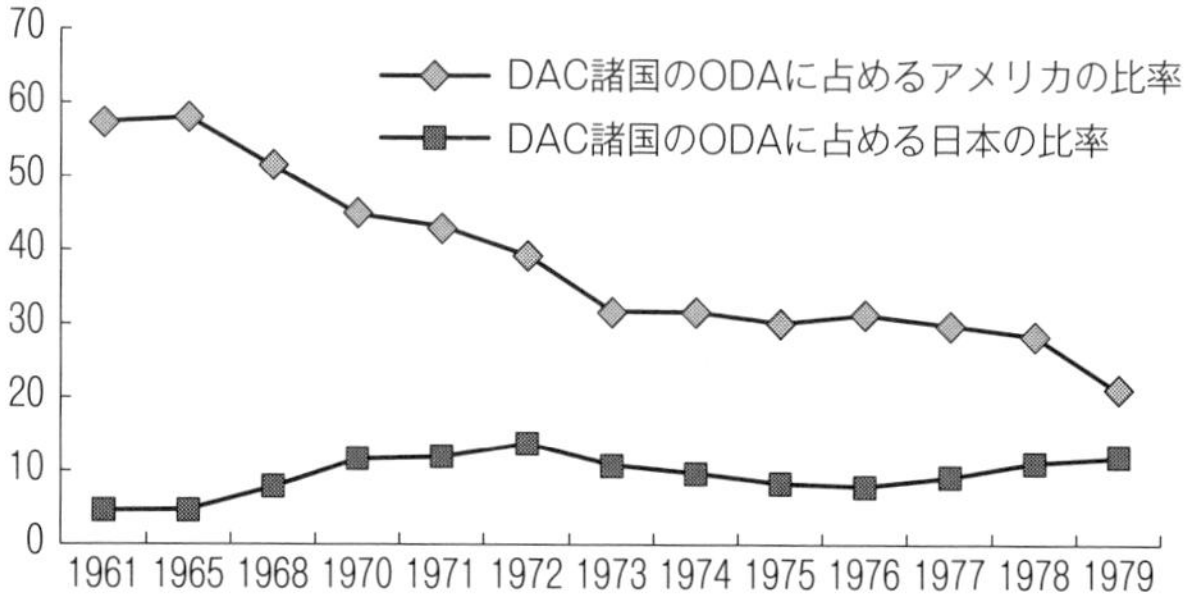

図4－2　DAC諸国のODAに占める日米の比率の推移（1961–1979年）

（資料出所）通産省『経済協力の現状と問題点』，各年版.

への発言力が増大していった。

一九七〇年代において、国際援助社会におけるアメリカの対外援助の位置づけが下がりつつあることに対して、日本の相対的位置づけは向上していた。**図4－1**は一九六〇年代から七〇年代末まで日米のODA実績の推移を示している。七〇年代を通して、アメリカよりは、日本の方の増大が顕著であった。**図4－2**は経済協力開発機構（OECD）の開発援助委員会（DAC）諸国のODAに占める日米の比率の推移を示している。アメリカの比率の低下が目立つのに対して、日本の比率が増大傾向にあることが分かる。

DAC諸国のODAに占める日米の比率を比べてみると、ア

表4－1　韓国，ASEAN 諸国の日米からの ODA 受取額

（単位：百万ドル，％）

	日本				アメリカ			
	1970	DAC 計＝100.0に対する構成比（%）	1979	DAC 計＝100.0に対する構成比（%）	1970	DAC 計＝100.0に対する構成比（%）	1979	DAC 計＝100.0に対する構成比（%）
韓国	87／②	32.4	54／①	54.3	175／①	65.3	24／②	24.1
シンガポール	6／②	21.5	2／②	39.5	[①イギリス、69.1]		[①西独、84.2]	
マレーシア	2／③	9.7	75／①	82.6	2	9.7	[①イギリス、50.2]	
タイ	17／②	24.3	180／①	64.4	37／①	53.3	7	2.5
フィリピン	19／②	46.6	89／①	52.3	19／②	46.6	54	31.7
インドネシア	126／②	28.7	227／①	35.9	186／①	42.4	118	18.7
ASEAN 計	170／②	28.3	573／①	48.7				

（注）○内は，受取国での順位.
（資料出所）通産省『経済協力の現状と問題点』，各年版.

メリカの比率は、一九六五年の五八％から、七九年には二一％へと半分以下に急落し、代わって日本の比率増大が著しかった（一九六五年の四・七％から一九七九年の一一・八％へと増大）。

とりわけ、対アジア援助総額では、一九七七年に、日本のそれが絶対額においてアメリカを凌駕するまでに至った。日本の二国間ＯＤＡはアジアへの集中度が高い。一九六四―六八年の五年間で見ると、政府ベース援助（アジア開発銀行出資金を含む）の九一・五％はアジアに向けられていた[4]。七〇年代においては、七割がアジアに提供されたものであった。

東南アジア地域への日本援助の積極化は、すでに一九六〇年代後半から見られたが、七〇年代初頭においては、まだアメリカの補完的位置を占めているにすぎなかった。しかし、七〇年代を通してこの位置は完全に逆転する。表4-1は、韓国とＡＳＥＡＮ諸国における日本の援助比率を示している。一九七〇年に第二位、三位にあった日本の援助は、一九七九年にはシンガポールを除けば、他のＡＳＥＡＮ四カ国および韓国にとって、第一位となった。

日本の対外援助の歴史は、賠償からスタートし、六〇年代は経済主義に基づき、経済的利益を追求していた。七〇年代になると、石油ショックを契機に、資源確保が一つの大きな目的となった。アメリカに援助肩代わりを求められる中、七〇年代後半には、賠償が完了し（一九七六年）、ODA中期目標の発表（一九七八年）など、国際社会において応分の貢献をなすべきだという意識が強まった。このような流れの中、対ベトナム援助が取り沙汰された。

2　日本の積極的な対ベトナム援助の試み

(1)　援助の経緯と実績[5]

日本の対ベトナム政策は、一九七一年七月一五日のニクソン大統領による電撃的な訪中発表によって、大きな影響を受けた。これを契機として、日本政府は北ベトナムとの接触を開始し、ベトナム問題について、政治体制の違いを超えた政策をとるという方針を明らかにした。一九七三年一月、ベトナム戦争が終息すると間もなく、二月の予算委員会で、大平正芳外相は「サイゴン政権は南ベトナムにおいても唯一の政権ではない」と述べると同時に、「北ベトナムと日本政府が国交をもつことについて、躊躇する理由はない」と明言するに至った[6]。そして七三年九月二一日、日本政府と北ベトナム政府との間で交換公文が交わされ、大使級の外交関係が樹立された[7]。

その前後に、外務省は早速、対ベトナム援助への模索を開始した。一九七三年九月付け外交文書「わが国と北ベトナムとの間の外交関係設定に関する説明要領」では、「北越に対してもかかる経済協力を行う方針であった。先方から具体的な要請があれば、これを検討することとなるが必要であれ（ママ）ば、調査団を派遣することも考えられよう[8]」とされた。その後、日本の北ベトナムへの戦争賠償問題が再浮上したが、一九七五年一〇月、ハノイ政府と経済援助協定を結ぶことで、この件はとりあえずの決着を見た。公式な賠償ではないが、一九七五年一〇月一一日「経済の復興と発展のためのブルドーザー運搬用トラック、掘削機の供与（八五億円）」、一九七六年九月一四日「経済の復興と発展のためのセメントプラント用設備等の供与（五〇億円）」の取決に署名（即日発効）し、南ベトナムへの賠償額に見合う合計一三五億円の無償経済援助を行うことで事実上の賠償とした。

一九七六年二月、日本政府は有田圭輔外務審議官を団長とする事務当局訪越団を派遣した。この際、日本政府の経済協力関係に関する基本方針は、「推進に努める旨」、「軍事力増強に資すべき経済協力は行わないこと」、「当方から経済協力をやりたがっているとの印象を与えることを避けるものとする」、というものであった。[9] 実際は、「先方の経済協力に関する制度ないし基本的考え方を聴取するとともに、日本の自由主義経済下における経済協力の制度および手続等について十分説明することとする。先方から具体的要請が行われても内容の聴取に止めコミットメントは一切差控えるものとする」という姿勢を取った。一九七六年三月付けの「わが国の対北越外交の考え方」では、「統一後のヴィエトナムに対するわが国の援助は、債務問題もあり、実際上、急速に拡大していくことはありえないこと」[10]を確認した。

その後、日本の統一ベトナムへの経済援助は、旧南ベトナム政権の債務問題により暗礁に乗り上げた。債権債務問題について、日本は一九五九年から一九七四年にかけて旧南ベトナム政府に対し、総額約一八五億七四〇〇万円の有償資金協力を行ったが、サイゴン政権崩壊の時点まで大部分が未返済（一九七七年時点で約一七〇億円、一九七九年一二月の時点では債権残高（元金分）約一五五億二七〇〇万円）[11]となっていた。一九七八年四月に、債権債務問題の解決のため、ファン・ヒエン次官やグエン・ズイ・チン外相が訪日した。二八日に、「債権債務問題の解決のための支払いに関する日本国政府とヴィエトナム社会主義共和国政府との間の書簡」の交換により、ベトナム政府が旧政権の債務を承継することを条件とし、日本政府がベトナム政府に旧政権の債務額にほぼ匹敵する一六〇億円を四年間に贈与し、さらに二年間で二〇〇億円の借款を供与することで決着をみた。

こうして、無償資金協力については、一九七五年度八五億円、七六年度五〇億円、七八年度四〇億円（七八年四月二八日交換公文）となり、また七九年から三年間に一一〇億円が予定された。

有償資金協力は、一九七八年に一〇〇億円で、七八年七月七日に交換公文を締結した。一九七九年度については、七八年一二月グエン・ズイ・チン外相訪日の際、日本側は有償資金協力一〇〇億円、無償資金協力四〇億円を供与する意図を表明した。その後、カンボジア問題や中越戦争の発生などにともない、この七九年度分の援助をどうするかが、外交問題となっていった。

技術協力については、一九七八年九月の時点では、ベトナム側からの要請はなかったが、要請案件が出てくると、「できるだけ積極的に対処する」との方針を示した。また、文化面においては、「日本語教育、留学生、研修生等をはじめとする具体的交流を進めて行くほか、ベトナムに対する文化無償協力、更には文化インフラは適当なプロジェクトがあれば前向きに検討する」という方針をとっていた[12]。

(2)　なぜ対ベトナム援助を行うか

日本政府は、対ベトナム援助を、外交上の目的に資する範囲で供与するものだと位置づけた。それは、ベトナムの「対アジア政策ができるだけ平和的な方向となるように努める必要がある。このため日本が北越に対して影響力を行使できるようにするため同国との友好関係を確保できる程度の経済協力（広義）を行うこととする」というものであった[13]。一九七六年三月二二日付け「わが国の対北越外交の考え方」[14]でも、「わが国の対北越経済協力は、そもそも北越の国民経済に対する継続的かつ全面的な梃子入れというものではなく日越関係の友好的発展という一定の外交上の目的に資する範囲内で供与するとの性格が強い」と、外交的性格を持つものとして明確に位置づけている。

外交上の目的とは、以下の点から確認できる。

第一に、ベトナムは独立自主路線を取っていると判断し、またそれを支持することである。日本政府は、一九七六年三月二二日付けの「わが国の対北越外交の考え方」では、次のような見方を示した。「北越は、基本的にはソ連、中国いずれの勢力圏に属することも避け、『自主独立』の外交路線を堅持せんとしているやに看取され、その一環として、わが国を含む西側諸国との協力関係の推進をも重視しているものと思われる」。また、一九七八年九月一三日付けの「最近のインドシナの動向とわが国の経済協力の基本的な考え方（メモ）」でも、同様な見方を示している。「ベトナムは、その基本的対外政策において従来から自主独立路線を維持してきており、またコメコン加盟の事実等からみてソ連の影響力増大の可能性が懸念されるものの、一九七九年七月に訪日したファン・ヒエン外務次官と日本政府首脳との意見交換を通じても、今後ともその自主独立路線を堅持していく方針であることが明らかに看取された[15]」。

この判断に基づき、「従って、わが国としては現段階においてヴィエトナムをソ連陣営の国家と決めつけることなく、むしろヴィエトナムがその自主独立路線を遂行していくことを前提とし、かつ又、今後の東南アジアにおける政治的安定の維持のためにも、ヴィエトナムがかかる路線維持を引続き可能とならしめるよう、わが国としては欧米諸国にも働きかけるとともにヴィエトナムに対する経済協力を更に進めていくことが必要である」とした[16]。しかも、対ベトナム援助には、「北越の「自主独立」の路線をエンカレッジする効果を期待し得る」としている[17]。

第二に、ベトナムの自由世界への理解を深めることを促し、ベトナムに対する教育効果を期待することである。例えば「「有田訪越団は、日越両国が相互に相手国の制度、法令、政策等につき理解を深め合うことを目的として派遣されたものであったが、北越がわが国の国情につき理解を深めたことは、北越がわが国の事例を通じて、自由世界の事情や考え方に理解を深めることを促したという意味で、北越に対する教育効果の上からも、その意義は大であった[18]」と考えているのであった。

第三に、大国外交のテコとすることである。「米、中、ソ三大国とそれぞれデリケートな関係にある北越とわが国とが相互に対話をもち理解しうる関係にあることは、これら三国に対するわが国の発言力を増すことにもなり、グローバルな外交の場におけるわが国の立場の強化にも寄与するものである」。日本からみれば、ベトナムは、東南アジアの資本主義国家とインドシナ地域の社会主義国家との間の架け橋となり、日本としてはベトナム外交においてイニシアティブをとりたい。ニクソン・ショック後の自主外交の意欲および「全方位外交」の希望からも、日本はアメリカとＡＳＥＡＮとの関係を確認しながらハノイとの関係を促進したがっていた。

第四に、日本の東南アジア外交に資することである。日本は、「現在緊張した関係にあるやに見られる北越をはじめとするインドシナ諸国とＡＳＥＡＮ諸国の双方に対し」、「良好な関係を維持することは、わが国の東南アジア外交における選択の幅を拡げ、発言力を強めることにも役立とう」[19]と考えていた。そこで日本政府は「経済協力政策においてＡＳＥＡＮを重視していくには変りなく、対北越援助をＡＳＥＡＮより重視していくことは毛頭考えていないほか、対北越援助は、いかなる意味においてもわが国の対ＡＳＥＡＮ諸国援助を犠牲にして供与されることはありえない」としながら、「北越との間に対話のパイプを有することは、究極的には近隣ＡＳＥＡＮ諸国の利益にもつながるもの」と確認している。

(3) 対ベトナム援助の停止――「実施困難」

外交上重要な意味をもつ日本の対ベトナム援助は、一九七八年一二月にベトナムがカンボジアに侵攻したことによって、実施が困難となった。

一九七八年一二月、ベトナムがソ連の支持のもと、カンボジアに侵攻し、西側諸国はそれに対して強い不満を示した。アメリカをはじめとする西側諸国は、ベトナムに経済制裁と軍事制裁を課した。日本政府は「すでに契約を結んだ経済援助を政治的理由で停止することは、日本の国際的信用を失ってしまう」という理由で、既に実施している援助は継続させ、新規援助は全て中止する方針を取り、まだ提供していない一〇〇億円の借款と四〇億円の無償資金協力を凍結した。

その後間もなく、一九七九年一月二三日に、外務大臣から在ベトナム大使に宛てた電信「カンボディア情勢に関連してのわが国の対越経済協力」では、継続できなくなった理由として、次のような認識を示した。「一つはASEAN各国の期待を裏切り、また国内的にも批判が寄せられる可能性がある。他方、対越援助の凍結を公言すれば、越との関係を著しく傷つけ、対越長期政策の観点より問題を残すほか援助再開のきっかけをつかむことが難しくなる。当面の方針としては、一九七八年度有償及び無償資金協力はそれぞれ交換公文を締結済みであるので実施する。七九年度分の交換公文締結は、七九年度において情勢の推移を慎重に見守りつつ決定する」[20]。

こうして、ベトナムとの対話の維持（援助の継続）を図っていく、一九七九年度分は実施するが、実施時期については「慎重に決定する」、などの方針は、その後も堅持された。七九年二月のベトナム側からの問い合わせに対して、日本は、チン外相訪日の際表明した上記一九七九年度経済協力は実施する旨確認済みと答えた。

一九七九年一一月二〇日付け「対越経済協力擬問擬答」では、援助は実施するが、実施時期は見極めるという方針を確認した。なぜ実施するかについては、対話のパイプを維持するため、という点を強調した。「ヴィエトナムとの対話を維持することにより、わが国は、西側諸国の中で、越側と率直な意思の疎通を図ることのできる数少ない国の一つとして、わが国及びASEAN諸国等の立場を正しく越側に伝えてきている。……今後ともヴィエトナムとの対話の維持を図っていく方針である」。さらに、この中で、「昨年一二月グエン・ズイ・チン外相に対し意図表明済みのことであり、越の民生安定及び経済復興に資するため、昨年度と同額（無償四〇億円、円借款一〇〇億円）の援助を供与する方針である」、「援助の実施時期については、現在検討中である」と確認した。

日本が、ベトナムの対インドシナ政策に批判的立場を表明しつつ、他方では大きな資金協力を実施する方向で検討しているのは、「西側諸国の中でヴィエトナムと率直な意思の疎通を図ることのできる数少ない国の一つとして、長期的視点から、今後とも応分の協力を継続していくことが適当である」と判断していたからである。一九七九年一二月四日付けの「わが国の対越経済協力」[21]も、同様の方針を示した。

一九七九年一二月に、ソ連がアフガニスタンに侵攻した。そうした中でも、日本政府の方針は依然として、「対越援助を実施するとの方針に変りはない。また実施の時期については諸般の情勢を見つつ慎重にかつ、自主的に検討していくとの方針にも変りない」とした。外務省の文書においては、この「かつ、自主的に」は、手書きで追加された部分である(22)。

また、日本政府は、対越援助の凍結を継続するが、制裁措置としての援助凍結を否定する。「わが国が対越援助の実施時期を考えるに当り、アフガニスタン情勢は直接関係してくるとは考えておらず、又政府としてアフガニスタン問題をめぐる対ソ連制裁と対越援助方針を結びつける考えもない」と記している(23)。

一九八〇年一月一八日付け「第九十一回通常国会用擬問擬答集（インドシナ、難民、ＡＳＥＡＮ諸国、西アジア問題等関係）(24)」と、一月二八日付け「対越援助方針(25)」でも、「実施するとの方針を変えていない」、「国際的ひいては国内的な理解がえられる形でこれを実施する必要がある」、「しかるに、諸般の情勢から、今直ちにこれを実施することは困難なのが実情である」、「実施の時期については、慎重に諸般の情勢を考慮して検討したい」と、依然上述した方針を繰り返した。しかし、同時に、年度内に実施できないことも想定していた。「三月上旬に、改めてその時点の諸情勢を検討して、今年度中に実施するか否かを決定する」としたが、今年度中に実施せずとの決定を見た場合には、ベトナム側に対して次のように伝えることも決めた。「実施時期を慎重に検討してきたが、諸般の情勢から本年度中には実施しえないので、引続き来年度において実施時期を検討していきたい」こと、また無償援助分（四〇億円）を翌年度に繰越して提供できるようにするため所要の手続きをとることなどである。

一九八〇年二月四日、三宅和助アジア局次長は在京越大使館フォン臨時代理大使に、実施方針、実施困難及び実施時期の検討という先の方針を通達すると同時に、「長期的展望に立って、両国間の友好を維持したいと考えており、援助問題は両国関係を阻害しないものと考えている(26)」と付け加えた。だが、結局は実施が不可能となった。三月一〇日付けの「対越経済協力想定問答(27)」では、依然として「年度内実施困難及び引続き実施時期を検討する」方針を表明したが、同時に、ベトナム側には、一九七九年度分は年度内に実施しない旨、一九八〇年一月二八日の

「対越援助方針」の通りに伝えた。この時、「一九八〇年度の援助については白紙である[28]」としている。実際、一九七九―一九八二年は対ベトナム援助の実績はなく、一九八三年以降九〇年代初めまでも、少額の無償援助しか供与しなかった。

（4）関係国との調整

日本政府は、「実施するが、実施時期を再検討する」という方針を、一九七九年九月に訪米した柳谷謙介アジア局長がアメリカに伝え、対ベトナム援助についてアメリカと協議した。

一九七九年九月二〇日、柳谷アジア局長が、ホルブルック（Richard Charles Albert Holbrooke）国務次官補と会談、対越経済援助に関する考え方を次のように説明した。（1）「本件援助は国交正常化の際の約束であり更に客年一一月の日越外相会談において再確認されているものであり実施する意向である」、（2）「援助の実施にあたっては越側が出来る限り多くのASEAN諸国産品を購入するよう要請するとともに、本件援助が軍事目的に使用されないとの保証を取り付ける必要があると考えている」。また、（3）本件援助の供与が越との対話の維持に貢献するものと考えている。（4）「越は基本的にはソ連からある程度の自主独立路線と態度を維持したいとの意向を有していると考えられるところ、本件援助がかかる意向をすこしでも助長する方向で作用するものと期待していると考えている」と指摘しつつ、カンボジア問題、難民問題、ソ連による基地使用の問題等をめぐるベトナムの態度によって、例えばベトナムとASEAN諸国との関係が悪化するような場合には、「わが国としても対越政策の再検討を余ぎなくされる旨を明らかにする考えである旨」述べた。また、ベトナム援助に対する中国とのやりとりを、アメリカ側に以下のように説明した[29]。柳谷の説明によると、ベトナム援助に関する中国とのやりとりは次のようなものである。

「中国側より（a）対越援助は越の行動を抑制する効果がない、（b）越が一翼を担うソ連の南下政策のテンポを遅らせるため越に圧力をかけ対越援助の負担をソ連に追わせるべき等の理由からわが国援助の停止方要請」。「これに対しわが方は、（a）越の対カンボディア行動は独自の安全保障上の見地よりのもので、越ソの利害は現在のところ一致しているにすぎない、（b）越に圧力をかけるだけでは結局問題は解決せず、むしろソ連が越の弱味につけ込んでプレゼンスを強化するのみ、（c）越との対話による穏健路線の助長及び越の対ソ独自性維持が必要、との観点より、対越援助実施の旨回答[30]」。

これに対し、中国側は従来の見解をくり返したという。他方、日本の対ベトナム援助に対して、日中間では以下のようなやりとりが行われた。一九七八年一〇月に訪日した鄧小平副総理は、当時福田赳夫首相に対して、「ベトナムという風呂敷包みをソ連に背負わせる」ということで、日本の対ベトナム援助を牽制した[31]。

翌一九七九年二月に来日した鄧小平は、大平正芳首相に対して、日本の対民主カンボジア援助を要請した。鄧が大平に、「ヴィエトナムについては、日本がＡＳＥＡＮ諸国と歩調を合わせ、ヴィエトナムに対する援助を一時停止していると聞いているが、更に一歩進んで民主カンボディアに対し第三国を通じ、あるいは直接に援助されるよう希望する[32]」と、率直に述べた。

一九七九年六月、黄華外交部長は、訪中した柳谷に対して、対ベトナム援助に慎重な態度をとるよう求めた。黄は柳谷に対し、「現下のインドシナ情勢は、越一国の動きのみではなく、背後のソ連という超大国の覇権主義が問題を複雑にし重大なものとしているのである」、「日本が越に対し対話のパイプを維持し、越を完全にソ連に追いやらないためにも、越に対する影響力を行使する途を探求することに反対はしないが、成果は得られないものと考えており、日本が慎重な態度を採ることを望む[33]」と述べた。

中国側の要請に対して、日本はあくまでも援助を実施する方針をとっていた。一九七九年一二月に訪中した大平は、中国側に、援助を実施する方針を一方的に通達する形で伝えた。「大平総理は、わが国としては従来より、あるゆる国際紛争は話し合いで解決すべきであると考えていること、対越援助は約束をしてあるので行うが、時期については検討していること、この点については中国は意見があろうが、日本政府の立場として聞いてもらいたい旨述べられた(34)」。

これに対して中国側は、「荷物はソ連に背負わせておけばよい」（鄧小平）、あるいは、「対越援助はＡＳＥＡＮ諸国にとって不愉快なことと思うので日本はＡＳＥＡＮ諸国の意見を求められるのがよい」（華国鋒）と述べ、正面から反論することはなかった。

3　中国の対ベトナム援助のピークと停止

(1)　多大な対ベトナム援助

中国は、ベトナム援助に最も深くかかわった国であり、一九四九年新中国建国当初からベトナムの国づくりに深く関与してきた(35)。一九四九年一二月ベトナム労働党のホー・チミンが、軍事幹部、三個師団の装備、一〇〇〇万ドルの支援を中国に要請してきた。劉少奇は羅貴波を北ベトナムに派遣し、当時モスクワにいた毛沢東は、最大限の支援を指示した。五〇年一月には北ベトナムが新中国を承認、ホー・チミンが北京経由でモスクワに向かった。モスクワで、スターリン、毛沢東、ホー・チミンは党建設、統一戦線、軍事・外交などについて協議し、その結果中国は、韋国清を団長とする軍事顧問団を組織し、武器輸送や、ベトナム人民軍の雲南での軍事訓練を約束した。それ以降、中国は北ベトナムとの関係を「同志プラス兄弟」の関係と見なし、両者間には一九五〇年代から、通常の同盟より強い連携ができていた(36)。その後、一九七〇年代末まで、中国はベトナムの抗仏戦争（第一次インドシナ戦争）、国民経済建設、および抗米戦争（ベトナム戦争）を支援するため、自国を犠牲にしてまで、ベトナム援助を行ってきた。

自国を犠牲にした例を幾つかあげよう。一九六五年から七六年の間、中国が生産した大型武器装備の多くは、ベトナムに供与された。ある新型防備は、開発に成功すると、中国人民解放軍より先にベトナムに配備されたこともある。

ベトナムの援助要請が中国の生産能力を超えた場合、人民解放軍は在庫を利用したり、既存の装備をベトナムに提供したりしていた。例えば、一九六八年六月、李先念副総理がベトナム政府副首相ファム・フンと一九六九年の援助について会談した際、ベトナム側から一〇七ミリのロケット砲を緊急に必要とすると言われ、当時中国はすでにこの旧型のロケット砲を生産していなかったが、ベトナム側の要求を満足させるため、この型のロケット砲の在庫をすべてベトナム側に渡した。人民解放軍は、一九六五年から戦略備蓄を開始し、一九七二年末までに、各種銃器を一五〇万丁、ロケット砲二万門余り、車両三〇〇〇台余り、建設機械二六〇台を備蓄した。一方、一九七二年の一年間に、ベトナムには、銃一八・九万丁、ロケット砲九一六六門、車両八五五八台、建設機械三八〇台を提供した。このような例は枚挙にいとまがない(37)。

ベトナムは、中国が時期的に最も長く、量的にも最も多くの援助を投入した対象国である。一九六〇年代末から中ソ間で、ベトナム支援合戦が行われる中、一九七〇年代に入ると、中国の対ベトナム援助はさらに急増した。一九七一年三月三日、周恩来総理は、中共中央政治局会議を主宰し、中国共産党と政府によるベトナム訪問代表団の発表する文書、談話原稿を討議し、採決した。そのなかで、ベトナム援助の方針を明確に打ち出した。そこには、「中国人民は最大の民族的犠牲を負うことを惜しまず、ベトナム人民の抗米救国戦争を全力的に支持する」と書かれている。会議後、周恩来は関係原稿を毛沢東に送付し、添付の手紙の中で、「支持を強化して、決意を示す」という対ベトナム方針を説明した。毛沢東は閲覧した後、「提出していい、ベトナム側の意見を求めよう」と指示した(38)。一九七一年に結ばれた多くの対外援助新協定のうち、対ベトナム援助額は、三六・一四億元余りに達し、協定総額の半分以上を占め、かつすべてが無償援助であった[39]。

一九七二年一一月一七日、周恩来総理は李先念とともに、レ・タン・ギ副首相率いるベトナム政府経済代表団と面会した。二人は同二六日には、中越両政府間で締結される、一九七三年度対ベトナム無償経済および軍事物資援助協定と、ベトナムに軍事装備物資を提供する議定書の調印式に出席した。中国は一九七二年に、ベトナムとの間で一三の協定援助を結んだが、その総額は二六億元余りに達し、対外援助協定総額の五三・一%を占めた。また、一九七三年には、対ベトナム援助の協定総額が二五億元余りに達し、全体の四八%を占めた。一九七一年から七三年までの三年間で中越援助協定総額は九〇億元近くに達し、過去二〇年間の総額を超えたものとなる[40]。この時期に、中国の対ベトナム援助はピークに達した。

中国の対ベトナム経済・軍事援助については、さまざまな統計データがあるが、一説によると、一九五〇年の援助開始から七八年の停止までの援助総額は、二〇〇億米ドルにのぼるという[41]。毛沢東主席が行った感情を込めた講話、「七億の中国人民はベトナム人民の強固な後ろ盾であり、果てしなく広い中国領土は、ベトナム人民の頼りになる後方である」は、文字通り中国の対ベトナム援助に体現されていた。

このような状況のもとで、ベトナム戦争は終結を迎えた。一九七三年一月二七日、南ベトナムとアメリカ、北ベトナムと南ベトナム共和国臨時革命政府の四者の間でパリ協定が調印された。一九七三年一月二九日にニクソン大統領はアメリカ国民に「ベトナム戦争の終結」を宣言した。

(2) 中国の対ベトナム援助停止

一九七三年一月のパリ協定を経て、ニクソン大統領は、米軍をベトナムから撤退させた。その後も北ベトナムおよび南ベトナム解放民族戦線（NLF）と、南ベトナムとの戦闘は続いた。一九七三年以降、中国は依然として、対ベトナム援助を継続したが、この頃から援助額の減少を検討し始めた。

一九七三年六月四日、レ・ズアンベトナム労働党第一書記とファム・ヴァン・ドン首相が率いるベトナム労働党と政府代表団が訪中した。これは、米軍との戦闘停戦後、ベトナム労働党と政府の主要指導者の初めての訪中となった。訪中の目的は、ベトナム北部の経済回復と発展の支援について協議するためであった。五日、彼らは周恩来と共に、毛沢東と面会した。

同年六月七日、周恩来は一九七四年度の中国政府の対ベトナム無償援助提供について、毛沢東、葉剣英、李先念等中央政治局メンバーに書簡を出した。そのなかで、ベトナム側の要請した八一億元を、二五億元（外貨一・三億ドルも含める）に圧縮して援助計画を立てることを提案した。その理由については、次のように説明している。「この計画は膨大すぎて、実情に合わない。われわれができないだけではなく、彼らの緊急需要にも合わない。われわれは、ベトナムの実情に基づき、経済を回復、発展させるのは一年間でできることではなく、何年もかかるものだと知らせる必要がある」。毛沢東は修正されたベトナム援助方案を承認した。[42] 翌八日、中越両国は「一九七四年度中国の対ベトナム無償経済と軍事援助協定」に調印した。

このとき、中国政府は、ベトナム政府要請額通りに援助を提供しようとしなかったが、これは中国の対ベトナム政策の変更を意味するものとは言えない。六月九日、周恩来は、みずからベトナムの指導者たちを、延安の宝塔山、棗園、楊家嶺、鳳凰山といった、革命の史跡へと案内した。

一九七四年一月一三日、周恩来は姫鵬飛、喬冠華らを呼び、ベトナム援助問題について協議した。同年八月三日、レ・タン・ギと会見し、対ベトナム援助に関して自分は責任を尽くしたと伝え、今後は、李先念に任せることを、ベトナム側に伝えた。同年一〇月、中越両国は「一九七五年度中国のベトナム援助の経済、軍事物資協定」に調印した。[43] この協定では援助額を減少し、一九七五年度に八・五億人民元、現金五〇〇〇万ドルの無償援助を承諾した。

一九七五年四月三〇日、北ベトナムと解放民族戦線は春季大攻勢を行い、南ベトナムが全面降伏、サイゴン陥落に至った。中国からみれば、北ベトナムの抗米戦争が勝利のうちに終了した。同時に、中国の対ベトナム無償軍事援助は、一九七五年を境に次第に規模を縮小した。

一九七五年八月、レ・タン・ギをはじめとするベトナム政府経済代表団が訪中した。ベトナム戦後の経済復興および第二次五カ年計画（一九七六―一九八〇年）に係る援助問題を協議するのが主要目的であった。李先念はレ副首相との会談で、ベトナム側の要求と中国側の実際の援助能力との間には大きなギャップがあることを説明した(44)。同年九月、中越両国政府は「中国による対ベトナム無利子借款供与協定」に調印した。一〇年ぶりに、中国は改めて借款方式でベトナムに援助を供与することになった。この協定によれば、中国政府が一九七六年にベトナム政府に提供する一般物資無利子借款は一億人民元で、ベトナム政府は一九八六年一月一日からの一〇年間で、一般物資で返済することとなる。

一九七六年四月にジュネーブ協定以来の懸案であった南北統一選挙が行われ、七月一日、南北ベトナム統一とベトナム社会主義共和国樹立（南ベトナムの消滅による南北統一）が宣言された。一九七六年、中国は対ベトナムの無償軍事援助を中止し、新しい経済援助協定を結ばなかった。

一九七八年五月一二日、中国はベトナム側に、二一の援助プロジェクトを撤回するという口上書、更に五月三〇日に、再度五四のプロジェクトの撤回という口上書を渡し、七月三日には最終的な覚書きを出した。それによると、「ベトナム側が反中、排中を不断に過激化させ、中越両国の友好関係を極めて深刻に損ない、両国人民の兄弟友情を著しく傷つけ、中国を誹り、敵視する劣悪な雰囲気を作り、中国専門家がベトナムで援助活動を継続する最低限の条件を破壊させたため、中国政府はやむをえず、ベトナムへの経済技術援助を停止し、ベトナムに残っている中国の工事技術者を引き上げる」というものであった。七月一一日、一四日、一八日の三回に分けて、二九九名の中国専門家が北京へ帰り、駐越経済代表処が閉鎖された(45)。かくして、一九五〇年から二八年間続いた中国の対ベトナム援助が終了した。

（3）対ベトナム援助停止の理由

中国が対ベトナム援助額の削減を表明したのは、一九七四年の援助分について、一九七三年六月ベトナム政府訪中団と協議した際であった。ベトナム側から要請された八一億元に対して、二五億元の援助を承諾した。削減の理由としては、「膨大しすぎて実情にあわず」、中国経済が負担できないという実情がある。つまり、対ベトナム援助は、中国経済にとって過重になり、これ以上経済的に負担できなくなったことが挙げられよう。

一九七一年から七五年にかけて、中国の対外援助は急増し、この五年間の対外援助は、それまで二〇年間の一・三倍にのぼった[46]。しかし、当時の中国の国民経済と生産活動は、「文化大革命」によって大きな影響を受け、破壊され、停滞していた。当時の対外援助と国家経済状況との間には大きなギャップが生じていた。第四次五カ年計画期（一九七一―一九七五年）においては毎年、対外援助の支出が中央財政支出の五・八八％、GDP（国内総生産）の一・七一％を占めていた。とりわけ一九七三年には対外援助支出が、なんと中央財政支出の六・九％、GDPの二・〇六％に達した[47]。このような高い割合の対外援助は、どの国であれ長続きしないだろう。

一九七五年春は、第五次五カ年計画（一九七六―一九八〇年）を編成する時期であった。同年四月、外交部、中央対外連絡部、対外経済部、対外貿易部、総参謀部、国家計画委員会など、六部委（省庁）が連名で、毛沢東主席および党中央に「今後の対外援助問題に関する稟議書」を提出した。「稟議書」が中央の承認を得て、［一九七五］第一二五号文件となった。このなかで、対外援助の国家財政支出に占める比率を、第五次五カ年計画期に五％以内に制限し、対ベトナム、北朝鮮、アルバニア、ラオス、カンボジアの五カ国に対する援助を順次削減し、その合計額を対外援助総額の五〇％以内に制限する、などと規定している。中国は自身の経済状況から、国際情勢の変化と当時の中国の経済状況を踏まえて、対外援助の具体的政策及び全体の規模、構造を調整したのである。

こうした中、中国の最大援助対象国であるベトナムへの援助も自ずと調整を求められた。一九七五年八月に訪中したレ副首相に、李先念は「一九七六年に、一億元貿易人民元（国際市場価格での計算）以内の一般物資を提供し、戦時中と比べて大きく減少した」と述べたうえ、その理由について、二点述べた。一つは、「あなたたちの困難がすでに戦時中と違い、大きく変化した。北方の経済復興と発展がすでに大きな成果を成し遂げ、自給能力を大きく高めた。南方解放の際、あなたたちが、約五〇億ドルの軍事装備と物資を差し押さえた」と述べ、今現在は戦時中と大きく状況が変化したことを強調した。もう一つは、「われわれは間違いなく多くの困難を抱えている」と、率直に中国経済の負担能力を超過したものがあることを認めた[48]。

八月一七日夜、重い病いをかかえた周恩来がレ副首相と病院で会見し、「あなたたちを支援するため、われわれは多大な努力を尽くした。対外援助面において、今現在ベトナム援助の総額が依然として第一位である[49]」と述べ、それ以上援助をするのが難しいことへの理解を求めた。

しかし、経済要素だけを援助の削減・停止理由とするのでは説明が不十分であろう。前述のように、一貫して、とりわけ一九六〇年代後半から、中国が自国を犠牲にしてまで、対ベトナム援助を実施してきたという事実がある。一九七三年になって、中国が削減を表明した背景には、中国が、対ベトナム援助の使命を果たしてきたという認識もあった。

一九五〇年に対ベトナム援助を開始する時点から、中国は同国への援助を、社会主義陣営の相互援助の使命として認識してきた。それゆえ、中国自身に余裕がなくても、ベトナムには「無私」の精神に基づき、長年援助を提供してきた。だが、一九七三年一月のパリ協定の締結、そしてニクソン大統領の「ベトナム戦争終結」宣言以降は、中国が、対ベトナム援助という重い負担から解放されたいという思いが生じてきたのは、自然なことだろう。一九七五年、中国は、ベトナムから支援部隊の撤退を始め、それは一九七八年に完了した。ベトナムのアメリカに対する抵抗戦争がすでに終了し、ベトナムの民族解放革命が既に完成しており、そうした状況の下で、中国の援助の使命も終わったと認識したことが、対ベトナム援助の削減・停止の背景となったのである。

最後に、ソ連要因を指摘したい。中国の対ベトナム援助の開始、膨大な規模への援助の増大、そして停止にいたる全過程において、ソ連要因が強く影響した。中国の対ベトナム援助は、中ソ友好期には、中ソの社会主義陣営内の分業として理解することができるが、中ソ関係の悪化につれて、中ソによる対ベトナム援助合戦という側面が顕在化した。

アメリカによるベトナムへの介入が深まりつつある中、一九六四年一〇月、ソ連の最高指導者になったブレジネフは、ベトナムが必要とするいかなる援助も与えると発表した。一九六五年二月、ソ連のコスイギン首相がベトナムを訪問し、大砲、戦車、ミサイルなどの軍事援助を供与し、ベトナム防衛力の増強を支援する協定に調印した。その後、ソ連のベトナム援助の規模は拡大し、とりわけ軍事援助において、中国には生産できない、あるいは生産量の少ない先進的武器を提供し、ソ連と北ベトナムとの関係が日一日と緊密さの度合いを増していった。

ベトナムにとっては、いかにアメリカに対抗するのかが、至上命題であり、中ソ間のイデオロギー論争には、どちらか一方に加担する気はなく、中ソ間の対立に対しては、一貫して曖昧な態度をとっていた。援助については、中ソのどちらからももらい続けるのが最も望ましかった。一九六五年四月に、レ・ズアンが中国を訪問し、支援部隊の派遣を要請し、劉少奇から同意を得た直後、休む間もなく今度はモスクワに赴き、ソ連からも支援の承諾を得た[50]。

ソ連の対ベトナム援助は次第に増加し、一九六九年に数量で中国を凌駕した[51]。中国の対ベトナム援助は、ソ連と同盟国の取り込みで「競争」する側面が強くなっていった。一九七〇年代初頭、中国の対ベトナム援助が急増したのは、このような事情を背景としていた。

中国が対ベトナム援助の削減を検討するにあたっては、ソ連と中国の両方から援助を望むベトナムが、「向ソ一辺倒」へ向かいつつあるとの判断が働いた。ベトナムは、一九七三年から七五年までに、ソ連から一〇・七億ドルの援助を受け、ソ連に急接近していった[52]。一九七五年一〇月、レ・ズアンが代表団を率いて訪ソし、ソ連側とソ越宣言を発表したが、そのさい両国、両党の全面的協力を掲げた。ソ連側は、過去にベトナムに供与した巨額の借款を無償援助に変更すると応じた。

一九七五年にアメリカがベトナムから撤退すると、ソ連はその空白を埋めるだろう、と中国側はみていた。それに呼応するように、ベトナムは、対ソ傾斜政策を採用した。中国側からみれば、この地域における脅威が大きくなったと言える。ソ連は、アメリカの代わりに世界の覇権を目指し、ベトナムは東南アジアの覇権を目指すこととなる、と中国指導部は受け止めた。中国は、アメリカ、日本、欧州各国とソ連に対抗することを目的とした「一条線」戦略[53]を強化し、またインドをソ連から遠ざけようとした。

失脚していた鄧小平が一九七七年に政治の表舞台に戻ってきた頃、ベトナムとソ連との協力はさらに加速された。ベトナムは、アメリカがダナン港とカムラン湾で建造した近代的軍港をソ連に使用させることを認めたことで、ソ連の軍艦はインド洋から太平洋まで自由に出入りができるようになった。ベトナムはまた、ミサイル基地を建設し、中国に向けたソ連のミサイルを配備した。ソ連は基地に人員および電子設備を提供し、技術協力を行った。このような状況の中、中国側は、援助をもってベトナムをソ連から遠ざけることが無理だと認識し、援助を打ち切ったのである。中国は「ベトナムという風呂敷包みをソ連に背負わせる」というが、それはソ連との援助合戦から降りることを意味した。

鄧小平からみれば、中国は四方から敵に囲まれているような状況にあった。ベトナムを裏切り者と見なす鄧小平は、ベトナムのことに触れると、思わず激怒するといわれた[54]。ソ連要因とは、結局のところ、中国指導者を感情的にさせるものであった。

おわりに

日中の対ベトナム援助政策には、大きな違いがあることが分かる。日本は一九五九年に南ベトナムに一四〇億四〇〇〇万円の戦争賠償を支払うことで平和条約を締結したが、一九七三年九月に北ベトナムと大使級の外交関係を樹立したことに伴い、「経済協力」の形で二年間に一三五億円の賠償金を支払うこととなった。そして、有償資金協力でプロジェクト援助を開始した。中国の対ベトナム援助は、一九五〇年から社会主義陣営内の相互援助のため、自国を犠牲にするほどの超過負担となる多額の援助を、長年無償で供与し、それは一九七〇年代前半にピークに達した。そうした援助は「ベトナム人民の解放闘争の最後の勝利」を勝ち取るためとされた。一般物資の提供に加え、大量の、多分野にわたるプロジェクト援助も提供し、一九七五年八月のレ副首相訪中の時点で、建設中および未稼働のプロジェクトを合わせると、一三七件に達していた[55]。日中両国の援助は、援助の開始、経緯、方式などすべて違っていたが、停止の仕方にも対照的な違いが見られた。日本は、アメリカからの圧力をかわしつつ、「実施困難」な状況だから実施しないが、「実施時期については引き続き検討していきたい」という、非常に柔らかい終わり方をとった。対照的に、中国は、「ベトナム側の反中、排中」を懲罰する意味と、「荷物はソ連に背負わせる」決意で厳しい態度をとった。それは、日中両国の国際社会との係わり方の違いをも表すものであろう。

一九六〇年代末から一九七〇年代初めにかけて、アメリカは対アジア戦略および政策を大きく転換した。ニクソン大統領の訪中、ベトナム戦争の終結がそれを象徴している。当時新興援助国の日本は、対南ベトナム関係から調整し、北ベトナム、そして統一ベトナムとの関係の構築を模索し、社会主義国ベトナムへの援助を積極的に試みた。アジアへの援助を増加させることは、同盟国であるアメリカからの役割分担の要求をかわす役割も果たすが、アメリカから受けたニクソン・ショックを受けて、独自の外交の地平を広げるという願望にも適合するもので、地域秩序の再建に参与する手段でもあった。一九七三年の対北ベトナム援助の模索、そして一九七六年以降、南北統一を実現したベトナム社会主義共和国に援助を提供することは、西側の援助のイデオロギー色が薄れていくことを象徴する。資本主義陣営作りを補佐する援助が、秩序構築の必要に応じて、社会主義国家にも提供できるようになり、アジア冷戦の融解に寄与したように思われる。

中国は社会主義陣営作りの使命を負い、社会主義を掲げる北ベトナムに、長年、多大な、自国の経済力を超過するほどの負担をしてまで援助を提供してきたが、一九七〇年代半ば以降、まさにベトナムの社会主義国家の建設に成果が見えてきた時期に、援助を削減し、また陣営内の最後の抗争として、対ベトナム援助を、断固として、懲罰の意味合いも含めて中止した。ある意味では、社会主義陣営のために対ベトナム援助を開始し、北ベトナム援助をめぐって中ソ対立が激化する中、社会主義陣営のための援助を中止したことで、イデオロギー色の強い援助に終始したともいえる。しかし、懲罰として中止したということは、対外援助をイデオロギー競争の手段とすることを放棄したということも意味する。この点もアジア冷戦の融解に寄与したように思われる。一九七〇年代をへて、東アジア国際関係における援助の意味合いは、大きく変わったといえよう。

この時期において、日米中は、一種のトライアングル関係を形成していった。日本は援助を活用して、アメリカとの協調を図りつつ、また同時にアジア秩序構築に一人前の役割を果たすことを模索したのである。中国は対ベトナム援助の急増をもってアメリカとの対抗を示し、また対ベトナム援助の停止をもってソ連との対抗を示し、一九七〇年代末のアメリカとの戦略関係形成に加担した。トライアングル関係とは、日米中関係の協調と対立が併存するという状況として理解することができる。

東アジア地域の多極化ないし世界の多極化は、一九七〇年代から形成されてきたと言えるとすれば、対ベトナム援助をめぐる日米中関係は、その形成機運の一端として見ることができるかもしれない。

注

（1）「佐藤総理・ニクソン大統領会談（第三回一一月二一日午前）」、和田純・五百旗頭真編『楠田實日記　佐藤栄作総理首席秘書官の二〇〇〇日』（中央公論新社、二〇〇一年）、七七四―七七九、七八八―七九一頁。

（2）Airgram, A–547, Meeting of the Security Consultative Committee, July 16, 1971, 01403, DNSA.

（3）Memorandum for the President's File, Meeting with Eisaku Sato, Japanese Prime Minster, on Thursday, January 6, 1972, 01499, DNSA.
（4）「対アジア援助の基本構想」、一九六九年七月一一日、開示文書。
（5）日本の対ベトナム援助については、以下のような先行研究を参照されたい。田中康友「ベトナム戦争終結と日本外交――戦後秩序をめぐる経済大国としての外交」『国際政治』第一三〇号（二〇〇二年五月）（現代史としてのベトナム戦争）、一四三―一五九頁。廖沛伶「浅析日本対越南的政府開発援助」『東南亜縦横』二〇一一年九期、一七―二一頁。
（6）『朝日年鑑』一九七四年、二四五―二四六頁。
（7）日越国交正常化ついてには、伊藤剛「日越国交正常化と日米関係」『年報政治学』（一九九七年）五九―七七頁を参照されたい。
（8）「わが国と北ヴィエトナムとの間の外交関係設定に関する説明要領」、一九七三年九月一九日、開示文書。
（9）「有田外務審議官の北越要人往訪の際の問題別応待（ママ）要領案」、一九七六年二月一七日、開示文書。
（10）「わが国の対北越外交の考え方」、一九七六年三月二二日、開示文書。
（11）「わが国の対越経済協力」、一九七九年一二月四日、開示文書。
（12）「最近のインドシナの動向とわが国の経済協力の基本的な考え方（メモ）」、一九七八年九月一三日、開示文書。
（13）「有田外務審議官の北越要人往訪の際の問題別応待（ママ）要領案」、一九七六年二月一七日、開示文書。
（14）「わが国の対北越外交の考え方」、一九七六年三月二二日、開示文書。
（15）「最近のインドシナの動向とわが国の経済協力の基本的な考え方（メモ）」、一九七八年九月一三日、開示文書。
（16）「最近のインドシナの動向とわが国の経済協力の基本的な考え方（メモ）」、一九七八年九月一三日、開示文書。
（17）「わが国の対北越外交の考え方」、一九七六年三月二二日、開示文書。
（18）「有田外務審議官の北越要人往訪の際の問題別応待（ママ）要領案」、一九七六年二月一七日、開示文書。
（19）「わが国の対北越外交の考え方」、一九七六年三月二二日、開示文書。
（20）外務大臣から在越大使宛電「カンボディア情勢に関連してのわが国の対越経済協力」、一九七九年一月二三日、開示文書。
（21）「わが国の対越経済協力」、一九七九年一二月四日、開示文書。
（22）外務大臣発在越大使宛電「対越経済協力（対外応答要領）」、一九八〇年一月九日、開示文書。

(23) 外務大臣発在越大使宛電「対越経済協力（対外応答要領）」、一九八〇年一月九日、開示文書。
(24) 「第九十一回通常国会用擬問擬答集（インドシナ、難民、ASEAN諸国、西アジア問題等関係）」、一九八〇年一月一八日、開示文書。
(25) 「対越援助方針」、一九八〇年一月二八日、開示文書。
(26) 外務大臣発在越大使宛電「対越経済協力」、一九八〇年二月四日、開示文書。
(27) 「対越経済協力想定問答」、一九八〇年三月一〇日、開示文書。
(28) 「決済書　対越援助方針」、一九八〇年三月六日、開示文書。
(29) 東郷大使より外務大臣宛電「ヴィエトナム問題（A）」、一九七九年九月二一日、開示文書。
(30) 「アジア局長の米側との意見交換（インドシナ関係部分）」、一九七九年九月一四日、開示文書。
(31) 「福田総理・鄧副総理会談記録（第一回目）」、一九七八年一〇月二三日、開示文書。
(32) 「総理―鄧副総理全体会議（要録）」、一九七九年二月七日、開示文書。
(33) 「柳谷アジア局長の中国出張の際の中国側要人との会談記録（項目別）」、一九七九年六月二五日、開示文書。
(34) 吉田大使発外務大臣宛電「総理訪中（大平総理―トウ小平会談）（A）」、一九七九年一二月七日、開示文書。
(35) 中国の対ベトナム援助について、以下の研究を参照されたい。李丹慧「中蘇関係与中国的援越抗米」『当代中国史研究』一九九八年三期、一一一―一二五頁。周弘編『中国援外六〇年』の第四章「二〇世紀五〇年代から七〇年代末まで中国の対東南アジア諸国の援助」社会科学文献出版社、二〇一三年、一七三―二三五頁。張勉励「中国援越歴史回溯」『世界知識』二〇一一年一三期、一八―二一頁。唐慧雲『試析中国対越南援助（1950-1978）』（二〇〇九年華東師範大学に提出した修士論文）。また、インターネット上では、対ベトナム援助関係の論稿が多い。例えば、『騰訊評論』の論稿「一九五〇―一九七八年中国はベトナムにどれぐらいの援助を与えたか?」（http://view.news.qq.com/zt2013/kmyy/index.htm. 二〇一六年八月二四日アクセス）など。
(36) 楊明偉「同志プラス兄弟――周恩来とホー・チ・ミン半世紀の付き合い」、『炎黄春秋』一九九四年一一期、四―一〇頁を参照。
(37) 鳳凰網「歴史」の論稿、「中国援越二五年紀実：中国対越南援助了多少物資」（二五年間の中国の対ベトナム援助ドキュメンタリー：中国はベトナムにどれぐらいの物資を援助したか）、『正眼看越南』（ベトナムを直視する）、（http://news.ifeng.com/history/shijieshi/special/zhengyankanyuenan/. 二〇一六年一〇月三日アクセス）。

(38) 中共中央文献研究室『周恩来年譜』(下巻)【一九七一年三月三日】、中央文献出版社、二〇〇七年。
(39) 舒雲「糾正与国力不符的対外援助」(国力に相応しくない対外援助を補正せよ)『同舟共進』二〇〇九年一期、四二頁。
(40) 沈志華「中米和解与中国対越外交(1968-1973)」『米国研究』二〇〇一年一期、九八―一一七頁。
(41) 鄧礼峰「援越抗米述略」『当代中国史研究』二〇〇二年一期、九二頁。
(42) 『周恩来年譜』(下巻)、【一九七三年六月七日】。
(43) 中華人民共和国外交部編『中華人民共和国条約集』第二一集(人民出版社、一九八一年)四一―四二頁。
(44) 《方毅伝》編写組『方毅伝』(人民出版社、二〇〇八年)五一一―五一二頁。
(45) 『人民日報』一九七八年七月四日第一版：王泰平『中華人民共和国外交史』第三巻(世界知識出版社、一九九九年)六九頁。
石林編『当代中国的対外経済合作』(中国社会科学出版社、一九八九年)六五頁。
(46) 『方毅伝』、四八〇頁。
(47) 『方毅伝』、五〇一―五〇三頁。
(48) 『方毅伝』、五一一―五一二頁。
(49) 『方毅伝』、五一三頁。
(50) 楊奎松『冷戦時期的中国対外関係』(北京大学出版社、二〇〇六年)。
(51) 李丹慧「中蘇在援越抗米問題上的分岐和衝突(1961~1973)」(http://www.zaidian.com/show/fry1XBfiJ0xjBD3R.html. 二〇一六年一〇月三日アクセス)。
(52) 郭明『中越関係演変四十年』(広西人民出版社、一九九二年)六九、一〇三頁。
(53) 一条線とは、一本の線で、「一条線」戦略とは、一九七〇年代初期に、毛沢東はソ連を階級の「主要敵」と規定し、アメリカに接近し、米国を含めた世界各国を「一条線」(一本の線)のように団結させてソ連を牽制する戦略を打ち出したことを指す。
(54) ボーゲル(Ezra F. Vogel)著、馮克利訳『鄧小平時代』(中文版)(香港中文大学出版社、二〇一二年)一三六頁。
(55) 『方毅伝』、五一一頁。

(徐　顕芬)

第Ⅱ部

アジアの歴史認識問題

第5章 日中関係における「歴史問題」

はじめに

一九八〇年代以降「歴史問題」は日中両国の対立する大きな争点として浮上しており、特に近年において、日中両国の関係は歴史問題をめぐり悪化している。

日中両国の関係悪化の引き金となる歴史問題あるいは歴史認識問題は、国民アイデンティティの問題、公的記憶の形成に影響を及ぼす歴史教育と記憶の問題、国内の政治問題にもかかわる複雑な問題であるが、日中関係における「歴史問題」を取り扱う研究はすでに数多く存在している。あえて分類するならば、これまでの先行研究は以下の四つのテーマを中心に展開されている。

第一に、日中の外交紛争に発展した外交問題としての「歴史問題」である。日中関係における「歴史問題」としてしばしば言及されているのは靖国神社参拝問題、歴史教科書問題などである。多くの研究は、「歴史問題」において中国国内の政治展開の影響を指摘し、中国で繰り広げられる権力闘争が日中関係に大きく作用しているとしている。

第二に、「歴史問題」における和解の問題である。Yinan He の近著 *The Search for Reconciliation*[1]は第二次世界大戦後における日中とドイツ・ポーランドの和解プロセスを比較して、その違いを明らかにしようとした優れた研究である。

第三に、史実をめぐる日中歴史認識の相違を究明する学術研究である。満州事変、南京アトロシティズといった歴史的出来事に関して、史料を用いた研究においても日中の歴史認識に違いが生じているが、その違いを明らかにしようとした研究も進み始めている[2]。

第四に、政府の「戦後処理」の問題である。特に中国政府がどのように日中戦争を検証し、歴史の負の遺産をどのように処理しようとしたのかについては、中国の政治体制に起因するところが大きいが、この分野における研究は殆ど行われていないのが実情である。

「歴史問題」は間違いなく日中関係の障害要因となっており、上述のようにすでに多くの研究がなされている。しかしながら、そもそも「歴史問題」とは何を指しているのか？　本章はこうした問題意識から出発し、「歴史問題」が中国にとってどのような意味を持っているのかについて論じることとする。

中国における「歴史問題」の持つ意味の変遷プロセスを検討するならば、以下の三つの時期に分かれると考えられる。

（1）戦争責任の「官民二分論」
（2）「歴史問題」の変質
（3）「歴史問題」の拡散

以下、この三つの時期における中国の対日政策と「歴史問題」の意味を順次論じていくこととする。

1　戦争責任の「官民二分論」

（1）「官民二分論」と対日外交政策の策定

「官民二分論」は階級闘争の理論に依拠し、プロレタリアートの政党として自然な発想であることから、世界革命を目指していた改革開放以前の中国共産党の対外認識はこの「官民二分論」に基づき形成されていた。

朝鮮戦争の勃発により、冷戦構造がアジアにおいても浸透するようになった。日本政府は一九五一年九月にサンフランシスコ講和条約、日米安全保障条約に署名し、一九五二年四月に日華平和条約を台北政府と締結し、中国を代表する正当政府として台湾を承認した。その後のアジアにおける冷戦の流れ、そして中国の対日政策の流れのなかで、新生中国も蒋介石時代からの「軍民二分論」を継承し、「官民二分法」に基づく対日政策を採用した。

北では朝鮮戦争、南ではインドシナ紛争、東側では大陳島を基地とした国民党による海上封鎖があり、一九五〇年代初頭の中国はいわゆる「三日月形」の安全保障の脅威にさらされていた。厳しい安全保障環境に直面した中国にとり、米中対決が安全保障上の最重要課題となった。こうしたなか、中国はアメリカの対中封じ込めの一端を担っている日米安保条約を「新たな侵略戦争を準備する条約」として捉え、「アメリカ支援の下での中国に対する日本の攻撃」は建国早々の中国には現実味を帯びた軍事脅威の一つとして映っていたのである。一九五〇年二月に締結された「中ソ友好同盟相互援助条約」の冒頭において、「日本帝国主義の復活及び日本国の侵略又は侵略行為についてなんらかの形で日本国と連合する国の侵略の繰り返しを共同で防止する」[3]ことが条約の目的であると明記されていたほどであった。こうした日本脅威論を、米中接近、日中国交正常化まで中国は一貫して持ち続けていたのみならず、徐々にエスカレートさせていった。中国に対する日本の軍事脅威を取り除き、日米による対中封じ込めを切り崩すことが中国の対日政策の中心となった。

中国の対日外交は朝鮮戦争の停戦を契機に徐々に動き出した。朝鮮戦争の停戦は特に「日本人民」が極東各国と正常な関係の樹立を求める行動に有利に働くという情勢判断[4]のもとで、中国による対日攻勢も活発化した。一九五二年六月に第一次日中民間貿易協定、一九五三年一〇月に第二次日中民間貿易協定、一九五五年三月に第三次日中民間貿易協定が結ばれた。そして中国在留邦人の引き揚げ問題、日本兵捕虜の帰還問題が五二年末ごろから五三年にかけて解決に向けて始動するとともに、限定的であるが文化・人的交流も行われた。

こうした積極的な対日攻勢は戦争責任の「官民二分論」とセットで動いていた。一九五三年九月に訪中した社会運動家である大山郁夫と会見した際に、周恩来首相は、「日本軍国主義分子による対外侵略という犯罪行為は中国人民及び極東各国の人民に多大な損失をもたらしたのみならず、日本人民にも未曾有の災難をもたらした」と発言し、そのうえで「日本の反動勢力はアメリカの属国で軍国主義の日本を追い求めている。独立、平和、民主、自由の日本が日本人民の奮闘目標である[5]」との見解を示し、「中国人民は日本人民による祖国の新生と独立を希望する」と論じた。つまり、中国は「日本の反動勢力」と「日本人民」を区別し、「日中両国人民の連携」により日中関係の打開を試みようとしていたのである。

「官民二分論」に基づく対日外交攻勢はジュネーブ会議やバンドン会議を契機にさらに勢いを増した。ジュネーブ会議、バンドン会議で展開されていた中国の対外政策は、日本を含めた西側諸国との関係改善、アジア・アフリカ諸国への接近という二つの柱からなり立っていた。西側諸国との関係改善の流れのなかで、第三次日中民間貿易協定が結ばれたのである。

しかしながら一九五〇年代前半に見られた「積み上げ方式」を特徴とした中国の対日外交はアドホックに展開されていたものであり、必ずしも明確な対外戦略に基づいていたものではなかった。ジュネーブ会議、バンドン会議を通じて西側諸国に対する政策が中国の対外戦略の重要な柱として浮上するようになったことに伴い、一九五五年に中国の対日政策も具体的に議論されるようになった。

日本との人的交流が拡大するなか、一九五五年に中国はこれまで展開してきた対日政策をより精緻化して対外的に説明する必要があるとの認識に至り、建国後初めての対日政策指針の作成に着手することとなった。鳩山政権の発足で日中関係が動き出したことを受け、外交部は鳩山内閣が日中貿易拡大に積極的な姿勢を示したと受け止め、鳩山内閣の姿勢に中国も積極的な反応を示すべきだと上層部に政策提言を行ったのである(6)。そこで、中国共産党の対外関係に責任を負う王稼祥の主導のもとで、一カ月をかけて、「対日政策と対日活動に関する中共中央の方針と計画」が作成された。

この「方針と計画」において定められた対日政策の基本原則には以下の五点が含まれており、「官民二分論」に基づく内容となった(7)。


第一に、日本からの米軍撤退を主張し、日本での米軍基地の設置に反対する。

第二に、平等互恵の原則に基づき、日中関係の改善を目指し、外交関係の正常化を徐々に達成するよう努力する。

第三に、日本人民を獲得し、中日両国の人民の友誼を築き上げ、日本人民の境遇に同情を示す。

第四に、日本政府に圧力をかけ、アメリカを孤立させ、中国との関係を変えるよう日本政府に圧力をかける。

第五に、反米、日本独立ならびに和平民主を求める日本人民の運動に間接的な影響を与え、支持する。


更に日本の戦争賠償問題、日中の戦争状態の終結問題については、両国関係正常化の状況になってから解決する原則も合わせて定められた(8)。国共内戦期において、日本による戦争賠償問題において、中国共産党にとっての最大の懸念は戦後賠償が国民党政府に支払われることにあった(9)。新中国設立後中ソ友好同盟が締結されてから、中国とソ連はフィリピン、インドネシア、ミャンマー（当時ビルマ）などの国の対日戦争賠償請求を支援するために、日本の戦争賠償責任を主張していた(10)。日本に対する戦争賠償の請求放棄が正式に決定されたのは一九六四年の時であるが、しかし対日戦争賠償の請求放棄は一九五五年の時点で検討された節もある。

一九五五年は中ソ関係が蜜月の時期であり、中ソ両国は対外政策において緊密な関係を保っていた。王稼祥のリーダーシップの下で作成された「方針と計画」は一九五五年三月一日に中共中央政治局会議で承認されたものであるが、その約半年後の一〇月一二日、中国とソ連は「日本関係に関する中ソの共同声明」を発表し、さらに一〇月一九日に「日ソ共同宣言」が署名された。そして日ソ共同宣言の第六条に「ソヴィエト社会主義共和国連邦は、日本国に対し一切の賠償請求権を放棄する」ことが明記されたのである。そもそも一九五五年六月から日ソ国交回復交渉が行われたが、その交渉プロセスにおける進捗状況はソ連側から詳細に中国政府に伝えられていた[11]。そして中国政府はソ連の対日外交を支持する姿勢を前面に出すために、日ソ国交回復交渉の期間中に一連の日中関係に関する談話を出したという。こうした極めて親密な中ソ関係の状況において、対日戦争賠償請求権の放棄問題に関しても、中ソ両国が歩調を合わせていたと考えるのが妥当であろう。

一九五五年三月一日に「方針と計画」が承認された後、同年一二月に中共中央がさらに対日政策を強化する方針を下し[12]、周恩来は日本との国交を目指しつつも、当面「元日本首相の訪中を実現させ、日中国交正常化を促進する」という道筋を示した[13]。

このように、一九五五年に中国の対日外交政策が策定され、そして全体の対外戦略において日本は西側諸国に分類され、その後の中国の対日外交が進められるようになった。中国政府は向ソ一辺倒の基本政策を堅持しつつ、日本からの米軍撤退、日中国交正常化を目標とし、「官民二分論」の論理を展開し日本の世論を獲得しつつ、日本国内の政治運動にコミットすることとなった。

(2) 対日政策の転換と「劉連仁事件」

日本を含めた西側諸国との関係強化の動きは長く続かなかった。一九五八年三月の成都会議において強硬な対日政策への転換がなされ[14]、五月に発生した長崎国旗事件を契機に、中国は日中の通商・貿易交流を断絶することを宣言した。

成都会議と前後にして発生したのが「劉連仁事件」である。この事件は今では中国から日本に戦争賠償を求めた最初のケースとして中国では極めて重視されている。しかしながら、劉連仁事件発生の当初において、中国政府は対日賠償を唱えていたとはいえ、賠償請求が必ずしも当時の対日政策に組み込まれていたとは言い難い。

劉連仁は一九四四年九月に旧日本軍に強制労働者として北海道に連行された。北海道の明治鉱業KK昭和鉱業所での強制労働に耐えきれず、劉連仁は四五年六月に逃亡した。[15] 終戦も知らずに北海道の山中で逃亡生活を続けていたが、一九五八年二月にようやく雪山で発見された。

『人民日報』で劉連仁事件が報道されたのは一九五八年三月初めであったが、その時劉連仁はすでに日本政府に対して損害賠償を求めていた。当初『人民日報』は劉連仁が発表した二月二六日付の声明、ならびに日中友好協会、日中国交回復国民会議、中国人俘虜殉難者慰霊実行委員会、日本平和委員会、中国帰還者連絡会などが劉連仁事件に関する抗議声明について報道したもの[16]の、中国政府の立場については明確にしていなかった。

しかし成都会議で柔軟な対日政策を主張する周恩来が自己批判を行ったあたりから、劉連仁事件に関連した中国側の動きは活発化した。吉林省にいる劉連仁夫人の周玉蘭が日本政府に対して「一四年間夫が受けたさまざまな損害の補償を行う[17]」ことを求め始め、そして中国赤十字もこの問題に関して多くの声明を出すようになった。三月二〇日に、中国赤十字の彭炎副秘書長も劉連仁の弟から中国赤十字を通じて日本政府に対する賠償請求を求めていることを発表し、「一三年もの長きにわたる悲惨な生活に対して陳謝、賠償を求める権利は当然あると思われる[18]」との中国政府の立場を明らかにした。

さらに四月一〇日に、中国赤十字の責任者の発言として、中国は参議院での日本外務省アジア局の答弁を問題視した。問題となった国会答弁は外務省アジア局長板垣修が三月二五日に行ったもので、次の発言である。「戦時中中国から相当多数の労働者が日本へ来て働いていたわけですが、この身分につきましては、通常、俘虜とか何とか言っておられますが、私、現地で直接会って承知いたしておりますが、俘虜ではございません。全部、身分が俘虜であった者も、現地で日本に送る前に身分を切りかえまして、雇用契約の形でみな日本に来ております。従って、通常言われる俘虜という身分ではございません[19]」。劉連仁は「契約労働者」であるという外務省アジア局長が示した見解に対し、中国赤十字は談話を発表し、「日本軍国主義は中国を自国の植民地としてみなし、中国人民を自分の奴隷とみなしていた当時の状況において、どこが『契約』といえるか（傍点、筆者）[20]」と反論した。そして強制労働者の問題について、「中国赤十字は侵略戦争で日本に連行された中国人の名簿を日本に求めたことがある。日本人民は努力を払い、過去五年間二〇〇〇名あまりの殉難烈士の遺骨を送り返してくれたが、しかし殉難した強制連行者の同胞に対して全責任を負うべきである日本政府からはいまだにはっきりした説明がない[21]」と岸政権を強く批判した（傍点、筆者）。

四月一五日に劉連仁は帰国したが、劉連仁とともに強制連行された中国人の遺骨一四八体も天津港に到着した。このことに関して、中国は「日中両国人民の友好を積極的に促進する日本人民の具体的な行動である」との認識を示し、「日本人民に感謝の気持ちを伝えたい[22]」と内外に向けて発信した。

さらに四月末にかけて、中国全土で強制労働者問題にかかわる岸政権批判のキャンペーンが展開された。「中国人民が大きな損失を被ったことについては、日本政府に対して賠償を請求する権利があり、強制連行されたすべての中国人に関する日本政府の責任ある説明を求める権利がある[23]」。日本政府がフィリピンやインドネシアに対する戦争賠償にすでに合意したことを踏まえて、中国も岸政権に対して賠償請求権を主張したのである。

このように、戦争賠償を求める中国の政府見解が成都会議後になってようやく出され、また賠償問題も岸政権に対する批判の流れで言及されていた。だが、この時期において中国政府が日本に対して賠償請求に舵を切ったわけではない。

（3）「官民二分論」の定着

一九六〇年代に入ってから、日本の対東南アジアへの経済援助、戦後賠償が進むなか、中国にとって日本の戦争賠償には否定的なイメージがまつわるようになった。日本は戦争賠償を通じて東南アジアの市場を獲得し、経済的拡張を試みようとしているという論調で、中国は日本に対する批判を繰り広げた。こうしたなか、中国に対する戦争賠償あるいは強制労働者と関連付けた対日批判はひそかに姿を消し、一九六四年に戦争賠償請求の放棄を正式に決めたのである(24)。

一九六〇年の日米安保改定を受け、日本国内で安保闘争、反基地運動、反戦運動、日中国交を求める運動が盛んとなった。中国は日米安保条約を「危険」な動向として捉えていた。中国は「日本の軍事力が増強されており、軍拡を進め、核武装を準備している」と認識し、「軍国主義の経済基礎は戦前の水準を超えており、軍国主義分子が計画的かつ徐々に、統治機構を自分の手中に収めている(25)」との危機意識をあらわにした。そして、中国は「日米安保条約の範囲は中国の沿海地域を射程に入れている(26)」と見た。

中国にして見れば、「日米安保条約によって、日本は海外派兵できるようになり、なによりも重要なのはアメリカが日本を利用してアジアで冷戦を作り出そうとしていた(27)」。アメリカの侵略そして日本の軍国主義再起に対抗するためには、中国はアジア・アフリカとの団結を強化するほかないと考えられていた。

こうしたなか、戦時中にすでに形成されていた「日本人民被害者」論は六〇年安保闘争を契機に中国国内で一気に展開され、強調されるようになった(28)。一九六〇年前後日本で「強大な大衆運動が現れ、日本政府に対して中国を敵視する政策の変更を求めた」との認識(29)から、中国は日本に対する外交攻勢を再び強めた。

ＬＴ貿易と友好貿易が動き出したことを受け、「日中両国は実質的に半分国交が樹立した（半国交）」と中国は理解した(30)。この流れをさらに促進するために、一九六三年六月に、倉敷レイヨンが中国（中国技術輸入総公司）と契約を調印した。しかしながら、その後の周鴻慶亡命事件(31)でＬＴ調印はぎくしゃくし、日台関係もさらに緊張した。こうしたなか、日本政府は大型機械、プラントの対中輸出に今後輸出入銀行による融資はしないと明言し（吉田書簡）、交渉中であるニチボーからの中国へのビニロン・プラント輸出契約は結局失効となった。中国は日本との経済関係拡大に力を入れる一方で、他方において二つの中国政策を放棄しない池田内閣の「揺れ動く」政策[32]を強く批判した。

一九六四年一一月に、佐藤栄作政権が発足した。佐藤政権が岸政権の中国を敵視する立場を継承していると認識した中国は、日本国内で日中友好を求める大衆運動が日増しに高まっていると捉え、それを積極的に利用しつつも、佐藤政権を相手にせず佐藤政権を追い詰める政策を採用した。一九六五年の一年だけで日本から一八五の団体、三八〇〇人余りが訪中し、毛沢東と周恩来と面会した人も多数に上った[33]。

「民間交流」を重視する中国の対日アプローチに合わせて、一九六〇年代を通して、中国は戦争賠償に関する国内政治キャンペーンを控えた。対日賠償を求めるうえで重要な存在である劉連仁も文化大革命中、劉少奇と関係が近いという罪状で紅衛兵のつるし上げにあった[34]。

一九六八年八月のチェコスロバキアへのソ連の侵攻や一九六九年三月の珍宝島（ダマンスキー島）事件以降、ソ連による核攻撃の可能性が現実味を帯びてきた。一九六八年四月五日、「南方諸島及びその他の諸島に関する日本国とアメリカ合衆国との間の協定」が調印され、小笠原諸島は日本に復帰した。中国はこの動向を著しく重視し、小笠原諸島が中国を侵略する日米両国の軍事基地になることを強く危惧した。核戦争、米ソ二正面作戦に直面するなか、中国は米中接近、そして日中国交正常化に向けて動き出した。

日中国交正常化交渉にあたり、中国は日中復交三原則[35]を主張した。日中国交正常化交渉のプロセスにおいて、戦争の賠償請求の問題は一九七二年七月二五日から八月三日にかけての竹入義勝公明党委員長の訪中で早々に解決された。そもそも中国は一九六〇年代初めに戦争賠償の問題を議論し、すでに廃棄する方針を決定していたが、七月二七日に行われた一回目の会談の席で、周恩来は日本側が五〇〇億ドルとも予想していた賠償請求を放棄すると明言した[36]。さらに、日中共同声明が日米安保条約や一九六九年の佐藤・ニクソン声明に触れないことも周恩来は約束したという。[37]そして、一九七二年に締結された「日中共同声明」において、第五条において、「中華人民共和国政府は、中日両国国民の友好のために、日本国に対する戦争賠償の請求を放棄することを宣言する」ことが明記された。

正常化交渉にあたり、中国は戦争責任二分論の発想を貫いた。周恩来は周囲のスタッフに、「賠償のお金は詰まるところ、日本の庶民のポケットから出すものであり、庶民の税金を増やすことになるから」と説明していたという。[38]過去の中国の賠償経験に即しながら、日本の人民に負担を増やさないという説明はまさに「日本人民被害者」観に即したものである。

また「共同声明」において、「日本側は、過去において日本国が戦争を通じて中国国民に重大な損害を与えたことについての責任を痛感し、深く反省する」との表現が用いられた。当初、姫鵬飛外相が「中国は日本の一部の軍国主義勢力と、大勢である一般の日本国民とを区別して考えており、中国の考えは、むしろ日本に好意的である」[39]と主張していたが、大平外相は「田中総理の訪問は、日本国民全体を代表して、過去に対する反省の意を表明するものである。従って、日本が全体として戦争を反省しているので、この意味での表現方法をとりたい」との見解を示した。最終的には、日本側の意見が「共同声明」に反映されたが、日中国交正常化に関する国内の説得工作においては、依然としてこの「軍民二分論」が用いられた。

2　「歴史問題」の変質

(1)「官民二分論」の変質

日中共同声明の締結によって、日中二国間で戦争賠償の問題は政治的に決着がついた。しかし、「歴史問題」はただ一時的に棚上げされただけにすぎなかった。日中国交正常化のために中国を訪れた際に、日中両国の不幸な過去について「この間わが国が中国国民に多大なご迷惑をおかけしたことについて、私はあらためて深い反省の念を表明するものであります」という田中角栄首相の「ご迷惑発言」に対して、中国側が反発したことは歴史問題の根深さを如実に表している。

日中国交正常化交渉において、戦争責任について、日本側から中国側に対して確認したことがある。「単に、損害を与えたという事実に伴う責任を十分に反省しているという意味に理解してよいのか。つまり、文字通り損害を与え、責任を感じ、深く反省するという意味であると理解して差支えないか」との大平外相の問いに対して、中国側は「その通りである」(40)と答えた。このように、「損害を与え、責任を痛感し、反省する」の三点は日中国交正常化時において、中国側が考えていた戦争責任の負い方であったといえよう。

しかし早くも一九八〇年代初頭から「損害を与え、責任を痛感し、反省する」の三点合意が、歴史教科書問題と靖国参拝問題などの問題とともに、一連の政治家の不規則発言による罷免劇によって揺さぶられることとなる。八二年五月末から六月にかけて、趙紫陽首相が訪日し、「日中関係正常化以来の一〇年間、両国間には平和かつ友好的な政治関係と平等互恵の経済関係が確立されている」とそれまでの日中関係を高く評価した。しかし、趙紫陽訪日直後、いわゆる「教科書問題」(六月)が発生した。その後日本政府は検定制度の仕組みについて中国に説明し、九月はじめに中国政府は日本の説明に理解を示し、歴史教科書問題は沈静化へ向かった。しかし一九八六年になると、「日本を守る国民会議」編纂の高校用日本史教科書をめぐる教科書問題(「第二次教科書問題」)が発生し、さらに光華寮問題もあり、中国は再び日本に対して厳しい非難を繰り広げた。

一九八五年八月一五日、中曽根首相が戦後初めて首相として靖国神社を公式参拝した。これを受け、九月一八日に北京大学を中心とする学生によるデモが行われ、学生デモは中国国内各地に飛び火した。

閣僚の靖国参拝問題をめぐる応酬はその後も日中間で度々なされたが、一九八五年の靖国神社参拝問題を通じて、戦争責任が問われるべき対象については、日中両政府の間で一応の合意が得られた。中国はもともと「A級、B級、

C級戦犯全員を含む」と考えていたが、「B級、C級まで含めては日本国民としては承服できない」という、作家山崎豊子、元駐中国大使中江要介の説得により、当時の最高指導者であった胡耀邦が日本側の主張に同意したという(41)。

歴史教科書問題や靖国参拝問題に際し、中国政府は「戦争責任二分論」を固持し、そして「戦争責任二分論」を前提とした両国関係を構築しようとした。しかしこの時期の「戦争責任二分論」は、すでに一九五〇年代以降の「官民二分論」から、「軍国主義分子／右翼勢力vs日本人民と与野党」の「二分論」へと密かにすり替わってしまったのである。日中国交正常化以降、中国は「日本におけるごく一握りの軍国主義分子が侵略戦争に関する責任を負うべきで、日本の広範な人民と戦後の与野党ではない(42)」との認識に立ち、一九八〇年代における歴史教科書問題、歴史問題は「重視と警戒に値する傾向」としつつも、「ごく一部の人たちが軍国主義復活のために世論作りをしている」との認識を披露していた(43)。

「戦争責任二分論」に基づき、日中関係の悪化の原因を「一握りの軍国主義分子や右翼分子」に求めるロジックは、一九七〇年代において日中関係をある程度安定させる役割を果たせた。一九七四年靖国神社法案が衆議院で可決されたことに関連して、中国は同法案を「侵略戦争を美化し、軍国主義を復活させるための法案」と糾弾しつつも、これは「自民党内のごく少数の右翼分子によるファシズム行為(44)」との見解も同時に示し、両国政府関係への影響を必要最小限に抑えた。

しかしながら一九八〇年代初めごろから、「軍国主義分子／右翼勢力vs日本人民と与野党」という「戦争責任二分論」はほころび始めたのである。「損害を与え、責任を痛感し、反省する」という七二年合意に反する言説や行為を「軍国主義の残存勢力及びその影響を受けた人々」による「軍国主義復活」の動向として捉えられることは、一九八〇年代において、すでに難しくなった。一九八五年の中曽根首相による靖国参拝が日中関係に波乱をもたらしたことは一般的に知られているが、実際には一九八〇年から、中国政府はA級戦犯の合祀問題、閣僚の靖国参拝問題を毎年のように批判を行っていた。一九八〇年の参院選の公約において「公式参拝」、「国家護持」を掲げる自民党が大勝を獲得した。そして一九八一年に「みんなで靖国神社に参拝する国会議員の会」が結成された。こうした日本の動きを「軍国主義分子／右翼勢力vs日本人民と与野党」の「戦争責任二分論」では解釈できず、このため、中国はただ「それでも反対勢力も大きい」[45]と論じるにとどめたのである。

(2) 戦後処理問題の変質

国民の戦争賠償の権利を主張する動きは一九八〇年代後半から活発化するようになった。一九八七年一一月にアメリカで「日本に対して賠償を求める同胞会準備委員会」が設立された。この時期、海外在住の中国人を中心に戦争賠償を求める活動が展開されていた。しかしながら、中国国内にも声を上げる人々が出てきたことも見逃せない。一九八八年に、山東省の村民が日本大使館に損害賠償を求める文書を提出した。

一九九〇年代に入ってから、中国国内で賠償を求める動きは一気に活発化した。一九九一年三月、北京大学の童増が全国人民代表大会（以下、全人代）に対し、「日本に被害賠償を求めることは一刻も猶予できない」と題する意見書を提出した。同意見書を重視した江西省、雲南省、貴州省、甘粛省、浙江省などの全人代代表も、同意見書を研究することを求める提案を提出した[46]。これ以降、こうした議案が毎年全人代の会期中に出された。

戦争賠償を求める声が中国の国内で高まるようになったのは、むろんのこと、中国政府に容認姿勢があったからである。一九九二年から中国政府は中国に遺棄された化学兵器の廃棄・処理に対する日本政府の責任を強調し、慰安婦問題や強制労働問題をめぐる民間賠償請求を容認する姿勢をとり始めた。同九二年四月に、呉建民・中国外交部スポークスマンが中国の戦争被害者は直接日本政府に対して賠償を求めることができると発言した。同月の江沢民訪日で「未来志向の日中関係の構築」の重要性が訴えられたが、日本に向かう北京空港では、「中国政府は戦争賠償を放棄したが、戦争賠償を求める民間の動きに制限を加えるものではない」と発言した[47]。国民の請求権を認めるという戦後処理に対する中国政府のこうした姿勢変更に伴い、戦争賠償問題が日中間の「歴史問題」として浮上したのである。

中国政府の姿勢変更に伴い、劉連仁が約三〇年ぶりにメディアに登場した。一九九二年一月に劉連仁は宮澤喜一首相に対し、「謝罪・賠償・記念館の設立」を求める公開書簡を出した[48]。さらに一九九五年六月、「花岡事件」の生存者や遺族ら一一人が当時の使用者であった鹿島組（現在の鹿島建設）に総額六〇五〇万円の損害賠償を求め、訴訟を起こした。この訴訟を皮切りに、「旧日本軍七三一部隊による細菌戦の被害者遺族」、「南京大虐殺の被害者」、「無差別爆撃被害者」、「元強制労働者」、「平頂山事件の被害者」、「化学兵器被害者」らが、損害賠償を求めて日本で裁判を起こすようになった。

二〇〇〇年一二月、魏香田ら元強制労働者であった一四人が中国河北省高級人民法院で熊谷組など五社の日本企業に対して訴訟を起こした。これは初めての中国国内で起こされた対日戦争賠償訴訟である。その後、上海や北京などの地方法院にも、三菱、三井に対する損害賠償を求める訴状が提出された。一九九〇年代初頭、中国政府は民間の戦争賠償を容認したものの、中国国内での訴訟を認めていなかったが、日本での訴訟に勝訴の見込みがほとんどないなか、二〇〇〇年になってようやく中国国内での訴訟に関して制限を緩めたのである。それでもさまざまな考慮により、二〇一〇年代までは対日の戦争賠償にかかわる訴訟は受理されていなかった。

（3）中国国内政治・社会の変容と「歴史問題」

一九七八年に改革開放政策が採択され、中国の対外政策も徐々にイデオロギーにとらわれない「全方位外交」への転換が図られるようになった。こうしたなか、中国は改革開放の資金と技術を提供してくれる日本をはじめとする西側先進国との関係強化に乗り出した。

その一方で、中国政府は過去の日中戦争を重視する姿勢へと転じたのである。朝鮮戦争期を除いた毛沢東時代において愛国主義的言説がほとんど浮上していなかったにもかかわらず、一九八〇年代前半から「愛国主義」を中心とした政治キャンペーンが繰り広げられた。こうしたことを背景として、一九八五年に南京大虐殺記念館、一九八七年に「抗日戦争勝利記念館」が建設され、一九六〇年代にはほとんど注目されなかった家永訴訟も大きく報道されるようになった。

「歴史問題」における政府姿勢の変化は中国国内の政治要請によるものが大きい。改革開放政策の執行で生じた中国共産党や社会主義への不信、民主化運動などに対応するために[49]、中国政府はマルクス・レーニン主義にとって代わる政治的凝集力を高める手段として、「歴史問題」に目を向けるようになったのである。

さらに、一九八〇年代に発生した歴史教科書問題や靖国神社参拝問題は単なる日中関係の問題にとどまらず、中国国内政治闘争とも連動した。当時の実質的最高指導者鄧小平が推し進める改革開放政策に反対する保守勢力は、「歴史問題」で浮上した国民の反日感情を利用・支援しつつ、巻き返しを図ろうとした[50]が、改革を主張する政府主流派は「歴史問題」で日本に対する強硬姿勢を見せることで政治基盤を固める必要があった。

愛国主義教育を重視するこうしたトップダウンの政治的思惑に加え、日中戦争や戦後処理に関心を寄せるボトムアップの動向が一九八〇年代以降中国国内で見られた。

一九八〇年代初頭から動き出した「第三次国共合作」と称される大陸と台湾との関係改善の動きも、歴史問題への注目度を高めた。国家統合を目指した愛国統一戦略の政治キャンペーンを背景に、大陸、台湾と香港（「両岸三地」）の間で文化交流が盛んに行われたが、「両岸三地」で共同制作の作品の時代設定は一九八〇年以降の「合作時代」か、国共内戦に突入する前の一九三〇年代という中国の古き良き時代に往々にして限定されてしまうため、日中戦争を題材とする作品が続々と誕生した。かくして、「第三次国共合作」は、日中戦争の歴史がクローズアップされるという意図せざる副作用を生み出したのである。

さらに、経済開発に伴い、日中政府の政治合意で解決済みのはずの戦後処理問題が再浮上した。南京大虐殺記念館の建設が南京市人民政府によって構想されたのは一九八三年末である。その発端は一九八二年の歴史教科書問題であると中国では認識されている。実際のところ、歴史教科書問題より前から、戦時犠牲者の遺骨が経済開発に伴い次々と掘り起こされ、中国国内で南京大虐殺に対する関心がすでに高まっていた。戦争の記憶を甦らせた国民の感情に配慮する必要性が生じていた状況下で、歴史教科書問題が実質的に収束した一年後に、南京大虐殺記念館の建設が議論されたのである。そして一九八五年に鄧小平が南京視察の際に記念館館名を揮毫し、記念館建設にお墨付きを与えた。こうしたプロセスにおいて、南京大虐殺に関する詳細な資料集、南京大虐殺を題材とした書籍が、戦後初めて中国で出版された。

二〇〇〇年代前半になると、経済開発の現場で、中国に遺棄された化学兵器による毒ガス事故（二〇〇三年八月黒竜江、二〇〇四年七月吉林、二〇〇五年六月広東）が次々と発生した。「新しい歴史教科書を作る会」が編纂した中学校歴史教科書問題や二〇〇一年四月に就任した小泉首相による毎年にわたる靖国神社参拝などで日中両国の政治的対立が続くなか、経済開発によって掘り起こされた戦後処理の問題は、歴史問題とあいまって、中国において国民を巻き込んだ大きなイシューとなった。

情報通信技術の発展は「歴史問題」をさらに複雑化した。二〇〇三年は「ネット・ナショナリズム元年」とも称されている。ネット利用者が急増し、メディアの市場化が進行し、そして情報が簡単に越境する状況において、中国政府による国内世論の統制と操作がうまく機能せず、二〇〇三年から二〇〇五年の間に大規模な反日デモが多発した。二〇〇四年七月から八月にかけてのサッカーのアジアカップにおける中国人サポーターの反日パフォーマンス、二〇〇五年四月に中国各地で発生した反日抗議デモなどは、当時の中国における特殊な社会状況と密接に関連している。

「全方位外交」のなかの日本重視姿勢は改革開放政策とともに動き出したが、こうした姿勢は冷戦終結後も貫かれており、日中関係の強化は今に至るまで中国外交における重要な課題となっている。他方において、一九八〇年以降の中国政治・社会の変容プロセスのなか、「歴史問題」も徐々に変質を遂げ、日中両国の大きな対立イシューに発展してきている。

(4) 対日感情の改善への取り組み

第一次安倍政権の発足とともに、中国は小泉政権でこじれた日中関係の修復に力を入れ始めた。日中両国の政治関係が改善されるなか、日中有識者による歴史共同研究も動き出し、温家宝首相が二〇〇七年四月に来日した際に、過去の歴史について日本は深い反省とお詫びを表明したことを「積極的に評価する」と表明し、中国の改革開放への日本の支援に対しても謝意を述べた。

「歴史問題」で日中両国が和解の姿勢を前面に打ち出すなか、中国政府は国内の対日世論の改善にも努めた。政府主導のもと、二〇〇七年に入ってから、政治や安全保障に重点を置いていた日本報道に日本社会を紹介する内容も取り入れ、また報道の内容もポジティブなものが増えた。二〇〇七年四月、温家宝首相訪日の前に、『岩松看日本（岩松が見た日本）（全二〇回）』の番組が中国中央テレビ（ＣＣＴＶ）で制作された。同番組は一般の日本人の生活を紹介するとともに、靖国神社や日本人の歴史観に関する特集も放送した。胡錦涛国家主席訪日直前の二〇〇八年五月に四川省で大地震が発生した際には、日本の救援隊の救助活動や犠牲者に黙とうをささげる記事ならびに映像が中国のメディアやインターネットで大きくクローズアップされ、中国人の対日感情の改善につながった。また歴史問題に関しても、日本人の「多様な歴史観」を紹介する努力がなされた。

そして、「戦争責任二分論」にも変化が生じた。二〇〇七年温家宝首相が日本国会で演説した際に、次のように語った。「日中戦争は日本人民にも多大な苦難と苦痛をもたらした。（中略）中国の上の世代の指導者は何度も指摘したことがあるが、戦争責任はごく少数の軍国主義分子によって背負うべきで、広範な日本人民も戦争の被害者で、中国人民は日本人民とは友好に付き合う必要がある」[51]。こうした「戦争責任二分論」を継承しながらも、温家宝首相は「日本は戦後平和発展の道を選んだ」と語った。

日中両国の政治的な歩みよりや、日本報道に関する中国政府の方針転換により中国における対日イメージが大きく改善された。しかしながらこのことは、日中関係における「歴史問題」の重要性が下がったことを意味するものではない。

中国における日本関連の報道から見れば、「歴史問題」は依然として大きな比重を占めていた。日中戦争に関する『人民日報』の報道件数でいえば、二〇〇七年を境に大きな変化は見られず、毎年一〇〇―二〇〇件の間で推移している。またこの間、南京大虐殺記念館の新装オープンや、東北三省陥落記念館の新築オープン、「九・一八事件」八〇周年記念活動など、抗日戦争に関連するイベントや行事も数多く開催された。

つまり第一次安倍政権の時期において、「歴史問題」を重視しながらも、「歴史問題」が日中関係に影を落とさないよう中国政府は配慮していたのである。こうした中国政府の取り組みにより、日中関係において「歴史問題」は依然として重要な作用を及ぼしながらも、中国の対日世論に対する「歴史問題」の影響は限定的となった。

3　「歴史問題」の拡大と拡散

(1)　歴史問題での対立、エスカレート化と多様化する対日認識

習近平体制も「戦争責任二分論」を継承している。日中関係が良好な時期には「歴史問題」について触れながらも対日批判が控えられていたが、二〇一三年一二月の安倍首相の靖国参拝以降、歴史問題に関する対日批判は一気に噴出した。

こうしたなか、南京大虐殺にまつわる中国での語り方も大きく変化した。南京大虐殺記念館が建設された一九八〇年代において、日中友好七団体が会館を訪れ、反省の意を表明したことは中国で大きく報道されていた。また日

中協会は南京で五万を超える「友誼の木」を植えたことで、中国では「贖罪の緑」と称され、評価されていた。しかしながら、「歴史問題」で日中両国が激しく対立する二〇一〇年代以降は様相が一変した。二〇一四年二月に全国人民代表大会常務委員会は、九月三日を抗日戦争勝利記念日とし、一二月一三日を「南京大虐殺犠牲者国家哀悼日」と定めた。二〇一四年は日中戦争の発端となった盧溝橋事件の七七周年にあたる。七月七日、習近平、兪正声などの中共中央政治局常務委員が中国人民抗日戦争記念館の記念式典に出席した。前月の六月には中国は南京事件と従軍慰安婦の関連資料を国連教育・科学・文化機関（ユネスコ）の世界記憶遺産への登録を申請し、また中央档案館や吉林省や浙江省などの地方档案館も相次いで日中戦争関連の档案資料を公開している。さらに、二〇一五年九月には戦後七〇周年を記念して北京にて軍事パレードが挙行された。こうした政府方針を反映して、中国の各種メディアでは抗日戦争勝利を記念する記事・広告、報道、ドラマ・映画などが溢れる様相を呈している。

日中両国が歴史問題で激しく対立するなか、民間賠償の動きも活発化している。二〇一四年三月には、中国の元強制労働者やその遺族が三菱マテリアル、日本コークス工業（旧三井鉱山）を相手に、損害賠償訴訟を起こし、北京市の第一級人民法院は中国の裁判所として戦時中の強制連行をめぐる日本企業への提訴を日中国交正常化以降初めて受理した。翌四月一九日に、上海海事法院が商船三井の船舶を突如差し押さえた。さらに、中国と韓国の元労働者や遺族団体による連携行動も見られるようになった。

他方、胡錦涛政権下で行われた対日イメージ改善の努力も実り、「右傾化」と「軍国主義へ回帰しようとしている」という安倍政権に対する政府認識を広範な中国国民が共有しつつも、日本製品、日本のサービス、日本の民度には好感を寄せている。つまり、中国の対日認識は多様化しており、歴史認識は中国の対日認識の一部を占めるにすぎなくなっている。

が含有しているイシューも拡散している。

（2）「戦後国際秩序」問題への収束と「歴史問題」の拡散

日中関係悪化以降のここ数年間、日中関係の抱えているすべての問題が「戦後国際秩序」に収束し、「歴史問題」が含有しているイシューも拡散している。

一九九六年の日米安保共同宣言以降中国は常に日本の軍事大国化を脅威視していたが、近年になると、日本の軍事大国化に対する懸念が戦後国際秩序とリンクした形で語られるようになった。二〇一五年に弾頭ミサイル防衛、サイバー、宇宙などの幅広い分野における日米安保・防衛関係の拡大と強化を目的とする新「日米防衛協力のための指針」が一八年ぶりに改訂され、そして安全保障関連法案も可決された。日米安保は「アジア太平洋地域、さらには世界全体の安定と繁栄のための『公共財』として機能」するようになったが、こうした動きはむろんのこと、経済成長を背景とする中国の軍事費増大や南シナ海及び東シナ海における中国の強硬姿勢に対する日本の高まる懸念を反映したものである。他方、中国は日米安保強化の動きを、アメリカのリバランス政策と関連付けてみている。アメリカは経済的には環太平洋パートナーシップ（ＴＰＰ）を推進し、軍事的には日米豪、日米豪印をはじめとするアジア太平洋地域における安全保障協力のネットワークの構築に力を入れている。中国はＴＰＰについて参加を検討すると冷静な反応を示しつつも、アメリカと日本が主導する安全保障ネットワークの構築を「中国を封じ込めるための戦略」と厳しく批判し、反発している。新華社は新日米防衛協力のための指針を、「安倍及びその周辺の右翼勢力が戦後国際秩序のボーダーラインを突破しようとする」[52]動きと評価し、また安全保障関連法案の可決は「戦争を発動できる国の再建を試みる動きであり、過去の歴史を再現する動きである」[53]と断じた。

尖閣問題をめぐり日中両国の対立が続いているが、中国は一九四三年「カイロ宣言」、一九四五年の「ポツダム宣言」を日本が受け入れた結果、尖閣諸島は台湾の付属諸島として、台湾とともに中国に返還されたと主張している。こうした中国の論調により、尖閣問題、台湾問題も「戦後国際秩序」の受諾問題の議論と結びつけられ、「歴史問題」となっている。

かくして日中両国が対立している多くの問題は、現在の中国の言説空間において、「歴史問題」に帰されているのである。

おわりに

中国政府は一貫して「戦争責任二分論」を主張している。中国にとって、「戦争責任二分論」は「日中友好」を推進する理論的根拠であり、日中両国の戦後処理の枠組みを提供している。

中国共産党のイデオロギーに合致している「官民二分論」は、日中国交正常化までの間、日中両国の国交を促進するための外交戦術として有効であった。中国が直面する軍事的脅威を軽減させるために、中国は日本における反米勢力や革新派などに働きかけ、日中両国の政治関係を促進し、日米関係にくさびを打ち込むべく日本政治の中立化を図ろうとした。こうした国交促進のための「戦争責任二分論」は日中国交正常化を境に、「軍国主義分子／右翼勢力 vs 日本人民と与野党」へと密かに変容しつつも、いまでも継承され、堅持されている。

「軍国主義分子／右翼勢力 vs 日本人民と与野党」というレトリックのもとで、中国政府は戦争賠償の請求権を放棄し、「損害を与え、責任を痛感し、反省する」ことを日本に求めたのである。一九七〇年代において「戦争責任二分論」は、確かに中国の反日感情を抑え込む上で大きな役割を果たし、日中関係の安定化にも寄与した。しかし日中友好を促進し、日中両国の戦後処理の枠組みを提供してきた「戦争責任二分論」は、一九八〇年代ごろから綻び始め、「日本軍国主義は日中人民の共通の敵」というレトリックを日中両国が共有することはもはや不可能となった。

さらに中国の国内政治と社会の変容プロセスのなか、「戦争責任二分論」が持つ日中両国の「歴史問題」を抑止する役割も失われるようになった。一九八〇年代ごろから、「歴史問題」は共産党政権の正統性、国家統合（台湾問題）、国内政治プロセス（政治闘争や国民感情）と連動するようになり、日中関係のみで語り切れない問題となった。さらに経済開発を契機に、戦後処理問題が再浮上し、国民レベルの戦争賠償請求も活発化した。トップダウンとボトムアップの動きの相乗効果のなかで、一九八〇年代以降、日中関係における「歴史問題」の重みは増大する一方となった。

また中国の言説空間において「歴史問題」が含有する意味も時代とともに拡大し、拡散しており、日中両国の「歴史問題」を深刻化させている。日中国交正常化の際に、中国にとっての歴史問題はいわば「損害を与え、責任を痛感し、反省する」の三点にとどまっていた。しかし一九八〇年代では教科書問題や靖国神社参拝、現在となっては安全保障に関する日中の相互不信、尖閣問題、台湾問題など日中対立の多くのイシューが戦後国際秩序と関連付けられており、「歴史問題」となっている。

「軍国主義分子／右翼勢力vs日本人民と与野党」に基づく対日認識は日本の政治社会の構造変化を的確に捉えきれず、また「戦争責任二分論」による「歴史問題」を抑止する役割が失われた今日において、中国国内からも「戦争責任二分論」の有効性を問う声が上がっている。しかしながら、「戦争責任二分論」は戦後処理の枠組み、日中両国の関係強化の理論的な根拠を提供し、日中関係の根幹にかかわる問題であるだけに、中国政府は難しいかじ取りを迫られている。また歴史問題は日中関係の最大の障害の一つであり、日中関係を改善するうえで歴史問題の解消は急務であるが、「歴史問題」が拡散している以上、「歴史問題」の解決も一筋縄ではいかず、難しい局面に陥っている。

注

（1）Yinan He, *The Search for Reconciliation : Sino-Japanese and German-Polish Relations since World War II*, New York : Cambridge University Press, 2009.

(2)　こうした研究には、劉傑・三谷博・楊大慶編『国境を超える歴史認識――日中対話の試み』(東京大学出版会、二〇〇六年)、服部龍二『日中歴史認識――「田中上奏文」をめぐる相剋　1972–2010』(東京大学出版会、二〇一〇年)などがある。

(3)　「ソ中友好同盟相互援助条約(ソヴィエト社会主義共和国連邦と中華人民共和国との間の友好、同盟及び相互援助条約)」(http://www.ioc.u-tokyo.ac.jp/~worldjpn/documents/texts/docs/19500214.T1J.html, 二〇一五年六月二六日アクセス)。

(4)　『日本問題文献匯編(第一集)』(世界知識出版、一九五五年)一一六頁。

(5)　『人民日報』一九五三年一〇月一〇日。

(6)　「関於日本目前的形勢和鳩山内閣的外交政策」、外交部档案、105–00156–03。

(7)　張香山『中日関係的管窺与見証』(当代世界出版社、一九九八年)二二六―二二七頁。

(8)　張香山「通往中日邦交正常化之路」『日本学刊』(一九九七年第五期)六―七頁。

(9)　一九五二年四月二八日に調印された日華平和条約において、中華民国は日本に対する賠償請求権を放棄した。その経緯については、奥田安弘・川島真ほか『共同研究　日中戦後補償』(明石書店、二〇〇〇年)を参照。

(10)　楊光「中共関於日本戦争賠償政策的演変」『歴史教学』(二〇一〇年第一二期)九―一〇頁。

(11)　石善濤「日本鳩山一郎内閣時期中蘇対日復交問題歴史考察」『当代中国史研究』(二〇一三年第五号)六〇―六二頁。

(12)　林暁光、周彦「20世紀50年代中期中国対日外交」『中共党史研究』(二〇〇六年第六期)五七頁。

(13)　呉学文「風雨陰晴――我所経歴的中日関係」(世界知識出版社、二〇〇二年)五七頁。

(14)　青山瑠妙『現代中国の外交』(慶応義塾大学出版会、二〇〇七年)一八一―一九一頁。

(15)　『朝日新聞』一九五八年三月二四日、一九五九年四月九日。

(16)　『人民日報』一九五八年三月四日、一九五八年三月七日、一九五八年三月一一日、一九五八年三月一七日、一九五八年三月二七日。

(17)　『朝日新聞』一九五八年三月二四日。

(18)　『読売新聞』一九五八年三月一二日。

(19)　第二十八回国会、参議院予算委員会第二分科会(総理府のうち調達庁、防衛庁、経済企画庁、科学技術庁、外務省及び通商産業省所管)会議録第三号、一九五八年三月二五日。国会会議録検索システム(http://kokkai.ndl.go.jp/SENTAKU/sangiin/028/

0522/0280325052203.pdf 二〇一五年六月二六日アクセス)。
(20)『人民日報』一九五八年四月一〇日。
(21)同上。
(22)『人民日報』一九五八年四月一七日。
(23)同上。
(24)一九六四年に、中国が賠償請求放棄した理由については、朱建栄「中国はなぜ賠償を放棄したか——政策決定過程と国民への説得」『外交フォーラム』一〇月号(一九九二年)、三〇—三二頁。
(25)『人民日報』一九六一年八月三一日。
(26)中華人民共和国外交部、中共中央文献研究室編『毛沢東外交文選』(中央文献出版社、世界知識出版社、一九九四年)第四二八頁。
(27)陳毅接見駐華大使蘇加諾・維約普拉諾托談話記録、外交部档案、档案号105-00389-23。
(28)家近亮子「中国における『戦争責任二分論』の系譜——蒋介石・毛沢東・周恩来 日中戦争の語り方」添谷芳秀編著『現代中国外交の六十年—変化と持続』(慶応義塾大学出版会、二〇一一年)一七—五〇頁。
(29)蕭向前「中日関係正常化前後」『外交問題研究』(一九九八年第一期)一頁。
(30)蕭向前著(竹内実訳)『永遠の隣国として』(サイマル出版会、一九九四年)一〇六頁。
(31)一九六三年一〇月に、中国訪日代表団の通訳である周鴻慶がソ連の駐日大使館に駆け込み、政治亡命を求めた。一二月三〇日、池田政権が周を中国に送還する決定をした。
(32)『周恩来外交文選』三四四頁。
(33)呂乃澄「回顧中日友好関係的発展」『外交学院学報』(一九九〇年第二期)四六頁。
(34)蔵馬「中国『対日本索賠第一人』劉連仁的伝奇人生」『文史春秋』(二〇〇一年第四期)二五頁。
(35)三原則とは、①中国政府は中国を代表する唯一の合法政府、②台湾は中国の領土の不可分の一部、③日台条約(日華平和条約)は不法、無効で廃棄されなければならない、であった。
(36)青山瑠妙「アジア冷戦の溶融としてのニクソン訪中と田中訪中」和田春樹他編『東アジア近現代通史八　ベトナム戦争の時代

1960–1975』（岩波書店、二〇一一年）三二六頁。

（37）同上。

（38）「周恩来掲秘：毛沢東為何決定不向日本索賠」（http://mil.news.sina.com.cn/2015-10-14/15238411б.html, 二〇一五年一〇月三一日アクセス）。

（39）「大平外務大臣・姫鵬飛外交部長会談（要録）」（http://www.ioc.u-tokyo.ac.jp/~worldjpn/documents/texts/JPCH/19720926.O1J.html, 二〇一五年一〇月三一日アクセス）。

（40）同上。

（41）第一四七回国会、国際問題に関する調査会　第五号、二〇〇〇年四月一二日。国会会議録検索システム（http://kokkai.ndl.go.jp/SENTAKU/sangiin/147/0023/14704120023005a.html, 二〇一五年一〇月三一日アクセス）。

（42）『人民日報』一九八七年七月六日。

（43）『人民日報』一九八七年七月八日。

（44）『人民日報』一九七四年四月二〇日。

（45）『人民日報』一九八〇年八月一七日。

（46）孫国棟「誰来賠償侵華戦争受害者？」『法律与生活』（一九九八年第五期）一四頁。

（47）同上。

（48）趙徳芹、高凡夫「建国後対日索賠長期擱置的原因探析」『長白学刊』（二〇〇七年第六期）一二八頁。

（49）木下恵二「中国の愛国主義教育」家近亮子・段瑞聡・松田康博編著『岐路に立つ日中関係――過去との対話・未来への模索』（晃洋書房、二〇一二年）一一六―一一八頁。江藤名保子『中国ナショナリズムのなかの日本――「愛国主義」の変容と歴史認識問題』（勁草書房、二〇一四年）七六、八六―九二頁。

（50）小島朋之「転機を迎える日中関係の現在」『東亜』（一九八五年一〇月）四九―六〇頁。

（51）「温家宝在日本国会的演講（全文）」（http://news.xinhuanet.com/world/2007-04/12/content_5968135.htm, 二〇一五年一〇月三一日アクセス）。

（52）「新聞分析：安倍政府為何急於修訂日美防衛合作指針」（http://world.people.com.cn/n/2015/0428/c157278-26919245.html, 二

〇一五年一〇月三一日アクセス）。

（53）「安倍砍掉『保険縄』、為戦争開路」（http://news.xinhuanet.com/world/2015-07/16/c_128027256.htm, 二〇一五年一〇月三一日アクセス）。

（青山瑠妙）

第6章 日韓歴史摩擦と「六五年体制」のきしみ

はじめに

二〇一五年は「戦後七〇年」の節目にあたり、また戦後の日韓関係の基礎を形成したとされる日韓国交正常化（一九六五年六月二二日調印）から五〇周年を迎えた。

そうした中、東アジアは、中国のパワーの台頭や韓国の経済成長による国際での発言力の増大にくわえて、世界経済の成長センターとみなされるまでにアジア諸国の経済が成長を遂げたことから、市民社会レベルでも大きな構造変動が起き、市民社会が多様化、複雑化する中で、政府も歴史認識問題に関して「下からの要求」を抑え込むことが難しくなっている。このため、これまで構築されてきた国家間関係の枠組みが動揺しはじめ、その結果、東アジアの国々は、新たな変化に適応すべく現行の枠組みの調整をせまられている。

「戦後レジームからの脱却」を唱える安倍晋三総理は二〇一四年七月一日、集団的自衛権の行使を容認する閣議決定に踏み切ったのに続いて、二〇一五年八月一四日に「戦後七〇年談話」を発表した。(1)こうした動きは、東アジアの構造変動への対応という側面をもっている。そうした中、戦後最悪ともいわれる日韓関係についても、日韓国交正常化に伴い誕生した「六五年体制」が音を立ててきしみ始めている。

本章では、第一節で、「六五年体制」では何が未解決のまま積み残されたのかを整理し、第二節で、国家が市民社会の動きを制御することが難しくなっている今日、歴史認識問題で韓国政府が、日韓基本条約に関する二国間合意の解釈を変えざるを得なくなった経緯を明らかにする。続いて、第三節で、市民社会の論理が韓国のみならず、日本国内でも強くなっている現状を説明し、第四節で、謝罪の難しさ、複雑さについて考察したのち、第五節で、排他的なナショナリズムに絡め取られないようにするためには、「加害―被害」の二重性と比較の視点から歴史問題を考えることの重要性を指摘する。第六節において、東アジア地域秩序形成という未来志向の文脈の中で戦後責任論を考える必要性を論じ、「おわりに」で本章を終えることとしたい。

1　「六五年体制」の成立と「歴史認識問題」——「六五年体制」で何が積み残されたのか

「六五年体制」は、以下の要因がうまくかみ合った結果成立した。

第一に、一九六〇年代半ばの東アジアは冷戦の渦中にあり、日韓両国政府はともに、アメリカを盟主とする反共軍事同盟の一翼を担うという目的を共有し、その点で利害の一致がみられた。

第二に、韓国の朴正熙政権は自主国防と経済の自立化を最優先課題としており、その目的実現には日本の資金と技術が必要であったことも、国交正常化を促進した。

同様に、日本側にも冷戦の論理と経済優先の論理が働いた。韓国は冷戦の最前線基地として日本の安全に直結しており、韓国の安全保障に経済的側面から協力することは日本の国益にかなうものであった。また、韓国市場への日本企業の進出という観点からも、国交正常化は望ましいと考えられた。

第三に、なによりもアメリカがそれを強く望んでいたという事情があった。アメリカは背後で、日韓国交正常化交渉を強く働きかけた。日韓国交正常化の実現は、ケネディ政権とジョンソン政権にとっては、最優先事項と見なされており、正常化交渉の過程においては、膠着状態を解きほぐすために米政府が背後で重要な役割を演じた[2]。

以上のような事情から、国交正常化に向けた交渉過程で、日韓双方とも、冷戦の論理と経済の論理を優先し、両国間で立場が大きく異なる歴史認識問題の包括的解決を先送りしたことで、日韓基本条約の成立にこぎつけた。

だが、その一方で、「歴史」や「領土」問題は、未解決のまま積み残されることになった[3]。

第一に、一九一〇年の「日韓併合条約」に関しては、周知のように、韓国政府は「当初から無効」との立場をとり、他方で日本政府は、当時は合法的かつ有効だったとの立場を貫いた。このため、最終的には、「もはや無効」(already null and void) というあいまいな文言で決着し、この条約がいつから無効になったのかを明らかにすることを回避した。

第二に、請求権をめぐっては、無償三億ドル、有償二億ドル、民間ベースの経済協力三億ドル以上で妥結した。しかし、その名称に関しては、「財産及び請求権に関する問題の解決と経済協力に関する協定」という表現を使うことにした。これによって、日本側は、これを経済協力だと主張し、韓国側は請求権にもとづく補償だと解釈する余地を残すことになった。しかも、これをもって、請求権問題は「完全かつ最終的に解決した」とされたため、後に、この文言の解釈をめぐって日韓両政府間で立場の違いが表面化することになった。

第三に、基本条約前文では、過去の植民地支配に関する謝罪や反省への言及はいっさいなされなかった。このため、韓国の国民の間にその後、「謝罪をしない日本」、「反省をしない日本」というイメージが広がることにもなった。

積み残しについては、以上にとどまらないが、いずれにしても「六五年体制」は、歴史認識に関する未解決の問題を先送りする形で成立した。このため、冷戦終結後は、「六五年体制」が積み残してきた矛盾が顕在化し、歴史問題が、日韓関係の改善にとっての大きな障害だと認識されるようになった。

「六五年体制」の矛盾が顕在化した背景としては、以下の三つの要因が考えられる。

第一は、韓国社会におけるナショナリズムやアイデンティティの高揚である。一九六〇年代末から七〇年代初頭に始まった韓国の高度経済成長は、韓国の人々のナショナリズムの台頭をもたらした。このことは、韓国側からみれば、日韓国交正常化交渉当時に朴政権にとって最重要視された日本からの資金と技術の導入という経済的要因が、日韓関係における抑制要因として機能しなくなったことを意味する。

第二に、韓国の民主化運動の進展に伴い、市民社会の声も政治外交に反映されるようになった。朴政権から冷戦終結までの時期においては、政府が世論を抑え込むことができた。しかし、現在の韓国では、政府は世論の影響を強く受けるようになっている。

第三に、近年、中国のパワーと経済力の目覚ましい台頭が見られる中、韓国にとって、中国の存在は経済面や安全保障面で重要性を増している。このため、日米韓のトライアングルの構図にも変化をもたらしている。韓国の場合、中国への経済的依存度の増大、朝鮮半島の統一問題や核問題での中国の役割への期待ゆえに、中国の存在はますます大きくなっている。現在の韓国は、日米韓の安全保障協力重視一辺倒ではなく、同時に中韓関係も重要視するようになっている。朴槿恵大統領は二〇一五年九月三日、日米両国政府が慎重な対応を求めたにもかかわらず、中国の「抗日戦争勝利七〇年」記念式典に出席した。

くわえて、今日、われわれは、ヒト、モノ、カネ、情報が大量に国境を越える現象を目撃している。このようなグローバル化の時代には、NGO、多国籍企業など非国家的アクターの国境を越える動きが活発になり、市民社会相互の交流の機会も大幅に増大する。しかし他方で、グローバル化は、国民国家の存在意義を問い直すことになり、厄介なことに、その反動として、アイデンティティの追求やナショナリズムを刺激するという現象を引き起こしている。

こうした排他的なナショナリズムの高揚を背景に、国際政治におけるパワー・ポリティクスが再び頭を持ち上げてきている。パワー・ポリティクスの傾向は、東アジアの国際関係の構造的変化を反映し、日中韓の三国においても顕著である。変動する東アジアの国際環境において、われわれは、ナショナリズムに絡め取られやすい状況にある。それゆえ、歴史認識をめぐる摩擦や葛藤が、東アジアにおけるパワー・ポリティクスと連動しないように注意することが求められる。

以上のような変化は日韓歴史摩擦にも反映され、冷戦終結後、韓国側の自己主張はさらに強まった。「六五年体制」のきしみは、そうした韓国社会の変容にくわえ、日韓関係も含め東アジアのパワー・トランジションといった構造的変化によってもたらされている。

2　東アジア秩序の構造変動と歴史認識問題——国家の論理と市民社会の論理の交錯

(1) 国際関係と民際関係——韓国における国家の論理と市民社会の論理

歴史認識問題に関する韓国政府の立場の変化は、安倍晋三首相の「歴史修正主義」への対応という側面が大きいと考えられるが、同時に、冷戦後の国際関係の潮流の変化という側面も無視できない。というのは、日韓基本条約に関する韓国政府の態度変化は、安倍政権が登場するずっと以前、遅くとも冷戦終結後に顕在化するからである。

日韓関係の研究者によると、「六五年体制」の始動から現在までの五〇年間のうち、一九九〇年頃までのおよそ二五年間は、韓国政府も、現在の日本政府と同じく、両国間の「過去」に関わる問題は日韓基本条約で解決済みとの立場をとっていた。韓国政府の立場が変わるのは、一九九二年一月、「慰安婦」問題をめぐって法的賠償を日本政府に要求したときからであるという(4)。

しかし、このような見解には、注釈が必要である。冷戦後に「歴史問題」が日韓関係に占める比重が大きくなったことは確かだが、「六五年体制」が積み残した問題は当初から認識され、民間レベルでは、補償を求める運動は存在していた。日韓国交正常化後、日韓請求権に定められた無償三億ドル、有償二億ドルの経済協力資金を使った韓国政府による対日民間請求権処理において、被徴用生存者は補償対象から除外され、被徴用死亡者への弔慰金支給も不十分であり、また在韓被爆者や「従軍慰安婦」も補償を受けることができなかった。このため、民間レベルでは、国交正常化が実現した時点から、民間団体による補償運動が起り、その後現在に至るまで運動は継続してきた。

冷戦の重しがとれ、さらにはグローバル化が加速する中、国際関係は国家対国家の関係だけで動く時代ではなくなり、国家間関係が、「民と民」との関係に多かれ少なかれ規定されるようになっている。このため、市民社会の論理が重要になってきていることに注目する必要がある。(5)

その後、韓国では、二〇〇五年に入って、盧武鉉政権の下で「過去の清算」についての見直しが行われた。その背景には、盧大統領が人権弁護士であり、大統領個人の信条・信念の影響、裁判所人事への影響といった、リーダーシップに起因する個別要因の影響もさることながら、より長期的な観点から見るならば、冷戦後に国家間関係が「民と民」との関係に左右されるようになったことが大きい。「従軍慰安婦」問題が浮上してきたのも、国家賠償にくわえて、個人請求権が国際的に受け入れられるようになったことが影響している。

盧武鉉政権は二〇〇五年に「過去の清算」を見直したさいに、六五年の請求権協定で、戦時徴用も含めて日本から資金を受け取ったため、独自に「太平洋戦争国外動員被害者補償法」を制定して、主として植民地期に国外に動員されて被害を受けた人への補償は韓国政府の責任として対処することになった。しかし同時に、①「慰安婦」問題、②サハリン残留韓国人問題、③在韓被爆者問題の三つについては、国家権力が関与した反人道的不法行為であって、これは六五年の請求権協定の範疇には入らないとして、「慰安婦」問題の解決を促すよう申し入れるようになった。(6)

そうした中、韓国の憲法裁判所は、二〇一一年八月三〇日、請求権協定第二条一についての日韓両国間の解釈には食い違いがあり、「慰安婦」問題が解決されたわけではないという韓国政府の整理を前提とすれば、請求権協定の解釈に異議が生じたさいの同協定第三条の規定にもとづいて、韓国政府は日本政府と協議すべきであったにも拘わらず、それをしなかったのは違憲だとの判決を下した。

その後、同年一二月の首脳会談で、李明博大統領は、野田佳彦総理との間で「慰安婦」問題をめぐって激しくやり取りする場面がみられた。結局物別れに終わったものの、注目されるのは、当時李大統領の指示で交渉にあたった李東官（イ・ドングアン）・元大統領広報首席秘書官の回顧録によると、①首相が「日本政府の責任を痛感する」との謝罪の手紙を送る、②日本大使が元「慰安婦」の前で手紙を読み上げる、③日本政府予算で、「償い金」として一人当たり三〇〇万円を支払うという内容で合意したとされる。(7) しかも李大統領は、二〇一二年三月、記者会見で、「慰安婦」問題は「法律問題ではなく人道問題」として解決可能だとの考えを示した。(8) 法律問題と切り離す考えを明らかにしたことは、日韓請求権協定で請求権問題は「解決済み」と主張する日本政府に受け入れやすい配慮をしたともいえる。

にもかかわらず、その後の政権交代と安倍政権の出現でこの問題は暗礁に乗り上げた。このため、朴槿恵政権の下では、この問題は両国間の関係悪化の最大の要因として浮上することとなり、日韓首脳会談が開催されない状況が続いた。二〇一五年一月一二日の年頭の記者会見でも、朴大統領は、「日本側の姿勢の転換、変化が重要だ」として、「慰安婦」問題の解決に向けての日本側の対応を改めて求めた。

民間レベルでは、現行の支援制度や請求権協定への不満を背景に、元徴用工らによる、損害賠償を求める訴訟が起きた。当初は敗訴が続いたが、二〇一二年五月二四日、韓国大法院（最高裁）が、日韓両国の政府が植民地支配の性格に関して合意に至らなかったことに照らして、「日本の国家権力が関与した反人道的不法行為や植民地支配に直結した不法行為」の場合、個人の請求権は消滅していないとの判断を下したことから、その後、韓国では原告勝訴の判決が相次いでいる[9]。

一方、日本の裁判では、請求権問題については「完全かつ最終的に解決した」との理由から、請求権は消滅したとする判決が最高裁で確定している。このため、韓国憲法裁判所の判断が注目された。日本に動員された元軍属の遺族が二〇〇九年に訴えていた裁判で、韓国憲法裁判所は二〇一五年一二月二三日、日韓請求権協定が国民の財産権を保障する韓国憲法に違反するかどうかについて、「審判の対象にならない」として、憲法判断を示さず、違憲だとする訴えを却下した。そのさい憲法裁は、韓国政府による未払い賃金などの支給は損害賠償や補償ではなく、人道的措置の支援金だと指摘、支給根拠となる法律は財産侵害に当たらず合憲とした。憲法裁は、請求権協定については、今回の訴えとは無関係として憲法判断を回避した[10]。

他方で、韓国の大法院は二〇一二年五月二四日、植民地支配下で動員された元徴用工らへの損害賠償を「協定の対象外」だとして、個人の請求権は消滅していないという判断を示している。それゆえ、今後大法院が損害賠償を命じる判決を下した場合、法的には、被告日本企業の韓国内の資産の差し押さえが可能となり、将来大きな外交問題に発展する可能性がある。問題の深刻さを考えると、大法院の判決が下される前に何らかの解決策を見出す必要がある[11]。

冷戦期には、国家の論理や安全保障の論理が市民社会の論理を抑え込むことができたが、冷戦後は、政治的民主化が進展し、さらに経済のグローバル化に伴う市民社会相互の交流の増大によって、国家が、これらの動きをコントロールすることは益々困難になってきている。日韓の歴史認識をめぐる葛藤が激しくなっているのは、指導者のリーダーシップという個別要因の影響にくわえて、国際関係の脱国家化に伴い日韓関係に生じている構造的変化、すなわち民主化の進展に伴い、市民社会の論理が以前にも増して国内政治に反映されるようになったためと考えられる。

(2) 自民党の右傾化と市民社会の両極化現象

日本国内でも、韓国の場合と同様、市民社会における構造的変化が認められる。その特徴は、歴史認識問題に即して言うならば、市民社会の両極化の進展である。歴史和解の流れを推進してきたリベラル勢力に反発、対抗する保守派や「歴史修正主義」勢力の台頭が顕著になってきている。

日本の市民社会は、歴史認識問題への取り組みにさいして、単一の市民社会の論理でまとまっているという状況ではなく、政府とは異なる視点から歴史和解を推進してきた人々の論理にくわえて、ナショナルな枠に拘り歴史修正主義の立場から歴史問題にアプローチする人々の論理を無視できないような状況が生じている。このことは、韓国の市民社会の場合にも多かれ少なかれ当てはまることであるが[12]、日本の市民社会においても顕著になっている。

日本社会の両極化現象は、日韓の歴史和解にとって、一層複雑で困難な環境を作り出している。

その経緯を振り返ると、日本では、一九九三年八月四日の「従軍慰安婦」に関する河野洋平官房長官談話（宮沢喜一内閣）、一九九三年八月一〇日の細川護熙首相による「侵略戦争」発言、一九九五年三月五日の自民党第五回党大会における「自主憲法の制定」の党是の棚上げ、同年六月九日の衆議院本会議での戦後五〇年の国会決議（村山富市内閣）に見られるように、リベラル派の歴史認識を反映した謝罪や反省が政府によって表明された。

これに対して、一九九七年頃から、自民党内リベラル派の政策に対する右翼団体の巻き返しが本格化した。右派系団体の活動は、上記の一連の政府謝罪に対する反発と危機感によるものであった。同年四月二日には、「みんなで靖国神社に参拝する国会議員の会」が設立された。続いて五月三〇日には、文化人を中心に旧軍関係者とも共闘する「日本を守る国民会議」が、宗教団体などによって構成される「日本を守る会」と合流、「日本会議」が発足した。また、日本会議は、その設立の四カ月前の一月三〇日に結成された「新しい歴史教科書をつくる会」を通して、草の根運動を展開し、支持層を拡大していった[13]。

その後、二〇〇〇年一一月に森喜朗内閣に対する不信任決議案をめぐって、「加藤の乱」といわれる自民党内リベラル派内部の分裂騒ぎが起きた。その余波で、自民党「保守本流」の担い手であったリベラル派を代表する派閥集団「宏池会」が分裂した。その結果、自民党の右傾化の流れは一層強まった。第二次安倍政権の登場は、そうした自民党の右傾化の延長線上にあると言えよう。

谷垣禎一自民党総裁のもとで二〇一〇年にまとめられ、二〇一二年四月二七日に発表された「日本国憲法改正草案」は、二〇〇五年の「新憲法草案」と比べて著しく右傾化した。第一条で天皇の元首化、第三条で国旗・国歌、第四条で元号が規定されるなど、国家主義的要素の強い内容が盛り込まれた。また、第九条では「国防軍」の保持、自衛権の発動、領土・領海・領空の保全が書き込まれ、くわえて基本的人権を制約する条文が盛り込まれたことは、戦後日本の平和主義や民主主義に挑戦するものである。自民党の保守本流の担い手である宏池会に所属し、リベラル派の代表とみなされていた谷垣総裁のもとで、上述のような内容の憲法草案が発表されたことは、自民党が大きく右旋回したことを物語っている。

市民社会レベルでは、ネット右翼や「在日特権を許さない市民の会」（在特会）による在日韓国人に対するヘイトスピーチや厭がらせ、嫌韓本の氾濫に見られるように、市民社会における嫌韓論の強まりによって、日韓の歴史認識問題で、世論の両極化が進展し、「決着した」という見方が五年前より広がった。二〇一五年三月の朝日新聞・東亜日報共同世論調査によると、日本では、植民地支配を含む過去の歴史問題について、四九％が「決着した」と答え、「決着していない」は四二％だった。五年前は、「決着した」が三九％で、「決着していない」の五二％より少なかったので、「決着した」と考える者が増えている。謝罪に関しても、植民地支配について「十分謝罪した」が六五％で、五年前の五五％より増えている。被害者への補償を再検討する必要があるかどうかでも、「その必要はない」が、五年前の五七％より増えて六九％だった。(14) 靖国神社への首相参拝問題についても、同様の傾向が見られる。二〇一五年三月の朝日新聞調査では、「賛成」五六％、「反対」二六％、九年前の二〇〇六年四月の面接調査では、「賛成」五〇％、「反対」三一％であった。

一方で、市民グループの間では、「歴史修正主義者」としての首相イメージゆえに、安倍首相が予定している「戦後七〇年談話」の内容への懸念から、過去の植民地支配や侵略戦争を認め、謝罪と反省を表明した「村山談話」や「小泉談話」を継承するように求める声が上がった。同年七月一七日、日本を代表する国際法学者、歴史家、国際政治学者ら七四人の共同声明は、過ちを潔く認めることが、国際社会で日本が「道義的に評価され、日本国民がむしろ誇りとすべき態度」だとの考えが表明された(15)。また、『帝国の慰安婦』を著した朴裕河（パク・ユハ）・世宗大学教授が同年一一月中旬に、同著の記述の一部が元「慰安婦」の名誉を傷つけたとして、ソウル東部地検に在宅起訴されると、日米の学者、作家、ジャーナリストら五四人が一一月二六日、「言論・出版の自由や学問・芸術の自由が侵されつつあるのを憂慮」するとの抗議声明を発表した。賛同人には、「慰安婦」問題をめぐる官房長官談話を一九九三年に発表した河野洋平・元衆議院議長や、一九九五年に戦後五〇年の首相談話を発表した村山富市・元首相も名を連ねた(16)。

戦後七〇年世論調査（共同通信社）を見ても、先の戦争を侵略戦争だったと回答する者は四九％、自衛戦争だったとする者は九％でしかない。A級戦犯が合祀されている靖国神社に首相が参拝すべきかどうかという問いに関しては、参拝すべき五五％、参拝すべきでない四三％と拮抗しているが、安倍首相の戦後七〇年談話に、戦後五〇年の村山首相談話、戦後六〇年の小泉首相談話同様、植民地支配への「お詫び」の言葉を入れるべきと回答した者は六七％で、入れる必要はない三〇％を大きく上回った(17)。

こうした市民社会の声と日中両国からの予想される批判ゆえに、安倍首相の七〇年談話は歴史修正主義的カラーを強く打ち出すことができなかった。安倍談話は、村山談話を発表した村山元首相からは、「焦点がぼけて、さっぱり何を言いたかったのか分からない」と評され、新聞各社の社説も、「なんのために出したのか」という批判から「前向きの評価」にいたるまで評価が割れることになった。識者の見方も分かれ、リベラル派は出す意味がなかったと批判し、他方、保守派の間でも評価する声と失望したとする声とに分かれた(18)。

3　謝罪の難しさ、複雑さ――歴史認識のアポリア問題

日本の市民社会が歴史認識問題で両極化する中、謝罪をめぐる問題は複雑化し、日韓双方の市民社会間だけでなく、日本国内でも非難の応酬が繰り返される状況が生まれている。

加害者は被害者に謝罪すべきだとよく言われる。原則的には、筆者も同様の考えに立っている。しかし一方で、日本では、謝罪が繰り返されるたびに、国内で反発が生じ、政治家の「不規則」発言が国境を越えて、被害者の反感を招くという事態が起きている。政治家の中には、選挙を意識し支援者たちの支持を失わないために、特定の有権者に向けて無責任な発言や妄言を繰り返す者がいる。彼らはそうした問題のある発言が、先の戦争の被害者や被害国の国民にどのように受け止められるかについて配慮することはない。その結果、首相が謝罪をしても、被害者や被害国の政府・国民は、謝罪が形式的なもので誠実さに欠けると受け止めることになる。このような悪循環の繰り返しが、歴史認識問題を複雑にし、日韓の歴史和解が遠のく大きな原因となっている。日韓両国の歴史が示すように、この歴史認識のアポリア問題の解決の糸口を見出すのは容易なことではない。

この点に関して、アメリカのダートマス大学で歴史問題を研究しているジェニファー・リンドは、興味深い指摘をしている(19)。

「(日本で暮らしてみて) 実感したのは、日本の歴史問題の本質は、日本が謝罪していないということではなく、謝罪が引き起こす国内の論争から生まれる、ということだった。毎回、ある高官が謝罪すれば別の政治家はそれを非難し、時には日本の過去の残虐行為さえ否定する。……日本は公式の謝罪や国会決議などで国内の空気が両極化することは避けるべきで、国際関係を悪化させる保守層の暴発も減らすことだ(20)」。

リンドは、二つのことを指摘している。一つは、謝罪は国内の右派の反発を引き起こすだけでなく、右派でもリベラルでもない「中間地帯」、すなわち「ごく普通の保守層」の間でも反発が生じるので、繰り返さない方がよいという指摘である。もう一つは、東アジアの国際関係を悪化させるような言動はすべきではなく、むしろ、①日本が、軍国主義を強く拒否していることを示す、②指導者は靖国神社参拝を控え、無宗教の記念館（千鳥ヶ淵共同墓地）で追悼する、③過去の侵略や虐殺を否定したり、黙認したりしない、などが必要だという。

リンドの指摘は少なくとも、謝罪がいかに難しく、複雑な反応を引き起こすかを言い当てている。彼女の主張についてはしばしば、前者に注目が集まるが、留意すべきは、彼女が後者についても強調している点である。リンドは著書の中で、謝罪が国内の反発を惹起する危険に目を向けながらも、同時に「過去の暴力の否定や賛美は不信を焚きつけ、和解を阻害する」とも述べている。それゆえ、彼女の主張のポイントは、「過去を偽ることと謝罪」とのバランスをどう取りながら和解を実現するかという点にある[21]。

日本政府による謝罪の経緯を振り返ると、異論はあると思われるが、安倍首相を除けば、これまで日本政府は全体として、公式に謝罪を行ってきたといえよう。

植民地支配と侵略という用語を明記して謝罪と反省を初めて表明したのは、細川護熙総理である。一九九三年八月二三日の国会での所信表明演説で、細川首相は次のように述べている。「過去の我が国の侵略行為や植民地支配などが多くの人々に耐えがたい苦しみと悲しみをもたらしたことに改めて深い反省とおわびの気持ちを申し述べる」。さらに、一九九三年一一月六日、金泳三大統領との首脳会談で、細川首相は、次のように述べた。「我が国の植民地支配によって、朝鮮半島の方々が、母国語教育の機会を奪われたり、姓名を日本式に改名させられたり、従軍慰安婦、徴用などで、耐えがたい苦しみと悲しみを体験された事に加害者として、心より反省し、謝罪したい」。

また、一九九三年八月河野洋平官房長官は、「従軍慰安婦」問題で次のような談話を発表した。

「いわゆる従軍慰安婦問題については、政府は、一昨年一二月より、調査を進めて来たが、今般その結果がまとまったので発表することとした。今次調査の結果、長期に、かつ広範な地域にわたって慰安所が設置され、数多くの慰安婦が存在したことが認められた。慰安所は当時の軍当局の要請により設営されたものであり、慰安所の設置、管理及び慰安婦の移送については、旧日本軍が直接あるいは間接にこれに関与した」、「本件は、当時の軍の関与の下に、多数の女性の名誉と尊厳を深く傷つけた問題である。政府は、この機会に、改めて（中略）心からおわびと反省の気持ちを申し上げる」。

さらに、日本政府は、戦後五〇年の節目にあたる一九九五年八月一五日に村山富市首相談話を発表した。この談話において、日本は、「植民地支配と侵略によって、多くの国々、とりわけアジア諸国の人々に対して多大の損害と苦痛を与え」たことを認め、村山首相は「痛切な反省の意」と「心からのお詫びの気持ち」を表明した。

二〇〇五年八月には、小泉純一郎首相が戦後六〇年談話を発表したが、村山談話の文言をほぼ踏襲し、日本が「植民地支配と侵略によって、多くの国々、とりわけアジア諸国の人々に対して多大な損害と苦痛を与えた」ことを認めたうえで、（主語が明確ではないものの）「痛切な反省と心からのお詫びの気持ち」を表明した。

こうした首相や官房長官談話について、韓国の研究者の中にも、これを評価する声がある。韓国東北アジア歴史財団の南相九（ナム・サング）研究員は、この村山談話について、「村山総理個人の歴史認識を反映したものというよりは日本政府の歴史認識の『総決算』であった」と評価している[22]。

南研究員はさらに、村山談話発表後就任した日本の総理はすべて村山談話の文言を引用するか、談話を継承すると表明してきたと述べたうえで、金大中大統領と小渕恵三総理が発表した日韓共同宣言（一九九八年）、小泉純一郎総理の訪朝のさいに発表された日朝平壌宣言（二〇〇二年）、それに同じく戦後六〇年の小泉総理談話に言及している。

日本国内でも、村山談話や小泉談話への評価が高いことも注目される。二〇一五年四月の世論調査では、日本国民の七四%が、戦後五〇年の「村山談話」と戦後六〇年の「小泉談話」は、「妥当だった」と考えている。「妥当ではなかった」は一三%にとどまった。注目されるのは、「妥当」だと考えている日本人は、安倍内閣支持層や自民支持層でも七割を超えている点だ[23]。

そうはいっても、日本は謝罪していないと受け止められるところに、この問題の複雑さと難しさがある。二〇一五年六月に実施された朝日新聞・東亜日報共同世論調査によると、韓国の場合は、「決着した」二%、「決着していない」九五%、「十分に謝罪した」一%、「まだ不十分だ」九六%となっている[24]。

戦後責任の一つに戦後謝罪の問題があるが、謝罪の条件として、①謝罪の対象を明確にすること、②反省の気持ちを示すこと、③国家が公的な謝罪をすること、④誠実に補償すること、⑤相手側の気持ちを思いやることが考えられる[25]。

しかし、政治的行為としての公式謝罪があったとしても、その他に、世代の交代の問題や、当事者ではない後世の世代による謝罪の問題、それに集団から集団への謝罪という厄介な問題が残る。世代が交代するたびに、謝罪を求められるという問題、そして若い世代は直接の当事者でないにもかかわらず、謝罪を求められることに対する心理的抵抗感もある。

集団から集団への謝罪の場合、誰が誰に謝罪するのかが、問題となる。この場合、集団の代表者が交代すると、その集団の内外でその謝罪者の適任性が再度問題化する可能性が高い。初瀬龍平によると、誰が誰に謝罪するかについては、以下のような理由で、当事者である二カ国の国内、および二カ国間相互に合意は成立しにくいという事情があるという。①集団のダイナミズムが働き非難の応酬に陥りがちである、②集団の記憶の問題があり、歴史的事実と記憶との間には常に一定の乖離がある、③集団心理に特有な極論が生まれる、④道義の面では個人より低下する集団の一般的傾向（ラインホルト・ニーバーのいう「道徳的人間と非道徳的社会」）が認められる[26]。たとえば、個人では人を殺してはいけないという道徳律を守るのに、集団になると、集団心理が働いて、通常では考えられない残虐なことを平気でやってしまうようなことが起る。歴史上の事例としては、ナチ・ドイツでのユダヤ人虐殺がその例である[27]。

歴史問題の複雑さ、難しさを考えれば、日韓関係の改善にとって必要なことは、両国関係において占める歴史問題の比重をできるだけ相対化することであろう。

4　日韓関係における歴史認識問題の相対化――「加害―被害」の二重性と比較の視点の重要性

しかし、政治家の中には、市民社会内の意見の相違を、国民対国民の図式に置き替えて政治利用する者が出てくる。その結果、国民は排他的なナショナリズムの感情にとらわれやすくなる。それゆえ、ナショナリズムに絡め取られないようにするためには、どうしたらよいかを考える必要がある。

一つのアプローチとして、「加害―被害」の二重性の視点や、比較の視点が有益なのではないか。

「加害―被害」の二重性とは、「加害―被害」の関係の複雑さである。戦争のような極限状況に置かれると、人間はだれでも、加害者にも、被害者にもなりうるということについて考えてみることも必要だろう。

戦後日本での戦争の歴史の語り方は、一九七〇年代前後に大きな変化があった。それまでは日本が戦争で受けた被害が強調されていた。だが、ベトナム戦争に対する反戦運動が高まる中、日本社会では、在日米軍基地がベトナム戦争に利用されていたことから、アジアへの加害が認識されるようになった。たとえば、広島・長崎の原爆被害者は、日本軍国主義の被害者であると同時に、アジアの戦争に加担した加害者であることに気づくようになった。一人の人間が加害者にもなりうるし、被害者にもなりうる。こういう歴史認識が日本社会で生まれた[28]。

アメリカのベトナム戦争を例にとると、ベトナムに派遣された米兵は、ベトナム民衆に対する加害者となった。

戦争中、米兵による民間人虐殺が各地で発生した。たとえば、カリー中尉率いる部隊は、一九六八年にソンミ村で、「ソンミ虐殺事件」を起こし、村人五〇四名を殺害したことは良く知られている。だが一方で、ベトナム帰還兵は帰国後、アメリカ社会の冷たい視線にさらされ続け、家庭内暴力やPTSDに苦しみ、多くの自殺者を出した。その意味で、彼らは戦争の被害者でもある。[29]

同様な悲劇は、ベトナム戦争に派遣された韓国軍兵士の身の上にも降りかかった。ハンギョレ新聞社の週刊誌『ハンギョレ21』（一九九九年五月六日）の報道や『ニューズ・ウィーク』誌日本語版（二〇〇〇年四月一二日）の記事によって注目されるようになったが、韓国軍兵士もまた、戦争という極限状況の下で、ベトナムの民衆を虐殺する事件を引き起こしている。[30]朴正熙政権は、在韓米軍を韓国に引きとめておくために、そしてアメリカの軍事・経済援助と引き換えに、韓国軍のベトナム派兵を決断した。そのような脈絡で考えると、彼らもまた、加害者であると同時に、国策の犠牲者といえなくもない。

だが、ベトナムへの加害の事実は認めるが、自らも冷戦構造の犠牲者だったという認識にとどまるのは、金栄鎬のいう「相殺論」の立場である。加害者と被害者の間で真の和解に近づくには、金が指摘するもう一つの立場、すなわち「資格論」が必要だと思われる。[31]

しかし『ハンギョレ21』の衝撃的な連載報道は、激しい論争を引き起こした。一方では、この報道を契機に、一四のNGOが参加する「ベトナム戦争真実委員会」が設立され、これらの団体は、韓国軍が参戦したベトナム戦争中の真相究明、ベトナムへの謝罪、和解への道を模索することを目的とした。こうした運動の結果、二〇〇一年八月二三日にベトナムを訪問した金大中大統領は、ベトナムのチャン・ドゥック・ルオン国家主席との首脳会談で、韓国軍のベトナム参戦に言及し、「私たちは不幸な戦争に参加し、本意ではなくベトナム国民に苦痛を与えたことに対し、申し訳なく思い、なぐさめの言葉を申し上げげます」と謝罪した。しかし、この「申し訳ない」発言を「謝罪」と呼べるかどうかは議論の余地があるだろう。[32]

他方で、『ハンギョレ21』報道後、保守勢力や一部参戦軍人会からは、非常に強い反発が沸き起こった。彼らは、韓国社会がベトナム戦争参戦を記念し、顕彰する運動を展開した。金栄鎬のいう「聖戦論」の立場の人たちであり、具体的には、ベトナム戦争当時の政府人士、元参戦兵士の中の高級軍人、一部参戦兵士団体、在郷軍人会、保守的言論人などである[33]。韓国軍のベトナム派兵を決定した朴正熙元大統領の娘で現在韓国の大統領の地位にある朴槿恵は、ハンナラ党議員（当時）時代、「これは六・二五の時（朝鮮戦争のこと）に、大韓民国の自由民主主義を守るために闘った一六カ国首脳がキム・ジョンイル委員長に、『不幸な戦争に参加して北朝鮮国民に苦痛を抱かせたことに対して謝罪する』と言ったかのような、とんでもないことである」と発言した[34]。

韓国社会において、ベトナム戦争で韓国軍部隊が行った虐殺や加害行為に対する謝罪や反省をめぐる論争は続いているが、政府レベルでは、十分な反省、謝罪、補償が行われているとは言い難い。補償については、ベトナム政府自身が、被害者に対する補償を正式に求めていないということが大きい。しかし、謝罪や反省については、韓国政府レベルでは、「過去の不幸な出来事」、「冷戦構造の中で起きたこと」という受け止め方が支配的である。一九九五年四月一一日から一七日にかけて韓国を訪問したベトナム共産党のド・ムオイ書記長を迎えて、民主化運動のシンボル的存在であった金泳三大統領でさえも「冷戦の渦中でわれわれ二国間には困難だった時期もあったが、われわれはいまや未来に向って友好と協力の手を握った友邦となりました」と述べ、謝罪の言葉を口にしなかった。また、同年五月一〇日に金淑喜文相が国防大学で演説を行ったさいに、ベトナム戦争を「名分なき戦争」「傭兵戦争」だったと述べたことで、金泳三大統領は文相を二日後に解任した[35]。金大中大統領にしても、一九九八年一二月にベトナムを訪問したさいには、チャン・ドク・ルオン大統領に対して、「過去の一時期、不幸な時期があったことを遺憾に思う」と述べるにとどまった。二〇〇一年の「申し訳ない」発言は三年前の「遺憾」発言より踏み込んだものだが、それもまた、韓国市民社会内の謝罪運動の盛り上がりに影響されたものである[36]。二〇〇九年一〇月李明博政権は「国家有功者礼遇及び支援に関する法律」を改正したが、この改正案では、ベトナム戦争参戦者の国家発展への寄与を考慮して、彼らへ「国家有功者」の名称を付与することになっていた。その条文に「世界平和維持に貢献したベトナム戦争有功者」という表現が使われていたことから、ベトナム政府から強い抗議を受けることとなった。李明博大統領が同月末にベトナム訪問を控えていたことから、柳明桓外相が急遽ベトナムに向かい、改正案では「ベトナム戦争」の文言を削除し、「世界平和に貢献した参戦有功者」という表現に代えることで、事態の収束を図った(37)。

現実の社会や歴史は極めて複雑で、しかも多くの逆説をはらむものであり、国民レベルで見た場合、どちらかが一〇〇％被害者で一〇〇％加害者であるということはめったにない。まさに「被害者だからこそ加害者になる」というのが現実ではないだろうか。その場合、加害者側にとって大事なのは、「他者」理解であり、被害者の立場に立って、彼らが体験した苦しみや悲惨さを追体験し、それを忘れないことが重要である。言い換えると、被害者の基本的人権が蹂躙されたという観点から、一人の人間として、被害者に寄り添う姿勢が求められる。

この点に関しては、韓国人の元日本軍「従軍慰安婦」と支援団体代表が二〇一四年三月七日にソウルで記者会見し、ベトナム戦争に参戦した韓国軍による「ベトナム人女性に対する性暴力や民間人虐殺」について、「韓国政府が真相を究明し、公式謝罪と法的責任をとるように」と訴えたことが注目される。支援団体関係者が同年二月にベトナムを訪れ、ベトナム戦争時に韓国軍から性暴力を受けた女性、その子どもらと面会し、女性たちが「社会で蔑視され、苦しい生活を余儀なくされている」と訴えたことが、記者会見での訴えの背景にある。元「慰安婦」の金福童（キム・ボクトン）さんは、「同胞が犯したことは韓国政府が解決すべきだし、知らないふりはできない」と語った。また、支援団体のユン・ミヒャン代表は「私たちが望むのは慰安婦の悲劇が繰り返されないことだ。日本政府に求めるだけでなく、我々自ら平和をつくりたい」と発言している(38)。二人の発言は、「他者理解」を示す事例として注目に値する。

しかし、歴史認識問題が両国国民の間で占める比重には依然として大きなギャップが存在する。日本の場合、政治対話、経済交流、文化交流、歴史認識をめぐる問題の解消がそれぞれ三割前後で均等に分かれているのに対して、韓国の場合は、圧倒的に歴史問題に関心が集中しており、歴史問題の解決なしでは、両国間の関係が困難だとの認識を示している。二〇一〇年八月のNHK・KBS共同世論調査によると、日韓関係を前進させるために何が必要か、二つ挙げよという問いに対して、日韓両国の国民の回答は極めて対照的である。日本：政治対話三七％、経済交流二八％、文化交流二八％、歴史認識めぐる問題の解消二七％。韓国：竹島（独島）をめぐる問題の解消六二％、歴史認識をめぐる問題の解消三四％、戦後補償に関わる問題の解決二六％、政治的対話二二％[39]。

以上の世論調査から明らかなことは、日韓関係を前進させるためには、両国間に横たわる歴史問題を相対化することが必要だということだろう。

すでに検討してきたように、歴史問題を相対化するためには、比較の視点やトランスナショナルな視点が重要であろう。自国の歴史を振り返ると、それぞれの国は、加害と被害の歴史を抱え込んできたことが分かる。人類史的視点に立てば、自分の国の歴史は問題ないという結論にはならないという認識に辿りつくことができるのではないだろうか。すなわち、善悪二元論的な観点から歴史認識問題にアプローチするのではなく、歴史は複雑であり、どの国も、多かれ少なかれ、加害と被害の問題を抱えていることを認識するのも大切である。そういう視点に立つことができれば、歴史認識問題を相対化することができるかもしれない[40]。

5　戦後責任論から地域秩序論へ――東アジア地域秩序形成の文脈で考える

そこで、歴史認識をめぐる摩擦や葛藤を緩和し、管理する方法の一つとして、戦後責任の問題を東アジア秩序形成の文脈に位置づけることの意義について考えてみたい。

初瀬龍平は東京裁判論を考察した論文の中で、戦争責任論には、「過去への責任」と「未来への責任」があるとしたうえで、戦争責任論から戦後秩序論に視点を移して考える必要があると述べている[41]。この指摘は、歴史認識問題が日韓関係に占める比重を相対化するうえでも有益である。歴史認識問題は、「過去への責任」を踏まえて未来志向で考えていくことが必要だが、「未来への責任」とは、とりもなおさず、東アジアでどのような地域秩序をつくっていくのかという問題に帰結すると考えられるからだ。

安倍首相は二〇一五年八月一四日、「戦後七〇年談話」を発表した。あの戦争には何らかかわりのない未来の子供たちに謝罪を続ける宿命を背負わせてはならないと述べ、謝罪やお詫びに関しては、これで一応の区切りをつけたいとの思いをにじませたが、歴史認識の克服を目指し、その延長線上で東アジアのヴィジョンを語るという内容のものではなかった。本来であれば、首相は、未来の世代が、歴史をきちんと学び、反省すべきは反省し、戦争の当事者でなくても、被害者の苦しみを追体験して、二度とそのような惨禍が起きないようにするために努力を続けるべきだと訴え、さらに「未来への責任」として、東アジアでどのような地域秩序をつくっていくのかについてヴィジョンを語るべきだった。

秩序は、ルールと規範を基礎として形成されるものであるとするならば、どのようなルールや規範が公平で正義にかなった秩序であるのかについて、日韓双方で知恵を出し合っていく必要がある。

日韓双方の市民社会レベルの交流の拡大を通じて、トランスナショナルな「公共空間」の構築を目指すのも一つの方向であろう。そのさい留意すべきは、「公共性」(public) の意味は、国際社会においては、「公式」性から「共通性」へと意味合いが変化する点だ。「公共性」には、①「国家に関する公的なもの」(official)、②「すべての人々に関係するもの」(common)、③「誰に対しても開かれている」(open) という三つの異なる意味がある[42]。トランスナショナルな視点で見ると、「公共性」の意味合いは、①から②、③へと変化することが分かる。すなわち、ナショナルな文脈における「公」は、国際社会の文脈ではかならずしも「公共性」を持つとは限らない。

世宗大学の朴裕河は『和解のために』という著書の中で、韓国の教科書も「公」の教育を強調していると指摘したうえで、日本の「新しい歴史教科書をつくる会」（以下「つくる会」）の歴史教科書の問題点として、「国家の外でも通用する『公』」について考えてみるべきだと指摘したうえで、「つくる会」のいう「公共性」とは、「『日本』という『自己』を優先させようとする、国家利己主義にほかならない」と喝破している[43]。換言するならば、国内社会で「公共心」と言っている者の中には、国際社会の文脈に置き換えたとき、ナショナルなものと見なされるものがあるということだ。

では、国際社会で通用する「公共性」、すなわち「すべての人々に関係するもの」、「共有されるもの」、そして「誰に対しても開かれるもの」という意味合いを持つ規範や理念とはいかなるものであろうか。それは、人権、BHN（ベーシック・ヒューマン・ニーズ）の権利、文化的多様性の承認、寛容、環境重視、法の尊重、民主主義、自由と平等（殺す自由は含まれない）、非暴力などである[44]。トランスナショナルな次元に形成される公共空間の基盤をなすのは、上述のような規範や理念であると考えられる。

たとえば、人権は、人間の尊厳の維持にとって不可欠なものであり、すべての人々に開かれ、共有される価値である。人権概念は、個人や集団の利益を社会全体の利益や公正と関連付ける規範的枠組みを提供する。「従軍慰安婦」問題もまた、基本的には、人権の問題として位置づけられるべきものであろう。その意味で、人権はトランスナショナルな空間に公共性を付与するための不可欠な概念なのである。

また、このトランスナショナルな公共空間に登場する主体は国家ではなく、基本的に非国家的アクターが想定される。具体的には、女性、子ども、マイノリティ、労働者、市民、弱者などが考えられる。彼らは現実には、民主化運動に取り組む団体や、人権擁護団体であったり、女性、子ども、マイノリティの権利拡大運動を推進するNGO、平和運動の市民グループ、環境保護団体など、集団で行動する人たちである。これらの行為主体は、東アジア社会で公共性の基礎となる規範や理念を共有することが求められる。

上述のような規範やルールを構築していく過程で必要となるのは、日韓相互の市民レベルでの信頼関係の構築である。そのためには、信頼醸成措置としての歴史和解が不可欠であろう。歴史和解は一方通行ではなく、相互理解を必要とする。その意味で、歴史認識問題への日韓双方のたゆまない取り組みの延長線上に、公共性を基礎とするトランスナショナルな空間の形成の道筋が見えてくるのではなかろうか。

おわりに

日韓両政府は二〇一五年一二月二八日、ソウルで外相会談を開き、「慰安婦」問題を決着させることで合意した。合意の内容は、以下の五点に集約できる。①「慰安婦」問題に関する日本軍の関与を認め、政府としての責任を痛感していると述べたうえで、安倍首相自ら、「心からのお詫びと反省の気持ち」を表明した、②日本政府が一〇億円程度を拠出するとし、政府の責任を明確にした、③韓国政府が支援を目的とした財団を設立し、日韓両政府が協力して「慰安婦」の方々の名誉回復などの事業を行うとした、④今回の合意により、日韓両政府はこの問題が「最終的かつ不可逆的に解決される」ことを確認、⑤今後、双方は、国連など国際社会において、本問題について互いに批判することを控える(45)。

この合意に対する日本世論の評価は、「評価する」が六三％、「評価しない」は一九％、日本政府が旧日本軍の関与と政府の責任を認めたことについても、「評価する」は六〇％、「評価しない」二三％であり、いずれの場合も評価するが評価しないを大きく上回った(46)。

東アジアに公共性を基礎にしたトランスナショナルな公共圏を形成するには長い年月を要する。この間、日韓両国の国民は、歴史認識の摩擦の原因になっている諸問題を一つ一つ解決していかなければならない。その一つに、「慰安婦問題」がある。

上述の合意が着実に履行されれば、両国間の関係改善にとっての障害が一つ取り除かれることを意味する。しかし、一二・二八合意が日韓双方の国民に受け入れられるかどうかについては、いくつかの懸念材料を残しており、今後の展開の行方については、予断を許さない。

第一に、「道義的責任」と「法的責任」をめぐって日韓双方の隔たりが大きく、妥協点として、責任の内容を明確にすることなく、「日本政府は責任を痛感している」との表現になったことだ。日本側は一九九五年に設立された「アジア女性基金」が元「慰安婦」の方々に送った首相のお詫びの手紙で、「道義的な責任を痛感」という表現にとどめ、法的責任は認めてこなかった。これに対して、韓国側は「法的責任」を日本側に認めさせることに最後まで拘った。その結果、国内世論向けには、双方にとって都合のよい説明をすることが可能となったものの、火種は残ったといえよう。

第二に、第一の点と関連するが、岸田文雄外相が「日韓で協力して事業を行うものであり、賠償ではない」と明言したことを受け、元「慰安婦」とその支援団体である「韓国挺身隊問題対策協議会」（挺対協）は、すでに今回の合意を「屈辱的」だとして、拒否する姿勢を明確にしていることだ。韓国政府は、こうした韓国社会内に存在する不満の声にどう応え納得してもらうかという課題に直面している。

日本国内で歴史和解に否定的な人たちの間から、被害者の感情を傷つける発言や行動が出てくれば、それを契機に非難の応酬が再び繰り返されることになりかねない。日韓両国に横たわる歴史認識問題は、「慰安婦」への謝罪や補償だけで済む話ではなく、歴史教科書に「慰安婦」問題をどう記述するか、靖国参拝問題、竹島（独島）をめぐる領土問題、「歴史」をめぐる両国間の不信の累積など、相互に関連する難問が未解決のままである。これら未解決の問題に関する両政府間の対応次第では、「最終的かつ不可逆的」な解決とされた枠組みを揺るがしかねない危うさをはらんでいる。

第三に、日本政府は、今回の交渉で二〇一一年に日本大使館前に設置された「少女像」の移転を強く要請したが、共同発表によると、韓国政府は、「可能な対応方向について関連団体と話し合いを行い、適切なかたちで解決するよう努力する」との表現で折り合った。だがすでに、受け止め方の違いが表面化している。日本側は「内諾を得た」と受け止め、韓国側はこれを明確に否定し、あくまで「努力目標だ」との立場である。

一方、韓国の世論のレベルでは、民間世論調査機関「リアルメーター」によると、「少女像」の移転に反対する人は六六・三％に上り、賛成の一九・三％を大きく上回った。朴大統領の支持層である五〇、六〇代でも反対が多数、野党支持層では反対が七〇％を超え、与党支持層でも、賛成が三二・九％なのに対し、反対が四九・一％とほぼ半数に上った[47]。また、元「慰安婦」や支援団体は、移転について、強い反対の意思表明をしており、今後挺対協との協議が難航することが予想される。

第四に、日韓国交正常化交渉の時と同様、今回の合意にいたる過程でアメリカ政府が重要な役割を果した。言い換えると、日韓国交正常化交渉はアメリカの仲介なしには六五年の段階で実現しなかったと考えることができるとするならば、今回もアメリカの側面からの粘り強い要請なしに、戦後七〇年の節目に両国政府が「慰安婦」問題で合意にこぎつけることができたかどうか疑問なしとしない。だとすれば、政治家の「不規則」発言や「妄言」によって政府レベル、世論レベルで非難を浴びせ合うという事態になった場合に、両国政府が基本合意を守れなくなる可能性もある。

こうした懸念は残るものの、今回の合意が着実に実行に移されることになれば、日韓関係は新たな地平を切り拓くことが可能となる。その意味で、日韓両首脳は、それぞれリスクを抱えながらも、重要な決断をしたといえる。

戦後責任論は、「過去への責任」と「未来への責任」が車の両輪であり、どちらが欠けても和解への道は遠のく。安倍総理と朴大統領は一二・二八合意によって責任を共有することになった。外交交渉は当事者間の妥協の産物であり、どちらかが一〇〇％満足するなどということは滅多にない。したがって、不満の残った部分については、今回の合意を成立させた政府関係者（なかでも総理や大統領）がリーダーシップを発揮し、相互に累積された不信感を緩和させ、信頼醸成を強化していく中で、時間をかけて対処していく以外にはない。

注

（1）集団的自衛権をめぐる日米間の議論については、安倍内閣の閣議決定にいたるまでの過程をアメリカの世界戦略の変遷の文脈で考察した拙論を参照されたい。Hideki Kan, "U. S. Global Strategy and Japan's Right to Exercise Collective Self-Defense: A Historical Perspective," *Nanzan Review of American Studies*, Journal of the Center for American Studies, Vol. XXXVII, 2015, pp. 71–91.

（2）この経過については、以下のアメリカ合衆国対外関係史料集が詳しい。U. S. Department of State, Office of the Historian, *Foreign Relations of the United States, 1961–1963*, Vol. XXII（Washington DC: USGPO, 1996）, pp. 422–808（以下ＦＲＵＳと略記）; *FRUS, 1964–1968*, Vol. XXIX, 2000, pp. 750–801.

（3）日韓国交正常化交渉については多くの研究がある。李鍾元・木宮正史・浅野豊美編著『歴史としての日韓国交正常化』Ⅰ・Ⅱ（法政大学出版局、二〇一一年）。鄭敬娥「歴史認識をめぐる日韓摩擦の構造とその変容」菅英輝編著『東アジアの歴史摩擦と和解可能性――冷戦後の国際秩序と歴史認識をめぐる諸問題』（凱風社、二〇一一年）一七八―二〇三頁。高崎宗司『検証　日韓会談』（岩波書店［岩波新書］、一九九六年）。韓国側当事者の記録としては、以下を参照されたい。李東元『韓日条約締結秘話』（ＰＨＰ研究所、一九九七年）。金東祚『韓日の和解――日韓交渉一四年の記録』（サイマル出版会、一九八六年）。

（4）木村幹「あすを探る」『朝日新聞』二〇一五年六月二五日。

（5）菅英輝「冷戦後東アジア国際関係の構造変動と歴史和解――パワー、ナショナリズム、市民社会、歴史摩擦の交錯」前掲、菅編著『東アジアの歴史摩擦と和解可能性』、二一―三一頁。

（6）吉澤文寿「日韓諸条約の評価をめぐる日韓関係――基本条約第二条、請求権協定第二条を中心に」木宮正史・李元徳編『日韓関係史　1965–2015』Ⅰ（政治）（東京大学出版会、二〇一五年）三一三頁。

（7）『西日本新聞』二〇一五年一二月二八日。

（8）『朝日新聞』二〇一二年三月二一日。また、李明博大統領の回顧録によると、二〇一二年一〇月に、大統領側近の李東官・言論文化協力特任大使と齋藤頸・官房副長官が接触。翌一一月の東南アジア諸国連合関係会議のさいに日韓首脳会談を行い、野田首相が元「慰安婦」の女性らに書簡を送って謝罪し、日本政府の予算で補償するとの内容で最終合意する予定だったとされる。李大統領は「慰安婦」問題の解決が、「九合目を越えていた」と振り返っている。だが、野田首相の衆議院解散表明で実現しなかったという（『朝日新聞』二〇一五年一月三〇日）。

（9）前掲、吉澤「日韓諸条約の評価をめぐる日韓関係」、三一五頁。『朝日新聞』二〇一五年八月一三日。係争中は一三件、すでに損害賠償を命じる地裁判決は七件で、韓国大法院は三件を審理中である。『朝日新聞』（夕刊）二〇一六年八月二四日及び二五日。

（10）『西日本新聞』二〇一五年一二月二四日。

（11）二〇一六年六月二日、中国人元労働者と三菱マテリアル（旧三菱鉱業）との間で損害賠償に関する和解が成立した。三菱側は和解金の支払いに加えて、「深甚なる謝罪の意」を表明した。過去にも、鹿島建設、西松建設、日本冶金工業など同様の和解例がある（『朝日新聞』二〇一六年六月二日）。当事者同士の和解形式による問題解決は注目に値する。

（12）本書、第7章の三牧論文を参照されたい。

（13）中北浩爾『自民党政治の変容』（NHK出版、二〇一四年）一八七―一八八頁。

（14）『朝日新聞』二〇一五年六月二三日。二〇〇七年の朝日新聞世論調査では、「日本のアジア諸国への侵略や植民地支配にどう向き合うべきか」という問いに対して、「反省する必要がある」八五％（「大いに」三二％、「ある程度」五三％）であった。一方、「反省する必要はない」は一一％（「あまり」九％、「まったく」二％）となっていた。それゆえ、この間の世論の変化は大きなものがある。

（15）『朝日新聞』二〇一五年七月二五日。この共同声明の発起人は三谷太一郎、大沼保昭、藤原帰一の三名で、他に入江昭、緒方貞子、小此木政夫、加藤陽子、波多野澄雄、半藤一利、保坂正康、毛里和子ら錚々たる人々が名を連ねている。

（16）『朝日新聞』二〇一五年一一月二七日、『西日本新聞』二〇一五年一一月二〇日。

（17）『西日本新聞』二〇一五年七月二二日。

（18）八月一五日の『朝日新聞』、『東京新聞』、『毎日新聞』の社説は安倍談話に批判的だったのに対し、『読売新聞』、『産経新聞』、『日本経済新聞』は、これを評価した。

（19）リンドは過去の暴力を否定することは、一国の対外関係にとっては有害であるとしながらも、同時に悔恨の情を示さなくても対外関係を修復することができた国もあることが分かった、それどころか、犠牲者に悔恨の情を表明しても「対外関係に有害な論争の噴出」を経験した国もあるとして、日本などの例を挙げている。Jennifer Lind, *Sorry States Apologies: in International Politics* (Ithaca: Cornell University Press, 2008), pp. vii–viii, 180–181.

(20) *The Asahi Shimbun Globe*, No. 18（二〇〇九年六月二一日）.
(21) Lind, *Sorry States, op. cit.*, pp. 180, 190.
(22) 南相九「歴史問題と日韓関係」前掲、木宮・李編『日韓関係史　1965–2015』Ⅰ（政治）、三三五頁。
(23)『朝日新聞』二〇一五年四月一四日。
(24) 元「従軍慰安婦」問題に取り組んだ「アジア女性基金」は、償い金は国民からの拠金から支出する、ただし募金活動や被害者への償い金の手渡しなどにかかる費用（基金事務局の人件費・運営費・広告費など）はすべて政府予算からまかなうという方針のもとに活動を行った。その意味で、日本政府が法的責任を認めたものではなかったとはいえ、償い金は国民全体のお詫びと反省の意味が込められたものであった。くわえて、アジア女性基金は、被害者個人に日本政府が正式のお詫びを示すとの方針を採用し、実際、首相から被害者にお詫びの手紙が手渡された。首相は手紙の中で次のように述べている。「私は、日本国の内閣総理大臣として改めて、いわゆる従軍慰安婦として数多くの苦痛を経験され、心身にわたり癒しがたい傷を負われたすべての方々に対し、心からおわびと反省の気持ちを申し上げます」。そして、末尾には、「日本国内閣総理大臣」という肩書が明記され、総理自身が署名している。こうした内容、形式からして、この手紙は、国家を代表する内閣総理大臣のお詫びの手紙と解することができる（大沼保昭『「慰安婦」問題とは何だったのか』（中央公論新社［中公新書］、二〇〇七年）一三、一八二頁）。しかも、一九九六年から二〇〇一年までのあいだに首相は橋本龍太郎、小渕恵三、森喜朗、小泉純一郎と交代したが、この間、被害者には各首相から手紙が渡された。しかし、こうした活動が、元「慰安婦」を支援する韓国の民間団体から評価されなかっただけでなく、日本国内の一部民間支援団体からも批判が出たことは、この問題の複雑さと難しさを物語っている。
(25) 初瀬龍平「戦争責任論から戦後秩序論へ――東京裁判論の視点転換へ」前掲、菅編著『東アジアの歴史摩擦と和解可能性』、六六頁。
(26) 同上、六六―六七頁。
(27) 木畑洋一『二〇世紀の歴史』（岩波書店［岩波新書］、二〇一四年）は、一九世紀後半から二〇世紀初めの帝国主義の時代に作り上げられた世界の仕組み（帝国世界）の下で、多くの戦争が発生し、多数の死傷者を生み出しただけでなく、多くの民間人が虐殺された事例を紹介している。
(28) 小熊英二「歴史と向き合う」『朝日新聞』二〇〇七年二月二七日。

（29）ベトナム戦争における米兵のベトナム民間人虐殺事件については、以下を参照されたい。Nick Turse, *Kill Anything that Moves: The Real American War in Vietnam*（N. Y.: Metropolitan Books, 2013）；Michael Bilton and Kevin Sim, *Four Hours in My Lai*（N. Y.: Penguin Books, 1992）；Deborah Nelson, *The War behind Me Inside the Army's Secret Archive of Investigations*（N. Y.: Basic Books, 2008）；David L. Anderson, *Facing My Lai Moving Beyond the Massacre*（Lawrence, Kansas: University Press of Kansas, 1998）. 日本語文献としては、以下がある。藤本博『ヴェトナム戦争研究――「アメリカの戦争」の実相と戦争の克服』（法律文化社、二〇一四年）。白井洋子『ヴェトナム戦争のアメリカ』（刀水書房、二〇〇六年）。

（30）「私の村は地獄になった――ベトナム戦争、もう一つの戦争犯罪（韓国軍による虐殺）」（http://asyura2.com/0411/war61/msg/748.html, 二〇一五年八月一六日アクセス）。「九九年五月二五日号ハンギョレ21」（http://www.altasia.or/hangyore/hangyore99255.htm, 二〇一五年八月一六日アクセス）。また、韓国のNGO活動家の現地調査と活動記録に関しては、以下を参照されたい。金賢娥『戦争の記憶　記憶の戦争――韓国人のベトナム戦争』（三元社、二〇〇九年）。

（31）金栄鎬は韓国におけるベトナム戦争の記憶を、「資格論」、「聖戦論」、「相殺論」に分類している。「資格論」は、日本の「慰安婦問題」やアメリカの朝鮮戦争での韓国人虐殺（老斤里問題）を告発するのであれば、ベトナムでの韓国の加害責任を果たさなければならないとする立場である。「聖戦論」は、派兵の正当性、不可避性を主張し、加害の事実を否定するか、副次的とみなし、謝罪を拒否する立場である。「相殺論」は、韓国の加害事実は認めるが、それを副次的なものとみなし、韓国も冷戦構造の犠牲者だったとの立場である。金栄鎬「韓国のベトナム戦争の『記憶』――加害の忘却・想起の変容とナショナリズム」『広島国際研究』一一号（二〇〇五年）一八―一九頁。

（32）伊藤正子『戦争記憶の政治学』（平凡社、二〇一三年）一七七、一九一―一九二頁。同「韓国軍によるベトナム人戦時虐殺問題――戦争の記憶と和解」（二〇一五年四月一五日）（http://syndodos.jp/international/13764　http://synodos.jp/international/13764/2, 二〇一五年八月一六日アクセス）。金栄鎬論文は、金大中の「申し訳ない」発言を「謝罪」と呼べるかどうか疑問の余地があるとしている。同上、一五頁。

（33）前掲、金栄鎬論文、一八頁。

（34）前掲、伊藤『戦争記憶の政治学』、一七八、一八一頁。

（35）前掲、金栄鎬論文、一一―一二頁。

(36) 同上、一五頁。
(37) 風間千秋「韓国のベトナム戦争参戦に対する認識の変化」『韓国研究センター年報』一〇号（二〇一〇年）五一頁。
(38) 『朝日新聞』二〇一四年三月九日。
(39) 河野啓・原美和子「日韓をめぐる現在・過去・未来～日韓市民意識調査から～」『放送研究と調査』六〇巻一一号（二〇一〇年）二二頁。
(40) この点に関しては、以下の拙論を参照されたい。菅英輝「戦争と記憶――トランスナショナル・ヒストリーの可能性」『東アジア研究』八号（二〇〇六年）四―二〇頁。
(41) 前掲、初瀬「戦争責任論から戦後秩序論へ」、五七頁。
(42) 齋藤純一『公共性』（岩波書店、二〇〇〇年）viii–xi頁。
(43) 朴裕河『和解のために』（平凡社、二〇〇六年）五一頁。
(44) トランスナショナルな「公共空間」の構築に関する議論の詳細は、以下の拙論で展開した。「冷戦後東アジア国際関係の構造変動と歴史和解」前掲、菅編著『東アジアの歴史摩擦と和解可能性』、二四―三一頁。
(45) 日韓外相の共同発表については、『西日本新聞』二〇一五年一二月二九日を初め、全国各紙を参照されたい。
(46) 二〇一五年一二月一九、二〇日付朝日新聞世論調査。『朝日新聞』二〇一六年一月一九日。
(47) 『西日本新聞』二〇一五年一二月三一日。

（菅　英輝）

第7章 東アジアの社会的和解は可能か
――域外アクターがもたらすダイナミクス

はじめに――東アジアの歴史問題：社会的和解なき「解決」

今日の日本とアジアの隣国との関係は、しばしば「アジア・パラドックス」と呼ばれる。一方で、経済的な相互依存関係は深まり、ヒト・モノ・カネの流れは増大している。他方、そのような物理的な相互依存に人々の意識は追いついていない。領土問題や歴史認識をめぐって政治的な緊張は高まり、相互不信が深く根ざしている。かつて経済リベラリストたちは、経済的な相互依存が深まれば深まるほど、国家は互いの重要性を認識し、友好関係を発展させると楽観的に展望した。彼らの主張が空虚に響くような現実が今の東アジアを特徴づけているのである。

東アジアの各国政府はこれまで、歴史認識をめぐる国民間の感情的な軋轢や相互不信に正面から向き合うよりは、それを政府間の取り決めで「押さえ込む」方策をとってきたといえる。しかし、歴史認識に関する対立を抱えたままの「合意」や「協力」はどれだけ強固なものになりうるだろうか。近年の事例は、その限界を示しているのではないか。

まず、軍事情報包括保護協定（General Security of Military Information Agreement, GSOMIA）の事例を見てみよう。二〇一一年一月から、日韓両政府は、日韓防衛協力の強化に国益の一致を見出し、その一端としてＧＳＯＭＩＡの締結に向けた交渉を重ねてきた。しかし締結が間近に迫った二〇一二年六月、韓国側からの申し出により締結は延期された。野党のみならず、国民から広く、「戦前の軍国主義を清算していない」日本との軍事関連情報の共有への反発の声が寄せられたからである。

さらに二〇一五年一二月末、日韓両外相は慰安婦問題が「最終的かつ不可逆的に解決される」ことに合意した。その骨子は、（1）日本側は、慰安婦問題が「当時の軍の関与の下に多数の女性の名誉と尊厳を深く傷つけた問題」であることを認め、安倍晋三首相が「日本国の内閣総理大臣として改めて」元慰安婦の方々に対し、「心からおわびと反省の気持ちを表明する」こと、（2）韓国政府が元慰安婦の方々の支援を目的とした財団を設立し、これに日本政府の予算で資金を一括で拠出し、日韓両政府の協力のもと、元慰安婦の方々名誉と尊厳の回復、心の傷の癒やしのための事業を行うことの二点にあり、この合意を以って、日韓両政府は国連など国際社会において、本問題について互いに非難・批判することは控えるとした。この日韓慰安婦合意に対し、アメリカはいち早く「合意とその完全な履行を支持し、この包括的解決が国際社会に歓迎されるべき、癒やしと和解の重要な意思表示であると確信している」という見解を表明するなど、歓迎の姿勢を見せた。

しかし、「合意」は、すでに様々な面でほころびを見せている。韓国挺身隊問題対策協議会（挺対協）が、日本に慰安婦への謝罪を要求するために設置した在韓国日本大使館前の少女像の撤去をめぐり、日韓両国間には不協和音が生まれ、韓国では十分に国民との対話を経ないまま締結された合意の破棄論すら生まれている。政府間で合意された「解決」に、必ずしも日韓両国民の感情は追いついていない現状がある。

確かに、歴史認識問題のような、イデオロギーや感情が複雑に入り混じった問題に、完全なる「解決」をもたらすことは不可能であろう。しかし同時に、国民の間にうごめくイデオロギーや感情を、政治家間の「現実主義」的な取り決めで押さえ込み、「解決」とすることにも限界がある。東アジアの未来に、より市民に根ざした、持続的な和解の展望は描けるのだろうか。本稿は、域内外の市民社会アクターの役割に注目し、二一世紀東アジアの「社会的和解（societal reconciliation）」の可能性を探求する。

1　歴史和解における市民社会アクターの役割

ここで、改めて戦後ドイツの隣国との和解過程に注目したい。この問題設定自体は新しいものではない。東アジアの歴史和解の研究において、ドイツと旧敵国の和解過程は、数限りなく参照や比較の対象とされてきた。しかし、私たちはドイツの歴史和解過程から十分に教訓を導き出してきただろうか。

東アジアに生きる私たちがドイツの和解過程を参照するとき、長年そこで支配的であった構図は、「過去を誠実に謝罪してきた」ドイツと「不誠実」な日本という、道義的なトーンを強く帯びた二分法であった。このような分析枠組みに立てば、問題解決の展望は、日本の「誠実な謝罪」という道義問題へと帰着する。しかし近年、中韓との歴史対話に長年従事してきた歴史家からも、戦前日本のアジアに対する加害行為を糾弾し、日本の誠実な謝罪を求め続けるだけでは和解は実現されえないとして、新たな問題の捉え方、新たなアプローチを模索する必要性が指摘されている(1)。

新しいアプローチが今まで不在であったわけではない。冷戦の終焉後、政治学者たちは、東アジアにおいて、ヨーロッパのような政治・経済・軍事と多分野にわたる包括的な地域協力が進まないのはなぜなのかを追求する中で、歴史認識問題をその重大な障害として発見した。政治学者の参入は、日独の歴史和解研究に「行動科学革命」をもたらした。近隣諸国との和解に成功してきたドイツと、失敗してきた日本の差異は、「謝罪の誠実さ」のような主観的な要素に還元できるものではなく、謝罪が有効に機能する国際環境の欠如によるところが大きいことが強調されるようになった[2]。

しかし、このような行動科学的なアプローチは、「日本の隣国との和解はなぜ失敗してきたのか」という問いの解明には貢献したが、「では、そのような構造的な制約状況を乗り越えて、どのように和解をもたらすか」という将来の戦略の提示については、必ずしも成功してきたとはいえない。日本の謝罪が近隣諸国との関係改善につながらなかった構造的な原因を解明しようとする努力は、そのような構造の変革に向けた戦略、あるいはそのような構造下でも和解に進展をもたらすための戦略の探究を伴わない限り、人々に和解への無力感を生むことになりかねない。

戦後ドイツが、その侵略の犠牲国となったフランス、イスラエル、ポーランド、チェコと和解を遂げ、国際社会に再び復帰していった過程を包括的に検討したリリー・G・フェルドマンは、歴史和解を政治指導者のみならず、ジャーナリスト、歴史家や教育者、教会等の宗教団体、慈善団体、学生団体、財団など、多様な市民社会アクターが織りなす重層的な過程として構想・追求する「社会的和解」の視座の重要性を強調している。この「社会的和解」の視座は、東アジアで歴史問題が「外交問題」化する中で抜け落ちがちであった視座である。ドイツと旧敵国との和解は、政治指導者や政府高官のみならず、様々な市民社会アクターの活動から成る、多層の過程として進められた。アクターの多様性は、戦略の多様性――政府による謝罪や補償のみならず、慰霊や歴史をめぐる対話、教科書の共同作成プロジェクト、様々な文化事業、学術交流、学生の交換留学、姉妹都市――を生みだし、そこには和解に向けた多様な可能性が開かれる[3]。

これらの市民社会アクターの活動は、しばしば政治指導者間の対話が膠着したところを打破する役割を果たしてきた。ドイツとポーランドの和解の重要な端緒となったのは、一九六五年、ポーランドのカトリック教会がドイツに対して発した、「我々はあなた方を許し、あなた方の許しを乞う（We forgive and ask for forgiveness）」というメッセージであった。この和解へのイニシアティブは、カトリックのみならず、プロテスタントも巻き込み、共感的なメディアを通じて両国民に広範な影響を及ぼし、最終的に政治家たちを動かしていった。ドイツとポーランドの和解が「宗教アクター、メディア、政治エリートの三重奏」によって実現されたといわれる所以である[4]。和解プロセスが、広範な市民社会のネットワークに支えられていたことによって、ドイツと旧敵国との和解は、何かの政治危機をきっかけに後戻りしてしまうことなく、社会に深く定着することになった。

東アジアではしばしば、ヨーロッパの和解過程が美化され、和解が停滞している東アジアの現状との単純な比較が行われてきた。独仏和解の基礎となった一九六三年のエリゼ条約は、そのような神話化の最たる対象となってきた[5]。しかしその上でなおフェルドマンが同条約を東アジアの「モデル」として位置付ける一つの理由は、同条約が、それに先立つ無数の市民社会アクターの活動に支えられており、その締結が、独仏市民間の交流の活性化の端緒となったという、「社会的和解」の重要性を強調することにある[6]。

2　東アジアの歴史家たちによる社会的和解の追求

確かに東アジアの社会的和解の現状は、明るいものではない。政府間の和解が停滞した際に、そこから独立した力学で行動し、トランスナショナルな和解を追求する市民社会アクターは、依然として未成熟である[7]。それでも長い間、トランスナショナルな和解を追求してきた市民社会アクターとして、歴史家たちがいる。日本ではすでに一九五〇年代から歴史家や教育者が、ヨーロッパをモデルとした歴史教科書に関する国際会議の開催を提唱し始めていたが[8]、本格的に歴史対話が展開されることになったのは、一九九〇年代のことである。

それは一九八二年以降、日本と隣国との間で「外交問題」化していった「歴史教科書問題」への対応であった。同年六月、日本のメディアは、文部省の教科書検定において高等学校の歴史教科書（実教出版の『世界史』）中の華北への「侵略」という文字が、「進出」に変えられたと報道した。これは誤報であったが、中国や韓国では日本の歴史教科書が、過去の侵略戦争や植民地支配に関する記述を薄めようとしているという危惧と批判が高まり、両政府は日本政府に正式に抗議を寄せた。こうして、東アジアにおいて歴史教科書は「外交問題」へと発展した。

事態の収束のため、一九八二年八月、当時の官房長官宮澤喜一は、「政府の責任で教科書の記述を是正する」とする談話を発表し、教科書の検定基準に近隣アジア諸国に必要な配慮をするという「近隣諸国条項」が付け加えられることになった。これとともに、日本と隣国との間の歴史認識の溝を埋める努力の必要性が認識され、一九九〇年代、まずは日韓間で歴史教科書対話が始まった[9]。当時韓国では、冷戦終焉後の民主化の流れの中で、旧日本軍従軍慰安婦たちが、リドレスの声をあげ始め、いわゆる慰安婦問題が浮上していた。それゆえに、日韓の歴史教科書対話では、日本による植民地支配のほか、慰安婦問題を日本の歴史教科書がどのように扱っているかも、重要な争点の一つとなった。

二〇〇〇年代に再び転機が訪れた。二〇〇一年の教科書検定で、従来の歴史教科書の「自虐的」な叙述を糾弾し、「日本人としての自信と責任を持ち、世界の平和と繁栄に献身できるようになる教科書」の作成を掲げる「新しい歴史教科書をつくる会」が作成した『新しい歴史教科書』（扶桑社）が合格したのである。さらに、日本首相の靖国参拝をめぐる問題も浮上した。中韓では、日本における歴史修正主義の台頭への警戒の声が高まり、歴史教科書問題は再び外交問題化した。

こうした事態を沈静化するために、二〇〇一年一〇月に行われた日韓首脳会談で、小泉純一郎首相と金大中大統領は、日韓歴史共同研究委員会の設置に合意し、翌年二〇〇二年に共同研究が開始された。二〇〇五年六月に最初の報告書が発表され、二〇世紀初頭の韓国併合などの論争的なテーマについては、両論併記の形がとられた。日中間でも二〇〇六年一〇月、安倍首相と胡錦濤国家主席の間で、歴史共同研究の発足についての合意が成立した。

同時期、民間レベルではさらに進んだ歴史教科書対話が展開され、具体的な成果も生み出された。二〇〇一年、扶桑社の教科書が検定に合格したことを憂慮する歴史家やＮＧＯが北京に集結し、民間レベルの歴史教科書対話の開始を決定した。この対話は最終的に、二〇〇五年、日中韓三国の共通副教材『未来をひらく歴史――東アジア三国の近現代史（*History that Opens the Future : Modern and Contemporary History of Three East Asian Countries*）』[10]の刊行へと帰結した。[11]二〇一二年には、三国の歴史家による東アジア近代史の二巻構成のガイドブックが出版されるなど、政府間関係の緊張、それによる政府間レベルの対話の停滞の中でも、民間レベルの歴史教科書対話は継続され、成果を生み出している。

3　歴史和解への新たな力学――地域外の市民社会アクター

(1) アメリカの歴史家たち

さらに今日、東アジアの歴史教科書対話は、新たな展開を見せている。今日、東アジアの歴史問題は、国連やユネスコなどの国際的な舞台で戦われることを通じ、域外の人々の関心を広く集めるグローバルな問題に発展している。しかし強調すべきは、和解に向けた努力にも地域外のアクターが深く関わるようになり、歴史和解への新たな力学が生み出されていることである。

ここ数年、他国の歴史教育の動向を注視し、声明を通じて内外の関心を喚起するアクティビストとしての性質を顕著に表しているのが、アメリカの歴史家たちである。二〇一四年一一月、日本政府は、アメリカの出版社マクギール社に対し、同社発行の世界史教科書『伝統と邂逅――過去へのグローバルな視座（*Traditions and Encounters : A Global Perspective on the Past*）』[12]が、従軍慰安婦問題の記述に、「重大な誤り」を含んでいると抗議し、修正を求めた。同教科書は、従軍慰安婦について、「日本軍は、二〇万人にものぼる一四歳から二〇歳までの女性たちを、強制的に勧誘し、徴用し、迫害して、『慰安所』と呼ばれる軍隊用の売春宿に使役した」と記述していた。

しかし、このような日本政府の行動は、アメリカの歴史家の猛烈な抗議を招くことになった。アメリカ歴史学会

(Organization of American History) は、二〇一五年三月発行のニューズレター「歴史の見方 (*Perspectives on History*)」に、一九名の歴史学者の連名で次のような主旨の抗議文を掲載した。「我々はマクギール社を支持し、そして、(懸案となっている教科書の従軍慰安婦に関する記述を担当した) ハーバード・ジーグラー教授の、いかなる政府も、歴史を検閲する権利を持つべきではないという立場を支持する。我々は、第二次世界大戦中の日本及びその他による残虐行為の事実解明に尽力してきた日本および世界の歴史家とともにある」[13]。マクギール社は、このような歴史家たちの支持を背景に、日本政府の要求を拒絶した。

第二次世界大戦終結から七〇年の節目にあたる二〇一五年、日本政府の歴史問題に対するアメリカ歴史学者たちによる働きかけは、一つのピークに達した。同年五月、八月に発表されると見込まれていた安倍首相による戦後七〇年談話に向け、ハーバード大学教授アンドリュー・ゴードンやエズラ・ヴォーゲル、MIT教授のジョン・ダワーなど、日本研究を牽引してきた学者を含む、米英豪日を中心とする海外の日本研究者・歴史学者ら一八七人は連名で「日本の歴史家を支持する声明 (Open Letter in Support of Historians in Japan)」と題する文書を公表した[14]。

声明はまず、「戦後日本が守ってきた民主主義、自衛隊への文民統制、警察権の節度ある運用と、政治的な寛容さ」など、「世界の祝福に値する」戦後日本の功績を讃えた上で、このような功績にもかかわらず、世界における日本の地位を著しく貶めている問題として、日本が隣国との間に抱える様々な歴史問題、中でも慰安婦問題をあげる。そして次のように続ける。確かに、この問題の紛糾の責任は日本だけにあるわけではない。問題は、日本のみならず、韓国や中国の「民族主義的暴言」で歪められてきた。しかしそれでもなお、多数の女性が自己の意思に反して拘束され、恐ろしい暴力にさらされたことは資料や証言から明らかであり、狭隘な法律的議論や限定された資料に拘泥した議論は、戦前日本による植民地支配と侵略戦争というより広い文脈を無視するものである。このように述べて声明は、戦後七〇周年にあたる今年は、日本が過去の植民地支配と戦時における侵略の問題に立ち向かい、その指導力を見せる絶好の機会であるとして、日本政府に対し、問題の解決に向けた真摯な努力をすることを通じて、日本、東アジア、そして世界における男女同権に向けた歴史的な一歩を踏み出すべきだと強く求めた。この声明はその後、欧米で続々と賛同者を増やし、国内外に大きな反響を生み出した。

声明は、決して日本を一方的に糾弾するものではなかったものの、日本国内には、同声明の「反日」的トーンへの反発も生まれた。しかし、一連のアメリカの歴史家たちによる従軍慰安婦問題への働きかけを、「反日」というレンズで捉えてしまうのは早急である。彼らの批判は、公権力による歴史の「検閲」に対する批判という原理的なものであり、その矛先は、日本にとどまらず、アメリカや韓国にも向けられてきたからである。

歴史家たちの批判がアメリカに向けられた例として、一九九〇年代の「エノラ・ゲイ論争」があげられよう。広島・長崎に対する原爆投下五〇周年に向けて、ワシントンＤＣにあるスミソニアン博物館の司書たちは、当該分野を専門とする歴史家たちの協力のもと、「分岐点――第二次世界大戦の終結、原爆投下、冷戦の起源」と題した展示を企画した。これは、広島に原爆を投下した戦闘機エノラ・ゲイの展示を通じ、原爆投下の決定過程、膨大な数の民間犠牲者、その後の米ソ間の核開発競争と核拡散に対する内省を促そうとするものだった。しかし、この企画は公にされるやいなや、強烈な反対にさらされた。アメリカ在郷軍人会は、原爆投下は第二次世界大戦の勝利を決定付け、その早期終結をもたらしたのだと改めて強調し、そのような公的な解釈に挑戦する「非愛国的」な展示に抗議を寄せた。これに議員も同調した。一九九四年九月、上院は、エノラ・ゲイを「第二次世界大戦を慈悲深い終結へと導き、アメリカと日本双方の生命を救った」と称え、スミソニアン博物館の「歴史修正主義的」な展示を強く批判し、同館の展示は、「大戦中に国に忠誠を誓い、自己を犠牲にして奉仕した人々に対する適切な配慮」を伴うものでなければならないという主旨の決議を採択した(15)。最終的に企画は大幅に縮小され、当時の館長が辞任する事態となった。この事態を憂慮したのが、歴史家たちであった。四〇名の歴史家たちは連名で、スミソニアン博物館に抗議の書簡を著し、その決定を「歴史の抹殺」と強く批判した(16)。

この論争は二〇〇〇年代に再燃する。二〇〇三年、同博物館は再びエノラ・ゲイの展示を企画したが、そこに付された説明は、原爆投下の事実と、その技術的な性能を賞賛するのみだった。これを歴史家たちは、「犠牲者に対する驚くべき無感覚、原爆投下の妥当性をめぐるアメリカ市民間の見解対立、世界の大多数の人々の感覚に対する無頓着」を表明するものに他ならないと批判し[17]、その背後にある「アメリカの歴史、道義的な純粋さと愛国的な正義に満ちたものとして提示する、誤ったアメリカ例外主義的な感覚」を痛烈に糾弾した[18]。この抗議活動には、日本原水爆被害者団体協議会（日本被団協）も加わり、トランスナショナルな展開を見せた。

さらに昨今、彼らは韓国の歴史教育にも鋭い目を光らせている。二〇一五年一〇月、韓国政府は、中学・高校の歴史教科書を二〇一七年の新入生用のものから、現在の検定制を、国家が単一の教科書を発行する国定制回帰させると公表した。黄祐呂副首相兼教育部長官はこの決定について、「政府が直接、歴史的事実に関する誤りを正し、歴史教科書の理念的偏向性による社会的論争を終息させるために避けられない選択」と説明し、その目的を「国民が心配する理念の偏りを払拭し、未来の主役である青少年が正しい国家観とバランスの取れた歴史認識を育むことができるよう憲法精神と客観的事実に立脚した教科書をつくる」ことと説明した。

そもそも韓国の教科書出版に検定制が導入されたのは、ごく最近のことにすぎない。軍事独裁政権下の一九七四年、歴史教科書は国定教科書に一本化された。その後民主化の流れの中で、金大中政権下の二〇〇二年に検定制が一部導入され、二〇一一年に完全に移行した。つまり、検定制はわずか数年の命だったのである。このような短期間で再び検定制から国定制への揺り戻しが起こる一つのきっかけとなったのが、「ニューライト」と呼ばれる歴史修正主義的な運動の台頭であった。二〇〇〇年代に台頭したこのグループは、日本の植民地支配や戦後の独裁政権を、主に近代化・経済発展の観点から部分的に肯定的に捉える歴史観を標榜し、韓国内に広く論争を巻き起こしてきた。二〇一四年、「ニューライト」の学者グループが中心となって編集した教学社の歴史教科書が初めて検定に合格すると、歴史学者や教育者は直ちに、日本の植民地支配や軍事政権の抑圧的な性質に関する記述を欠き、それらを美化すらしていると反発し、大規模な採択反対運動を繰り広げた。結果、採択した学校は一校にとどまった。

国定教科書の復活は、政府が学校で教えられるべき「正しい歴史」を確定することを通じ、このような韓国内の歴史論争に強制的に終止符を打とうとするものであった。しかし歴史教科書の国定化という朴政権の決定は、野党のみならず、アカデミアや市民に広範な反発を巻き起こした。歴史学会は、歴史教育の画一化が市民の自由な思考を妨げること、国定教科書によってかつての軍事独裁政権が美化されることへの危惧を表明し、ソウル大学など主要大学の教授が相次いで国定教科書の執筆を拒否した。各地で市民や学生グループの反対運動が展開され、ソウル中心部では、他のアジェンダとも結びつき、大規模な反政府デモへと発展した[19]。

さらに朴政権による教科書国定化への批判は海外からも寄せられた。国定化の方針が発表されてほどなく、シカゴ大学教授ブルース・カミングスやエール大学教授のジョン・トリート、カナダ・ブリティッシュコロンビア大学教授ロス・キングなど欧米の韓国史研究者一五四人が教科書国定化に懸念を示す声明を発表した。それは次のような主旨のものであった。民主主義国家の歴史教科書は、意見や解釈の多様性、開かれた自由な討論、職業歴史家の研究成果を基礎につくられるべきである。教科書の国定化を通じ、ただ一つの「正しい」歴史を国民に押し付けることは、言論と学問の自由の後退であり、民主主義の原則に反する行為である。教科書の国定化は、民主主義国家としての韓国の国際的地位を揺るがすばかりか、日本政府の歴史修正主義的傾向に警鐘を鳴らしてきた韓国の道徳的基盤を弱めることにもなる[20]。

国内外の反発に直面しても、韓国政府は方針を変更する姿勢を見せてはいない。朴大統領は二〇一五年一一月一〇日の閣議で、「現行の歴史教科書は、わが国の現代史を正義に反する歴史として否定的に描写している」、「誤った内容でバランスを欠いた歴史教科書で学んだ生徒たちは、『大韓民国は生まれてはならない恥ずべき国』という認識を持ち、国家に対する誇りを失わざるを得ない。自国の歴史を知らなければ、魂のない人間になり、正しい歴史を学ぶことができなければ、魂が不正常な人間にならざるを得ない」と、国定教科書の正当性を改めて強調した[21]。しかし、この問題がトランスナショナルな関心を呼び、海外からの反発を招いたことは、歴史教育が一国家で完結する国家事業ではありえないこと、一国の評判や国際的地位に影響を与えかねないことを端的に露呈した。今後韓国政府が教科書制度を運用していく上で、海外の反応を完全に無視することは不可能だろう。

以上で見たように、昨今アメリカの歴史家たちは、東アジアの歴史問題への関与を深めているが、その働きかけは決して特定の一国に向けられているわけではない。彼らは、これまでに自国アメリカにも批判の目を向けてきたし、東アジアのいずれの国であれ、歴史修正主義的な動向や、国家による歴史「検閲」的な動きを察知した場合には、連名で非難声明を発してきた。

(2) ゲオルク・エッカート国際教科書研究所

さらに東アジアの歴史和解に向け、その役割の重要性を増しているのが、ヨーロッパ、特にドイツである。これまでも歴史和解問題において、ドイツは日本の「モデル」として参照され続けてきた。しかし近年姿を現しているのは、東アジアの歴史和解に向け、協働する「アクター」としてのドイツである。

東アジアの歴史問題の「調停者」としては、日韓の同盟国であり、同地に安全保障上の密接な利害を有するアメリカがまず想定されてきた[22]。歴史問題を、東アジアの地域協力を阻害する「外交問題」としてみるならば、確かにアメリカ以上の適役はいない。しかし本章で強調してきたように、東アジアで歴史問題が「外交問題」化している事実は、問題が政府間の外交的な対応のみで解決できるということを意味しない。持続的かつ不可逆的な和解への流れをつくりだすには、長期的な視野に立って、市民社会レベルで、相互の歴史認識の差異を埋めていく作業を進めていく必要がある。

ここで浮上するのが、ドイツである。昨今のドイツは、和解「モデル」を提示するにとどまらず、戦後積み上げてきた和解経験を生かして、精力的に地域外紛争の調停に取り組む第三者「アクター」となっている[23]。東アジアの歴史問題に対しても、教科書研究の世界的拠点として知られるゲオルク・エッカート国際教科書研究所をはじめ、市民社会レベルの関与を深めている。同研究所は、ナチス独裁下を生き抜いたゲオルク・エッカートによって、平和国家として再出発したドイツにふさわしい歴史教科書を作成するために創設され、ヨーロッパの様々な国の歴史家たちとの教科書対話を促進してきた。ドイツとフランスとの間では、それぞれの教科書の表現についての比較が行われ、明らかに敵対的な表現は新たな表現に変えるといった試みが実施されてきた。

さらに今日、同研究所は、ヨーロッパの社会的和解を促進する過程で蓄積された方法と経験を生かし、世界各地の歴史教科書対話を促進している(24)。二〇一〇年代に遂行されたプロジェクトだけ見ても、その活動地域は、アフリカ、アジア、中東、ロシアに広く及んでいる(25)。さらに近年、同研究所はユネスコの求めに応じて、ASEAN諸国の歴史教科書対話のアドバイザーも務めている(26)。東アジアの歴史教科書対話にも積極的に関与し、教科書の個々の記述のみならず、その内容や教育手法に関する助言も行っている(27)。しばしば「外交問題」としての歴史問題の紛糾に目を奪われて見落とされがちであるが、市民社会レベルの歴史対話は、ゲオルク・エッカート国際教科書研究所などヨーロッパのアクターの参入により、リージョナルなものからグローバルなものへと拡張し、着実に発展しているのである。

さらに、このような域外アクターの参入は、単なる対話の物理的な拡張のみならず、対話の内容にも変化をもたらしていくであろう。先に見たように、東アジアにおける教科書対話は、歴史問題の「外交問題」化への対応として発達してきた。そうした経緯ゆえに、その対話は、かつての侵略国である日本と、その犠牲国である中国、韓国という当事国に限定され、その焦点は、両国間の見解が激しく対立する具体的な問題——日韓であれば、日韓併合に至る過程で結ばれた一連の条約の合法性、日中であれば、南京大虐殺の犠牲者の数など——に向けられてきた。そこでは、なぜ歴史教科書対話は必要なのか、対話を通じて何を目指すのか、トランスナショナルな対話の成果を各々の国の歴史教育にどのように反映させていくかといった、普遍的かつ根源的な問いに関する共通理解の構築は棚上げにされてきた。

しかし、過去の日中の対話でも、日韓の対話でも、これらの根源的な次元での見解の不一致はしばしば立ち現れ、軋轢を生み出してきた。二〇〇六年、日中政府間の取り決めにより、日中の有識者から成る歴史共同研究委員会が立ち上げられたが、日中の見解対立は、南京大虐殺の犠牲者数といった具体的な問題のみならず、そもそも歴史対話を通じて何を目指すべきかという原理的な問いにも及んだ。日本側は、委員会の目的は、共通の歴史認識を構築することではなく、あくまで両者の歴史的な解釈の齟齬を特定し、その差異を最小化させることにあると考えていた。これに対して中国側は、一つの「正しい」歴史認識の共有を目指すべきだと考えていた[28]。

このような齟齬は、五年前の二〇〇一年に開始された日韓の歴史共同研究委員会にも見られた。同委員会は、二〇〇五年と二〇一〇年に報告書を発表したが、それは、日韓の歴史認識に依然として深い溝が存在することを表していた。韓国側は、日本の教科書がいずれも日韓併合条約の違法性を明記していないことを批判した。これに対して日本側は、韓国の教科書が戦後日本の平和国家としての歩みや、一九九五年の村山富市首相による侵略行為と植民地支配に対する謝罪にまったく触れていないことを批判した。さらに日中と同様、日韓の間にも、歴史家同士の対話を通じて何を目指すかについての不一致があった。日本代表が歴史解釈の多様性やニュアンスを強調したのに対し、韓国代表は、日本の人々に過去の過ちを理解させ、「正しい」歴史を受け入れさせることが最も重要だという立場であった[29]。

東アジアにおいて「外交問題」化し、紛糾した歴史問題に解決の糸口を見出そうとするならば、まず私たちは、問題を単なる「外交問題」として見ることをやめ、歴史教育と平和についてのより普遍的な問いを発する必要がある。地域外の市民社会アクターの参入は、歴史対話をリージョナルなものからグローバルなものへと物理的に拡張するのみならず、その内容をより普遍的なものとする。そこに和解に向けた新たな力学が生みだされていくであろう。

4　歴史認識と平和――一〇〇年の課題

昨今、日中・日韓関係が領土問題や歴史問題で紛糾する中で日本では「近隣諸国条項」への批判が高まっている。二〇一二年一二月、自民党は衆議院議員選挙における政権公約として「真に教育基本法・学習指導要領に適った教科書の作成・採択」を掲げた。さらに二〇一三年四月、衆院予算委員会で安倍首相は、第一次安倍内閣で教育基本法を改正し、教育の目標に伝統文化の尊重や愛国心、郷土愛を掲げたにもかかわらず、検定基準においてこの改正基本法の精神が生かされていないという認識を示した。以降、自民党政権下で、教科書検定制度の見直し、特に「近隣諸国条項」の撤廃が検討されている。

確かに同条項は、歴史認識問題が近隣のアジア諸国との間で「外交問題」化したことへの対応としてつくられたものである。しかし、歴史教科書の記述は国際協調精神を育むような内容でなければならず、そのような観点から、過度に愛国主義的な叙述や、他国との間に軋轢を生むような記述は抑制するという、その根本の発想は、歴史に深く根ざしたものである。

歴史教科書対話を通じた和解を主導してきたユネスコやゲオルク・エッカート国際教科書研究所が近年ますます強調しているように、歴史教科書対話の歴史は、第一次世界大戦前に遡る(30)。すでに一九世紀後半から、教科書の愛国主義的な叙述に対する異議申し立ては存在したが、こうした声がいよいよ大きなものとなり、実際に教科書改革運動に結びついていく大きなきっかけとなったのが、第一次世界大戦の経験であった。史上初の世界大戦の惨禍を目撃し、不戦を誓う人々は、戦争原因の解明と克服に取り組み、戦争の物質的な原因のみならず、観念的な原因の撲滅にも取り組んだ。そこで多くの人々によって平和への観念的な障害物として強調されたのが、愛国主義教育であった。これまで、歴史教科書は愛国主義を強調し、国民を統合するツールとみなされてきた。そのような教科書の叙述は、他国に対する共感を醸成するものにはなりえない。平和を願うのならば、このような歴史教育のあり方を根本的に変えなければならない――このような問題意識が多くの人々に共有されたのである。二〇世紀アメリカを代表する哲学者・教育学者ジョン・デューイは、大戦の経験から平和のための教育改革の必要性を確信し、次のように述べた。「子供たちの社会的な意識や理想の国際化について、学校教師、および学校を取り巻く共同体が負う責任は、私たちが想像してきたよりもはるかに大きなものである。真の愛国主義、共同体の公益に対する真の認識を育てるカリキュラムが必要なように、国際的な友好、善隣の精神を育てるカリキュラムが必要である[31]」。

このような発想のもとに、大戦間期に世界の様々な地域で教科書対話が試みられた。一九一九年には、デンマーク・ノルウェー・スウェーデンの北欧三国がいち早く歴史教科書対話を開始した。国際連盟の専門機関として知的交流事業を担当した国際知的協力委員会（International Committee on Intellectual Cooperation：ICIC）は、一九二五年、加盟国間の教科書の相互チェックに関するカサレス決議を採択した。これらの試みは、第二次世界大戦後のユネスコの活動へと継承された[32]。さらに大戦間期のアジア太平洋地域でも、一九二五年に地域協力のために創設された太平洋問題調査会（Institute of Pacific Relations：IPR）（1925–1961）など民間レベルで、多国間の歴史教科書対話が模索された[33]。和解と平和を促進するような歴史教育とはどのようなものであるか。今日の私たちの模索は、少なくとも一〇〇年の歴史を持つのである。

おわりに――東アジアの社会的和解に向けて

他方で、歴史教科書対話の限界を見据えるリアリズムも必要である。今日の東アジアの現状は、歴史家たちの「理性的」な対話は、人々が囚われた「非理性的」な思考を最終的に駆逐することができるという楽観に根本的な挑戦を突きつけている。ますます多くの人々が、歴史家たちが困難な対話を粘り強く繰り返し、地道に構築してきたトランスナショナルな歴史叙述よりも、愛国を率直にうたい、ナショナリズムと自尊心を満足させる叙述に魅力を感じている。メディアは、ナショナリズムと隣国への敵意を煽り立て、政治家たちは、このような事態を地域平和の障害とみなし、乗り越える努力をするよりは、国民のナショナリズムや愛国心に訴えるポピュリズムに走っている。

東アジアにおける歴史修正主義の動きは、必ずしも国家によって「押し付けられた」ものではなく、「草の根」からも生じている。今後歴史家たちは、なぜ歴史修正主義が広範な人々の心を捉えているのかという構造的な解明にも取り組んでいくべきであろう。既にゲオルク・エッカート国際教科書研究所はこの究明を重要な課題と位置付けている[34]。

さらに、歴史家や教育者たちの孤軍奮闘では、社会的和解は困難である。ジャーナリストや宗教団体など、多様な市民社会アクターをいかに取り込み、和解に向けたネットワークの層を厚くしていくかも重要な課題である。課題は山積みである。しかし、ひとたびその目を空間的・歴史的に広げるならば、有益な「モデル」は多数存在し、さらには「アクター」として手を携えることができる人々も多数見えてくるのである。

注

（1）三谷博「いま、なぜ『歴史認識』を論ずる必要があるのか」『ハフィントンポスト』二〇一四年八月六日。http://www.huffingtonpost.jp/hiroshi-mitani/understanding-of-history_b_5653166.html（二〇一六年九月二六日アクセス）。

（2）近年の主要な研究として、Jennifer Lind, *Sorry States: Apologies in International Politics* (New York, NY: Cornell University Press, 2008); Lind, "The Perils of Apology: What Japan Shouldn't Learn From Germany," *Foreign Affairs*, vol. 88, no. 3 (May/June 2009), pp. 132–146; Thomas U. Berger, *War, Guilt, and World Politics after World War II* (Cambridge: Cambridge University Press, 2012); Christopher Daase, Stefan Engert, Michel-André Horelt, Judith Renner and Renate Strassner, *Apology and Reconciliation in International Relations: The Importance of Being Sorry*, (Abingdon, Oxon; New York, NY:

Routledge, 2015).

（3） Lily Gardner Feldman, *Germany's Foreign Policy of Reconciliation From Enmity to Amity* (Lauham, MD : Rowman & Littlefield Publishers, 2012). 戦後ドイツの和解プロセスにおける市民社会アクターの役割と重要性については次の論稿も参照。Lily Gardner Feldman, "Principle and Practice of 'Reconciliation' in German Foreign Policy : Relations with France, Israel, Poland, and the Czech Republic," *International Affairs*, vol.75, no.2 (1999), pp. 333–356 ; Feldman, "Non-State Actors in Germany's Foreign Policy of Reconciliation : Catalyst, Complements, Conduits, or Competitors?" in Anne-Marie Le Gloannec, ed., *Non-state Actors in International Relations*, (Manchester : Manchester University Press, 2007), pp.15–45.

（4） Seunghoon Emilia Heo, "Who Can Lead the Change?" *AICGS News Letter* (December 10, 2012). http://www.aicgs.org/publication/who-can-lead-the-change/ （二〇一六年九月二六日アクセス）。ドイツ・ポーランドの和解で、教会、ジャーナリズムが果たした役割については、次の研究も参照。Gregory Baum, "The Role of the Churches in Polish-German Reconciliation," in Gregory Baum and Harold Wells, *The Reconciliation of Peoples : Challenge to the Churches*, (Maryknoll, NY : Orbis Books, 1997), pp.129–143 ; Annika Frieberg, "The Project of Reconciliation- Journalists and Religious Activists in Polish-German Relations 1956–1972," *Ph. D. Dissertation, North Carolina University*, 2008.

（5） 同条約の締結までのプロセスについては、川嶋周一「エリゼ条約の成立と戦後ドイツ＝フランス関係史」（1）『北大法学論集』五一巻一号（二〇〇〇年）二五九—三二三頁。同（2）『北大法学論集』五一巻二号（二〇〇〇年）六七七—七三一頁。

（6） Lily Gardner Feldman, "The Franco-German Elysée Treaty at Fifty : A Model for Others?" *AICGS website* (January 24, 2013). http://www.aicgs.org/issue/the-franco-german-elysee-treaty-at-fifty-a-model-for-others/ （二〇一六年九月二六日アクセス）。

（7） Andrew Horvat, "A Strong State, Weak Civil Society, and Cold War Geopolitics : Why Japan Lags behind Europe in Confronting a Negative Past," in Gi-Wook Shin, Soon-Won Park, and Daquig Yang, *Rethinking Historical Injustice and Reconciliation in Northern Asia- The Korean Experience* (Abingdon, Oxon : New York, NY : Routledge, 2008), pp. 216–234.

（8） Keiichi Kawate, "Historical Reconciliation between Germany and Poland as Seen from a Japanese Perspective : The Thought of a Japanese Historian and Their Development," in Gotelind Müller, ed., *Designing History in East Asian Textbooks : Identity Politics and Transnational Aspiration*, (Abingdon, Oxon ; New York, NY : Routledge, 2011), pp.229–244.

(9) 東アジアにおける歴史教科書対話の展開の概観は、Daquig Yang, "'A Noble Dream?' Shared History and Asia Pacific Community," *Paper for the Conference "The Japan-US-China Triangle and the Okinawa Question: Toward Shared History and Common Security" at the Sigur Center for Asian Studies, The George Washington University, 9 January 2009*; Daqing Yang and Ju-Back Sin, "Striving for Common History Textbooks in Northeast Asia (China, South Korea and Japan): Between Ideal and Reality," in Karina V. Korostelina, Simone Lässig and Stefan Ihrig, eds., *History Education and Post-conflict Reconciliation: Reconsidering Joint Textbook Projects*, (Abingdon, Oxon: New York, NY: Routledge, 2013), pp.209–230.

(10) 日中韓三国共通歴史教材委員会編著『未来をひらく歴史――東アジア三国の近現代史(*History that Opens the Future: Modern and Contemporary History of Three East Asian Countries*)』(高文研、二〇一五年)。同教材の作成過程、そこで生じた問題、その意義については、齋藤一晴『中国歴史教科書と東アジア歴史対話』(花伝社、二〇〇八年)、第一部。齋藤は『未来を開く歴史』の執筆者の一人である。

(11) 教材としての『未来を開く歴史』の詳細な分析は、Tomoe Otsuki, "A Point of Connection through Transnational History Textbooks? An Examination of 'History that Opens Future,' the Joint History Textbook Initiative of China, Japan and South Korea," in Julia Paulson, eds., *Education, Conflict and Development*, (Oxford: Symposium Books, 2011), pp.145–164.

(12) Herbert Ziegler and Jerry Bentley, *Traditions and Encounters: A Global Perspective on the Past, 6th edition* (New York, NY: McGraw-Hill Education, 2014).

(13) Alexis Dudden et al., "Standing with Historians of Japan," *Perspectives on History* (March 2015). https://www.historians.org/publications-and-directories/perspectives-on-history/march-2015/letter-to-the-editor-standing-with-historians-of-japan (二〇一六年九月二六日アクセス)

(14) "Open Letter in Support of Historians in Japan," H-Net (May 5, 2015), https://networks.h-net.org/system/files/contributedfiles/japan-scholars-statement-2015.5.4-eng_0.pdf (二〇一六年九月二六日アクセス)

(15) S. Res. 257 (103rd): A Resolution to Express the Sense of the Senate Regarding the Appropriate Portrayal of Men and Women of the Armed Forces in the Upcoming National Air and Space Museum's Exhibit on the Enola Gay (September 23, 1994), https://www.govtrack.us/congress/bills/103/sres257/text (二〇一六年九月二六日アクセス)

(16) エノラ・ゲイ論争については、Edward T. Linenthal, "Anatomy of a Controversy," in Edward T. Linenthal and Tom Engelhardt, eds., *History Wars: The Enola Gay and Other Battles for the American Past* (New York, NY: Metropolitan Books, 1996), pp.9–62; Michael J. Hogan, "The Enola Gay Controversy: History, Memory, and the Politics of Presentation," in Michael J. Hogan, ed., *Hiroshima in History & Memory*, Cambridge: (Cambridge University Press, 1996); Lawrence S. Wittner, "The Enola Gay, the Atomic Bomb and American War Memory," *The Asia Pacific Journal: Japan Focus* Vol. 3, Issue, no.3 (June, 2005). http://japanfocus.org/-Lawrence_S_-Wittner/1777/article.html (二〇一六年九月二六日アクセス)

(17) Debbie Ann Doyle, "Historians Protest New Enola Gay Exhibit," *Perspectives on History* (December 2003). https://www.historians.org/publications-and-directories/perspectives-on-history/december-2003/historians-protest-new-enola-gay-exhibit (二〇一六年九月二六日アクセス)

(18) Kai Bird and Martin Sherwin, "Ugly History Hides in Plain Sight," *Los Angeles Times* (December 22, 2003). http://articles.latimes.com/2003/dec/17/opinion/oe-bird17 (二〇一六年九月二六日アクセス)

(19) "'New Right' Textbooks Present a Distorted View of History," *Hankyoreh* (June 1, 2013), http://www.hani.co.kr/arti/english_edition/e_national/590046.html. (二〇一六年九月二六日アクセス) Steven Denney, "South Korea's Other History War," *Diplomat* (October 16, 2015). http://thediplomat.com/2015/10/south-koreas-other-history-war/ (二〇一六年九月二六日アクセス)

(20) "Statement in Support of Korean Historians' Protest against Planned Renationalization of History Textbooks (October, 2015). 全文は "https://thenewspro.org/?p=15022 (二〇一六年九月二六日アクセス)

(21) 『中央日報』二〇一五年一一月一〇日。http://japanese.joins.com/article/204/208204.html (二〇一六年九月二六日アクセス)

(22) Gi-Wook Shin, "Historical Disputes and Reconciliation in Northeast Asia: The US Role," *Pacific Affairs*, vol. 83, no. 4, (December 2010); Deniel Sneider, "Japan-Korea Relations: Time for US Intervention?" *The National Bureau of Asian Research Analysis Brief* (January 6, 2014), http://www.nbr.org/publications/element.aspx?id=716 (二〇一六年九月二六日アクセス)

(23) Lily Gardner-Feldman, "Event Summary: Germany as a Model and Mediator for Northeast Asian Conflicts,' *American Friends of Bucerius* (May 13, 2014)". http://buceriususa.org/event-summary-germany-as-a-model-and-mediator-for-northeast-asian-conflicts/ (二〇一六年九月二六日アクセス)

（24）活動の概要を知るには、ファルク・ピンゲル『和解のための歴史教科書』（日本放送出版協会、二〇〇八年）。

（25）The Georg Eckert Institute, "Completed Project." http://www.gei.de/en/projects/completed-projects.html（二〇一六年九月二六日アクセス）

（26）Yojana Sharma, "Textbook Approach to Asia's Disputes", *BBC News* (February 18, 2014). http://www.bbc.com/news/business-26073748（二〇一六年九月二六日アクセス）

（27）The Georg Eckert Institute, "Textbook Activities in East Asia." http://www.gei.de/en/projects/completed-projects/bilateral-textbook-commissions-and-projects/textbook-activities-with-east-asia.html（二〇一六年九月二六日アクセス）

（28）北岡伸一「日中歴史共同研究の出発——事実の探求に基づいて」『外交フォーラム』、二二六号、二〇〇七年）一四—二〇頁。Shin Kawashima, "The Three Phases of Japan-China History Research: What Was the Challenge?" *Asian Perspective*, vol. 34, no. 4, pp. 26–27.

（29）日韓歴史共同研究委員会「日韓歴史共同研究報告書（第2期）教科書小グループ篇」（日韓文化交流基金、二〇一〇年）三四三—三四六、三八一—三八二頁。http://www.jkcf.or.jp/projects/kaigi/history/second/（二〇一六年九月二六日アクセス）

（30）Falk Pingel, *UNESCO Guidebook on Textbook Research and Textbook Revision*, 2nd Revision and Updated Edition Georg Eckert Institute for International Textbook Research (Paris: Braunschweig, 2010); George Eckert Institute for International Textbook Research, *History Beyond Borders: International History Textbook Revision, 1919–2009*. http://www.gei.de/en/projects/completed-projects/history-beyond-borders/history-beyond-borders-international-history-textbook-revision-1919-2009.html（二〇一六年九月二六日アクセス）同プロジェクトは、二〇〇八年から二〇一三年にかけ、スウェーデンのウメオとカールシュタットの諸大学とゲオルク・エッカート国際教科書研究所の共同プロジェクトとして進められた。その成果の概要は、以下の論稿にまとめられている。Henrik Åström Elmersjö, "History Beyond Borders: Peace Education, History Textbook Revision, and the Internationalization of History Teaching in the Twentieth Century," *Historical Encounters*, vol.1, no.1 (2014), pp. 62–74.

（31）John Dewey, "The Schools as a Means of Developing a Social Consciousness and Social Ideals in Children," *Journal of Social Forces* (September 1923)," in Jo Ann Boydston et all ed., *The Middle Work of John Dewey, 1899–1924* (Carbondale, IL: Southern Illinois University Press, 1976–1983), vol. 15, p. 155.

（32）第二次世界大戦前に遡る歴史教科書対話の歴史については、近藤孝弘『ドイツ現代史と国際教科書改善――ポスト国民国家の歴史意識』（名古屋大学出版会、一九九三年）一三一―一三三頁。

（33）Institute of Pacific Relations, Hawaii Council, *A Preliminary Textbook Study*,（Honolulu, Hawaii : Hawaii Council, Institute of pacific Relations, 1927）. 太平洋問題調査会は、アジア太平洋の相互友好と地域協力を目的に、一九二五年にハワイのホノルルで創設された。発足時のメンバーの出身国は、アメリカ、日本、中国、カナダ、オーストラリア、ニュージーランド、朝鮮、フィリピンであったが、その後、イギリス、フランス、オランダといった同地に植民地を持つヨーロッパの国々、さらにソ連といった域外メンバーも含む組織へと発展し、その最盛期の活動規模は、国際連盟の知的協力委員会と並び称されるほどであった。一九六一年、冷戦を背景に活動停止を余儀なくされて以来、長らく忘れ去られてきたが、冷戦終焉後、アジア太平洋地域における地域協力の先駆として改めて脚光を浴びている。主な先行研究として、Lawrence T. Woods, *Asian-Pacific Diplomacy : Non-governmental Organizations and International Relations*（Vancouver : University of British Columbia Press, 1993）; Paul F. Hooper, ed., *Rediscovering the IPR : Proceedings of the First International Research Conference on the Institute of Pacific Relations*（Honolulu : Hawaii, University of Hawaii, 1994）; Tomoko Akami, *Internationalizing the Pacific : The United States, Japan, and the Institute of Pacific Relations in War and Peace,1919-45*（London, New York : Routledge, 2002）. 山岡道男『太平洋問題調査会研究』（龍渓書舎、一九九七年）。片桐庸夫『太平洋問題調査会の研究――戦間期日本ＩＰＲの活動を中心として』（慶應義塾大学出版会、二〇〇三年）。

（34）George Eckert Institute for International Textbook Research, "Reconstruction of Identities and Revision of History in East Asia", http://www.gei.de/en/projects/completed-projects/topic-orientated-and-multilateral-projects/reconstruction-of-identities-and-revision-of-history-in-east-asia.html（二〇一六年九月二六日アクセス）。これは、東アジアで歴史修正主義が台頭してきた背景、インターネットをはじめとする「メディア革命」の時代において、歴史修正主義がどのようなメディアを媒介に、どのような形態で社会に浸透しているのか、このような時代において歴史家や教科書はどのような役割を果たしうるかなどを多角的に検討したプロジェクトであり、その成果は、Steffi Richter, ed., *Contested Views of a Common Past : Revisions of History in Contemporary East Asia*,（Frankfurt, New York : Campus, 2008）として出版された。

（三牧聖子）

第Ⅲ部

ヨーロッパの冷戦と歴史認識問題

第8章 冷戦期における西ドイツとの和解の機会と限界
――フランス、イスラエル、ポーランド、チェコスロヴァキアの比較分析

はじめに

二〇一五年は、第二次世界大戦の終結とホロコーストから七〇年という節目であり、ドイツとヨーロッパの経験が日本と東アジアにとって教訓となるのか、という問題及び和解に対する関心を再び巻き起こした。教訓を比較する研究の多くは、ここ一五年の間に進展をみたが、ドイツの国際的和解の成功を理想化する見解が中心であった。和解実践の場において、ドイツは実際に、一貫して、継続的に、そして包括的に過去と向き合うことに取り組んできた。しかし、ドイツによる旧敵国との和解が、危機によって中断を余儀なくされた、長く厄介で紆余曲折を経たプロセスであったという事実は見過ごされてきた。ドイツを和解のモデルとする研究は、加害者側の考えや行為にもっぱら焦点が当てられ、犠牲者の立場などは軽視されてきた。ここでの分析は、旧敵国（フランス、イスラエル、ポーランド、チェコスロヴァキア）が、戦後ドイツにどのように向き合ってきたのか、なかでも和解の強さを試す最後の試金石であるドイツ統一に対して旧敵国がどう対応したかを検討することによって、そうした不備に取り組む。

本章の目的は三つある。この四カ国の政府が、一九四九年から一九九〇年にかけて「ドイツ問題」にどう取り組んだのかという分析、同じ時期に社会レベルのアクターが、ドイツに対してとったアプローチの検証（そのこと自体はまだ研究途上にあるが）、一九八九年から一九九〇年にかけてのドイツ統一のプロセスに対する対応の把握である。同時にこれら三点の検討を通して、和解の複雑さ、変わりやすさ、多様さを明らかにする。

本章ではさらに以下の点を明らかにしたい。「和解」は主として、分断ヨーロッパにおける西ドイツに対する政府レベルでの対応だったけれども、それは、フランスやイスラエルでは非常に成熟し制度化された形で、一九七〇年以降のポーランドでも萌芽的な形で、それぞれなされていたということである。そして、フランスとイスラエルでは、ドイツとの和解にとって、社会レベルのアクターすなわち国内勢力が中心だったのであり、ポーランドおよびそこまではいかないもののチェコスロヴァキアにとっても重要であったということだ。また、冷戦という国際的文脈が、和解の機会と限界を左右することになったのであり、ドイツ統一に対する四カ国の姿勢は一九八九年以前に行ってきた和解の特徴に関係しているということである。

ここでは「和解」を、政府と社会のレベルを横断する二国間の制度を通じて、かつての敵との間に長きにわたり平和を構築していくプロセスとして定義する。複雑で錯綜したプロセスとしての和解は、友好、信頼、共感、寛容（赦しではない）を伴う。この概念は、平和の意味に、調和と緊張を伴わない共存というヴィジョンを吹き込むことではなく、むしろ差異を統合するものである。実りある論争は、共有された協調的枠組みの中で展開していくものであるが、隔たりをはっきりさせ、それを緩和させるものではあっても、隔たりを除去するものではない。論争の目的は、完全な平和というよりもっと現実的なものである(1)。

ここで言う「ドイツ問題」とは、形成された時期によって特徴づけられた大国ドイツの三つの現実を指す。一つは一九四五年以前、覇権的、膨張的、軍国主義的であった分断前のドイツ、もう一つは一九四五年以降の西ドイツすなわち、西側陣営の一員として馴化された「シビリアン・パワー(2)」としての分断国家ドイツ、そして最後に一九八九年以降の、リーダーシップが大方認められ、統合ヨーロッパのなかで再統一したドイツである。

1　政府レベルの観点、一九四五―一九九〇年――憎しみと嫌悪から友好と受容へ

「ドイツ問題」に対する姿勢を外部からみると、ドイツ連邦共和国樹立後の四〇年間は二つの時期に分けられる。一つは、ドイツの好戦的な歴史に起因する、憎しみから嫌悪にまで及ぶ否定的な感情を特徴とするものであり、もう一つは、友好から受容にまで及ぶより肯定的な感情を特徴とするものである。[3]フランスとイスラエルにとって変化は唐突に訪れ、それは一九五〇年代前半、冷戦の到来に呼応するかたちであったが、その一方で、ポーランドとチェコスロヴァキアにとって考え方の変化が見られたのは遅く、それは西ドイツの東方政策やデタントがみられた一九七〇年代初めであった。フランスとイスラエルの場合、シューマン（Robert Schuman）とベングリオン（David Ben-Gurion）の透徹したリーダーシップ、彼らとアデナウアー（Konrad Adenauer）の積極的な交流もまた態度を変えさせていった。その後、民主主義に対する西ドイツの親和性が、こうした信頼の醸成を強めていった。

(1)　初期

大戦終結直後の時期、一九四〇年の対独敗戦とその後のドイツによる「苛烈」な占領がフランスに影響を与えたが、それはフランス官界のドイツに対する懲罰的姿勢へとつながったのであり、「赦しや和解の余地がほとんどないほどのドイツに対する憎悪」を特徴とした。[4]

一九四五年から一九五〇年の間、ユダヤ人およびイスラエルは過去に対して沈黙を貫いた。ホロコーストで六〇〇万人のユダヤ人が虐殺されたことに対する、比類ない悲しみと敵意によって、イスラエルの人々は声をあげることもできぬまでに追いつめられ、ボイコットというかたちでドイツとの具体的接触を拒んできた。「イスラエル国

民の多くは、今もなおアデナウアーのドイツをヒトラーのそれと重ねあわせており、ドイツとの接触を悪魔との接触になぞえて一切拒んでおり」、イスラエル政府は「ドイツのいかなる組織とも法的・経済的交渉はしない」と約束するに至った(5)。

第二次世界大戦から二〇年の間、西ドイツとポーランドは、交流はなかったが、それは相互不信、冷戦という両陣営同士の対立、感情の面と体制の両面からの全面的不承認に起因するものであった(6)。第二次大戦中に占領されたポーランド人の多くは、六〇〇万人以上（うち三〇〇万人がユダヤ人）の同胞を失い、ドイツに対する広汎な憎しみをかきたてられた。「対独政策で理解を示そうとすれば、「ポーランド」のどの政権も、……ナチの恐怖の体験からくる憎悪、畏怖、拒絶といった国民感情に配慮しなければならなかった(7)」。

ポーランド政府は、第二次大戦末期ポーランドに割譲された「東側領土」奪還に力を注ぐ失地回復主義者ドイツの広汎な脅威と、そして一八世紀末からポーランド国家を否定してきたドイツの歴史的役割の記憶を増幅させるように思われた。チェコスロヴァキア政府もそうだったが、ポーランド政府にとってソ連とは、失地回復を目指す西ドイツ国家から保護してくれる存在だった。

一九四五年から一九八九年の大半を通して、ドイツ人とチェコ人が物心両面で交流がない状態だったのは、冷戦と、一〇〇〇年にもおよぶ複雑であやうい共存の歴史に原因があったわけだが、その歴史の中で、ドイツはチェコの独立も国家としての存在も認めず、チェコスロヴァキアはドイツ系少数民族の受け入れに困難を感じた(8)。一九三八年のミュンヘン協定によって両国の過去は失われた。続くドイツによるチェコ占領はナチの残虐性を明らかにしたが、なかでも一九四二年六月のチェコの村リディツェ（Lidice）で起きた粛清は、チェコのクラウス（Vaclav Klaus）大統領が「身の毛立つ犯罪」とよんだほど最悪の事件であった(9)。ドイツによる占領は「病的なほどの憎悪」を生み出した(10)。一九四五年以降、チェコスロヴァキアには、ドイツが失地回復のため攻撃してくるという脅威が広まり、共産党政権はソヴィエト陣営内で国家のアイデンティティを強化するようになった。

(2) 形式化された変化

フランス――歴史問題の解決

フランスは、戦後の西ドイツに対する米英の計画が変更できないものであり、対ソ協調から得るところはないと認識すると、二国間と多国間の両面からドイツをつなぎとめる政策を追求するようになり、ドイツも自らすすんでヨーロッパの諸機構の制約を受けることに従った。恐怖感が残存しているにもかかわらず、フランスは早くから新生ドイツを受容したが、たとえば公式にはシューマン、非公式にはロヴァン（Joseph Rovan）のように、それはフランスが「和解」ということばを積極的に使う姿勢にみられた[11]。

公式な関係の変化は、三つの形で表明された。（1）歴史と第二次世界大戦から生じる諸問題の正式な解決を通して、（2）新たな二国間関係の制度化を通して、（3）ヨーロッパ共同体（EC）／ヨーロッパ連合（EU）の枠組み内での独仏連携の発展を通して、である。独仏の新しい関係にとって障害はなかったけれども、歴史とドイツ国家につきまとう恐怖感は、一九五〇年以降もフランスの公式の考えから完全に消えることはなかった。そのことは、ドゴール（Charles de Gaulle）やミッテラン（François Mitterrand）の考え方や、ドイツとの問題の多くをめぐるフランスの政策において、特にはっきりしていた。例えば、一九五〇年代、六〇年代はEC内での西ドイツの位置、一九七〇年代の東方政策、一九八〇年代初頭と末におけるドイツ配備のアメリカのミサイルとドイツ統一、一九九〇年代におけるドイツによる、クロアチアとスロヴェニア承認とEU東方拡大に対するドイツの姿勢が挙げられる。

ドイツの主権と領土をめぐる問題は、一九五四年のパリ協定と一九五六年のザール条約の調印で公式に解決をみた。その次の一〇年に、ドイツは第二次世界大戦に今だ残るもう一つの領域、つまりナチの犯罪に対する補償に取り組もうとした[12]。

フランス――関係の制度化

一九六三年のエリゼ条約は、過去を清算し、今後の関係の制度化を成文化したものであった[13]。この条約は、国家や政府首脳、外相と国防相、軍参謀本部、それに独仏青少年交流局（Franco-German Youth Office）の定例会議を設置することで、継続的な政策交流や対話を拡大していった。

一九六三年から一九九〇年にかけての独仏政府レベルの制度的発展は、二つの時期にまたがるものであった。一つは一九六三年から一九八八年にかけての、エリゼ条約が非常に停滞しているようにみえた時期（政府レベルでの会合は別であり、それ自体大変重要であった）と、もう一つは一九八八年から一九九〇年にかけての時期で、当初の条約の諸条項が、防衛、経済、財政、文化、環境をめぐる二国間制度の創出を通して実行に移され、政府官僚が相手国で自国民と同様に扱われる形で交流が始まり、そして政策選好は高いレベルの友好と信頼を示した。

フランスがドイツに対して新しいアプローチをとりはじめた時期から一九五〇年までの間に、対独政策は西欧というパースペクティヴのなかに包摂されたが、それはドイツを埋め込み、ドイツとヨーロッパの分断を固定化した。一九五〇年のシューマン・プランとプレヴァン・プランは、一八七〇年から続いた三つの悲惨な戦争に対する道義的対応策となり、いかにしてドイツの行動を縛りフランスの安全を保障するかという現実的な意味を与えた。一九五四年にフランス国民議会が、プレヴァン・プランを具体化したヨーロッパ防衛共同体（European Defence Community）を否決したが、それはEC創設が、より高い緊急性を持つことを意味した。以後四〇年間、独仏はEC／EUにとっての対内的・対外的重要性を有する諸問題に関して、しばしば大きな対立を抱えながらも、ヨーロッパ統合を前進させるに十分な共通の立場を発展させていった[14]。

イスラエル――歴史問題の部分的解決

イスラエルの公式な姿勢の変化は、フランスの場合と同様に、道義的な基盤とプラグマティックな基盤の両方に基づいていた。ベングリオンは、聖書を引用して、ドイツは後の結果も考えずに、窃盗も略奪も殺戮もするべきでないと論じた。イスラエルの指導者たちはまた、さまざまなオルタナティヴを模索した結果、結局ドイツは、未熟かつ非常に脆弱なイスラエル経済に大きな貢献ができる唯一の頼みの綱であると結論づけた。フランスが独仏関係の古い構造を再構築するためシューマン・プランを始めたように、イスラエルも外交覚書（一九五一年一月一六日と三月一二日）を通じて変化を見せはじめたが、そのなかで、ドイツからの補償を四大国に要求していた（当時イスラエルはドイツとの直接交渉を拒否していた）。それは、沈黙を切り開くことに役立ち、ドイツ連邦議会でのアデナウアーの発言（一九五一年九月）につながった。

冷戦は、ドイツと直接向き合っていくという、イスラエルのその後の決定に影響を与えた。一九五〇年代初めになると、早々にイスラエルを承認したソ連との関係を発展させる可能性が薄れ、イスラエルは、ドイツも含め国際的パートナーを必要とすることが明らかになった[15]。フランスと違い、イスラエルは当時も、そして最近に至るまで、「関係改善」「特殊な関係」「理解」「協調」といった表現を好み、「和解」という言葉は使わなかった[16]。イスラエルにとって歴史は、フランスの場合以上に、拭い去ることのできないものであり、ドイツによるどんな些細な反ユダヤ主義の表現にも政府高官が過敏になったり、反イスラエルとみられる政策表明、例えば一九七三年のOAPECの石油禁輸におけるドイツの中立、一九七〇年代初頭のパレスチナ民族自決の支持、一九八一年のサウジアラビアへの武器輸出計画などを懸念したりした。ドイツに対する警戒は、一九五〇年代初めに積極的かつ熱烈に対独関係に反対していたベギン（Menachem Begin）政権において、とりわけ明確になった。

フランスの場合と同じように、イスラエルと西ドイツとの公式な和解のプロセスには、問題の解決、制度化、ヨーロッパ化という三つの要素を伴った。一九五一年九月にアデナウアーが、補償と賠償に関する交渉を申し出て、イスラエルがそれを受け入れたことから、一九五二年のルクセンブルク補償協定が結ばれたが、その内容は、国家には現物と役務で賠償を支払い、世界のユダヤ人（その四〇％はイスラエル在住）には補償金を支払うというものであった。奴隷労働者や強制労働者といったユダヤ人犠牲者は、冷戦期の補償協定からは除外されたが、これらの人々への取り組みは結局、統一後なされることとなった。

ホロコーストに起因するイスラエルの怒りは根深く、ドイツによる現物と金銭での支払いによって痛みや苦しみが減ぜられることはなかったが、イスラエルはドイツの犠牲者に対して、ナチの犯罪の責任を認めさせることを明らかにした。そしてドイツの分断は、ホロコーストに対する罰であり、ドイツ封じ込めの再保障でもある、とイスラエルからはみなされた。しかしドイツは、一九五〇年代初めに、怒りを認めるというプロセスに取り組む一方で、外交関係をめぐっては新たな不満を招いてしまった。ドイツ連邦共和国がドイツ国家を法的に唯一代表すると主張する、西ドイツのハルシュタイン・ドクトリンにしたがって、アラブ諸国が東ドイツを承認すると、西ドイツとアラブ諸国との関係の断絶をもたらすことを恐れた西ドイツ政府が、一九六五年までイスラエルとの公式な関係を結ばなかったからである。こうして外交承認がなかったために、ドイツは財政援助と兵器供給でもってその償いをしたが、このことは、ルクセンブルク補償協定から派生する経済的関係とともに、関係の制度化の先がけとなった。(17)

イスラエル——関係の制度化

ドイツとイスラエルの政府レベルでの制度的発展は、二つの期間にまたがった。一つは、一九六五年から八〇年にかけてで、外交関係が、多くの条約と協定を促した時期である。もう一つは、一九八一年から八九年にかけてで、両国関係が、まだカバーされていなかった領域にまで強化・拡大された時期である。

アラブ世界との誠実な関係を維持するために、ドイツとイスラエル政府との当初の制度的関係は、最初から友好がオープンに示された社会レベルでの関係とは対照的に、しばしば水面下で密かに展開した。その代り、秘密協定、特殊な分野の条約、政策選好、二つの国家という形をとったが、そうしたことのすべては、政策交流、調整、ときには共同行動、信頼構築プロセスのための首脳・閣僚の定例訪問を生み出した。

歴史の重みがなおあまりあるものだったため、ドイツ統一までは、文化に関する条約はなかったけれども、フランスの場合ように、ドイツとイスラエルの関係の制度化は、防衛、インテリジェンス、経済、科学技術、観光、文化といったあらゆる政策領域を含むものであった。

一九五〇年代初頭から始まった、ベングリオンの西ドイツに対する公然たる政策は、西ヨーロッパにおけるドイツの役割という観点から組み立てられた。ベングリオンは、ヨーロッパへ向かうイスラエルのルートが西ドイツを経由することをよく理解していたが、そのことで落胆させられることはなかった。EC／EU内でドイツがイスラエルの立場を代弁する例が多くあったからだ。一九五〇年代後半にイスラエルがEUとの公式な関係を持とうとしていた時、ドイツが支援したのはその例である。ドイツはまた、ECとイスラエルの自由貿易協定（一九七五年）でも大きな役割を果たした。政治の面では、ドイツはたとえば、ヴェニス宣言（一九八〇年）の文言を希薄化したり、イスラエルへの経済制裁の動きに加わらなかったりと、パレスチナを有利にするECの対外政策に対する歯止めとなった。

ポーランド――歴史問題の不完全な解決

フランスとイスラエルは、ドイツに対する姿勢が変化した一九五〇年代初めに、公式にイニシアティヴをとり、その後新たな関係の構造的基盤を作り出すために、好意的なドイツを相手に、難しいメヌエットを踊ることにした。ポーランドの場合、一九六〇年代後半に政府の考え方の変化が生じたが、それは西ドイツのイニシアティブ、つまりブラント（Willy Brandt）の「東方政策」に対する反応であった。東方政策は「関係改善を通しての変化」をもたらそうとするものであり、ドイツとヨーロッパの分断は受け入れるものの、分断が人的次元でもたらす厄介な帰結のいくつかを緩和することに焦点を当てるものであった。一九六八年にニュルンベルクで開かれた社会民主党（SPD）の党大会で、ブラントはオーデル・ナイセ線（第二次世界大戦後に引かれ、ドイツと接するポーランドの西側国境であり、オーデル川とナイセ川にちなんでそう呼ばれた）を承認し尊重することを主張した。

ポーランドとドイツの関係発展にとって、問題の解決と制度化はフランスやイスラエルの例を踏襲したものだが、冷戦が原因でより希薄化された形となった。変化の三番目の次元であるヨーロッパ化については、一九七〇年代半ばに創設された全欧安保協力会議（CSCE）が、ドイツとポーランドの対話のために全欧という枠組みを提供したが、それはポーランド政府にとっては小さな要素であった（反体制派にとっては特にそうだった）。

ドイツ連邦共和国とポーランド人民共和国の関係正常化の基盤に関する条約は一九七〇年一二月に締結されたが、ポーランドを残虐な第二次世界大戦の「最初の犠牲者」として認めたものであり、さらにオーデル・ナイセ線が法的に（de jure）ではなく事実上のポーランドの西側国境であると承認することで、外交関係を樹立した。(18) ポーランド人の奴隷労働と強制労働の犠牲に対する物的補償問題と同様に、国境問題は最終的にドイツ統一後に扱われることになるが、その一方で、大戦後ポーランドに割譲された領土からドイツ人を追放した問題は、統一後も関係を長きにわたってこじれさせることになった。

ポーランド政府は、イスラエルが「正常化」という言葉に拘ったのと同じようなアレルギー反応は示さなかったが、そのプロセスが過去に向き合うドイツの「道義的義務」を意味するということを明確にした。一九七〇年の条約の文言は「和解」を想定していなかったし、ブラント首相は、「和解」という言葉を国家間ではなく国民同士の関係に限定した。

ポーランド――関係の部分的制度化

ドイツとポーランドの制度的関係の拡大は、二つの時期に区分される。一つは、一九七〇年から一九八九年までで、一九七〇年の条約という新たな法的枠組みが、ポーランド共産主義によって規定された新しい制度を生み出した時期である。もう一つは、二国間の制度に急激な成長がみられた「黄金時代」の始まりである一九八九年以降、特に一九九一年の条約以降の時期である。

ドイツとポーランドの指導者たちは、一九七〇年代に過度の期待をいだいたようにみえたが、結局失望することになった。にもかかわらず、一九七〇年条約は「政治レベルでの定例協議」の枠組みを提供した。一九七〇年代末になると、ドイツ―ポーランド関係の「停滞」は政治的にも、経済問題においても支配的になった[19]。

コール（Helmut Kohl）首相がドイツ統一のイニシアティブをとる前、一九八九年八月のマゾヴィエツキ（Tadeusz Mazowiecki）政権下でポーランドが、共産主義から民主主義へ移行したことは、ドイツ―ポーランドの制度的関係にとって新たな「突破口」の時代を告げるものとなった。

コール首相による一九八九年一一月のポーランド訪問（ベルリンの壁崩壊で中断されたが再開された）は、「理解と和解の可能性を大いに高めた」、一一の政府間協定を発表したドイツとポーランドの共同宣言へと結実した[20]。

チェコスロヴァキア――歴史問題の部分的解決

ブラント外相の思想と実践によって、ドイツは控えめながらも、実際に歴史を受け入れるように変化したが、それは彼の信任厚い相談相手であるバール（Egon Bahr）の一九六八年四月のプラハ訪問で制度化された[21]。チェコの民主化プロセスは、一九六八年の「プラハの春」で頂点に達し、両国に希望を与えたが、それは一九六八年八月のワルシャワ条約機構軍によるチェコスロヴァキア侵攻で崩壊した。ドイツとチェコスロヴァキアの和解は、さらに二〇年遅れることになった。

歴史問題のいくつかは、一九六八年以降の関係のなかでとりあえずの解決を見、多少の制度化がみられたものの、ポーランドよりははるかに劣るものであった。ドイツ―チェコ関係のヨーロッパ化は、一九八九年一二月にハヴェル（Václav Havel）が大統領になるまで、政府レベルでも具体的目標ではなかった。

一九六八年の容赦ないチェコスロヴァキア侵攻によって、同国は西側にとっては、ソヴィエト陣営の他のどの国よりも接触しにくい国となった。にもかかわらず、一九七〇年のドイツ―ポーランド条約と一九七二年の東西両ドイツ条約以降、ドイツは新たな関係を求めてチェコスロヴァキアに接近する用意があった。ドイツ連邦共和国とチェコスロヴァキア社会主義共和国の間の相互関係に関するプラハ条約（一九七三年）へと結実する交渉は、ドイツにズデーテン地方を割譲したミュンヘン協定（一九三八年）という厄介かつ感情的な問題のおかげで難しいものとなっていた。(22) フランスやポーランドの指導者たちと違って、チェコの指導者たちは、イスラエルのように「関係の正常化」を優先し、「和解」という言葉に共感をおぼえなかった。(23)

プラハ条約は、ミュンヘン協定が無効であることを宣言したが、無効の時期をめぐって、双方の国がそれぞれの法的解釈を譲らなかった。それは現時点から（ex nuc）というドイツの解釈と、最初から（ex tunc）というチェコスロヴァキアの立場の間の違い、今日までズデーテン地方のドイツ人が求めてきた市民権と補償に対するインプリケーションの違いであった。(24)

一九七三年条約は領土問題に関しては、より明快だった。両国は、「共通の国境が不可侵であること」を承認し、ドイツが統一するまでドイツ―ポーランド関係を悩ませた問題を早々に解決した。

一九九二年二月の善隣友好協力条約――一九九一年の同名のドイツとポーランド条約と同様のもの――で、ドイツとチェコスロヴァキアがお互いの不満を公式に認め合うまで、一九七三年のドイツ―チェコスロヴァキア条約からほぼ二十年かかった。この条約は、チェコスロヴァキアが、一九一八年以来国家として存在するのをやめたことは一度としてなかったということ、そして少数民族の権利が保護されるべきであるということを認める内容を含んでいた。同条約は、財産権の問題を除外することを確認し、重要な歴史問題をまたもや先送りにした。(25)

ポーランドと同様、重要な補償の問題は、ドイツ統一後に初めて扱われた。そして、ポーランドの場合のように、ズデーテン地方から追放されたドイツ人の問題は、統一後もずっと両国関係にとって重荷となり続けた。

チェコスロヴァキア――非常に限定された制度化

東西の分断から生じる制約は、一九八九年までのチェコスロヴァキアとドイツの社会レベルでの関係と同じ程度に、二国間の政府レベルの制度を遅らせた。

一九七三年一二月に、ドイツ連邦共和国とチェコスロヴァキア社会主義共和国の間の相互関係に関する条約が結ばれたが、その目標はほとんど実現されなかった。この条約によって、両国は経済、文化、科学技術、高等教育、スポーツ、輸送といった面での協力を約束したが、このような制度的次元は、一九六八年以降、社会レベルでの交流に関するチェコスロヴァキア共産党政権の教条的な制約のせいで、ポーランドの場合以上に実現が難しくなった。

すでに一九八九年九月末から一一月初めにかけて、チェコスロヴァキアは、プラハの西ドイツ大使館に逃げてきた東ドイツ国民の西ドイツ通過を許可することによって、ドイツ統一に貢献したが、新政府の対独政策が作られ、協定と条約による制度的関係がゆっくりと開始されるまでに、さらに数カ月以上も要した。

2　ドイツに対する社会レベルでの反応、一九四五―一九五〇年
――分断ヨーロッパにおける和解と分断克服計画

(1) フランスとイスラエル

第二次世界大戦終結後まもなく、フランスの宗教勢力は、政府レベルの政策よりも前から、ドイツ国家についての新たな見解を基に、和解を求めてドイツのカウンターパートとの関係を築こうと動きはじめていた。こうした宗教や道徳に突き動かされたイニシアティブは、カトリックとプロテスタント双方の声によるものであり、政治家もその取り組みに関わった[26]。宗教勢力の動きは、アデナウアーとシューマンの間のローマ・カトリックを基盤とした、有名な交流にとっても重要な背景となった。

ドイツとイスラエルの間には宗教勢力のカウンターパートがいないこともあって、独仏間のように、宗教勢力の

リーダーシップが触媒となることはなかったが、一九四〇年代後半に創設されたキリスト教―ユダヤ教協力協会（Societies for Christian-Jewish Cooperation）を通じて、精神的なつながりを発展させてきた。政府レベルと社会レベルの指導者たちが、主として道徳の面からドイツの犯罪を認める動きが、時折り教会を取り巻く環境の中でみられた[27]。

　フランスとイスラエルの場合、初期には、こうした道徳面からの取り組みが、政府レベルでの関係が制度化する以前に、幅広い分野で、一九六三年の独仏条約や一九六五年のドイツ―イスラエルの外交関係樹立に続いて、社会レベルでも相互交流が同時に起きていた。社会レベルにおける動きは、当該相手国との関係を変えたいという国民の意思表示であり、自国政府に行動を促そうとする挑戦でもあった。社会レベルでのつながりには五つの特徴があり、それらのつながりはのちに、公的な枠組みの中に置かれることで強化された。（1）そうした組織はアドホックではなく、常設化されて活発化し、（2）文化から経済、科学から労働組合、スポーツ試合から宗教団体、市町村の合併から青少年の交流活動、ドイツの政治団体から政党間連携、親善団体から学術団体、歴史研究の団体からシンクタンクにいたるまで、ありとあらゆる社会生活の領域にまたがり、（3）政府や元政府高官を後見役とし、（4）政府から資金を援助される際にも、自らのアジェンダを維持し続け、（5）公式レベルで重大局面に陥った場合でも、相手国のカウンターパートとの連帯を示した[28]。

(2) ポーランドとチェコスロヴァキア

ポーランドとチェコスロヴァキアの場合、西側に壁があるため、ドイツとの社会レベルでのネットワークは限られていた。チェコスロヴァキアにとって、プラハの春の鎮圧以降、チェコ社会が西ヨーロッパから遮断されたため、状況は特にひどいものであった。そうした制約がありながらも、社会のレベルで西ドイツとの関係を構築していくことはある程度可能であり、とりわけポーランドでは、反体制派と共産主義体制内で活動する人々の双方の側でそうだった。ポーランドにおける非政府レベルの活動は、政府レベルにおける政治関係構築の前兆となった。宗教と政治という二つの領域はその好例であった[29]。

一九五〇年代・六〇年代におけるドイツとポーランドの宗教面（カトリックとプロテスタント）からの和解の取り組みは――ポーランド人のドイツ旅行や出版活動を含めて――、亡命者グループ、ドイツの政治家、メディア、ポーランド政府から批判されたが、「精神の対話を……止めることはできなかった」[30]。一九五六年以降の反共を唱える反体制派におけるポーランドの重要なアクターは、後に首相（一九八九年）となるマゾヴィツキや外相（一九九五年、二〇〇〇年）となるバルトシェフスキ（Władysław Bartoszewski）のような人物が主導したカトリック知識人クラブ（KIK）であり、共産主義体制後のポーランドにおける新しい対独政策を形成した。KIKは非宗教運動、左派運動、一九六八年以降の反体制運動とも交流を持った。

ポーランドにおいて、ドイツに対する宗教面での象徴的イニシアティブとなったのが、一九六五年一一月一八日のポーランド・カトリック司教による書簡であった。それはポーランドのキリスト教千年紀祝典にドイツの主教を招いて、ポーランド人と亡命者の苦しみを認めるという内容だったが、特に赦しを与え、赦しを求めることであった。

ブラントによれば、ドイツとポーランドの間における教会と一般の教会のイニシアティブは、ドイツが東方へ政治的巡礼を行うことを可能にする「心理面での緊張緩和のプロセス」となった[31]。

ポーランド国内の、あるいは亡命者による地下出版は、様々な出版物の中でドイツ―ポーランド関係についての意見を提供し、一九八九年以降にスクビスゼウィスキ（Krzysztof Skubiszewski）外相が用いたドイツ―ポーランド間の「利益共同体（Interessengemeinschaft）」という概念を生み出した政治的リアリズムを支持した。またポーランド人はドイツの新聞に寄稿し、ドイツとポーランドのジャーナリストの間でも活発な関係があった。

そうした印刷物を書いていた者たちは、宗教に関係ある者もない者も、共産主義体制によるドイツの捉え方を歴史修正主義的で歴史健忘症だと批判した。そして、西ドイツを、新しく開かれた民主的なものと捉え、ポーランド人によるドイツ人追放問題に取り組み、ドイツ統一を望ましい目標と考えた。彼らはまたオーデル・ナイセ線の承認も主張した。「ドイツ問題」を解決するものとして、全欧という枠組みが頻繁に現れるようになった[32]。

共産主義体制の下、ドイツとチェコの間で、カトリックとプロテスタント双方の教会による、小さいながらも重要なつながりが展開していた[33]。そして、一九六八年以降厳格化した共産主義体制下においても、チェコの反体制派の動きは存続した。憲章77の発表から間もなく、チェコスロヴァキアの反体制運動のメンバーも、ポーランドのカウンターパートのように、ドイツのことについて思案するようになり、それはドイツの民族自決と統一の権利を支持する一九八五年のプラハ・アピールで頂点に達した[34]。ディーンストビール（Jiří Dienstbier）が一九八〇年代初頭に抱いていたヨーロッパ統合についての考え方は、ドイツ統一を中心に展開し、ハヴェルは国家連合という形で「ドイツ問題」を解決することが、東西両陣営に分断されたヨーロッパ・システムを解体するプロセスの核心だと考えた[35]。ディーンストビールは外相として、ハヴェルは大統領として、ドイツ統一にチェコがどう対応するかを考える重要な立案者であった[36]。

重大局面において、ドイツのアクターは、社会レベルではチェコとポーランドの反体制派を支えたのに対し、政府レベルではそういったことは行われず、対ソ関係を損なわないようにすることを優先していた。一九八一年に始まった戒厳令の下での困難を緩和するために、ドイツの人々はポーランド国民に小包で大量の支援物資（ケアパッケージ）を送り、個別のドイツの労働組合（全国組織ではないが）は、「連帯」の運動に対する支援を表明した。しかしシュミット（Helmut Schmidt）首相は、西側がポーランド政府に制裁を行うことと、道徳的・政治的に「連帯」と連携することの両方に反対した。

ドイツでは、メディアが憲章77のように、チェコの反体制派が書いたものを掲載したが、政府は積極的ではなかった。ハヴェルは二〇年後こう述べている。「七〇年代前半、西ドイツ政府から嫌われていた私との接触が、徒らに政府を挑発し、萌芽的なデタントの脆弱な基盤を危機にさらすことを恐れて、西ドイツの同胞や友人たちの多くが、いかに私との接触を避けてきたかを、私は今も鮮明に覚えている」[37]。

ポーランドやチェコの反体制派のドイツに対する立場は、ドイツ統一の可能性とその受容に焦点を当てていたが、「公式な」社会レベルでのつながりとパラレルであった。それはドイツが、ポーランドと一九七〇年に、チェコスロヴァキアと一九七三年に、それぞれ結んだ条約から主に発展し、個人のつながりを進めていこうとした一方で、分断を受け入れるものであった。

3　ドイツ統一に対する反応――ないまぜとなった躊躇と支持

四カ国すべてにおいて、ドイツ統一に対する明確な反応はなかったが、むしろ躊躇と受容の奇妙な組み合わせ、そして時には矛盾するような状況であった。

(1) フランス

ミッテラン大統領は、ドイツ―ポーランド国境の承認（ドイツ統一の重要な課題の一つ）をめぐる独仏の相違を、「独仏友好の試金石」だと称した[38]。ドイツ統一に関する他の多くの側面（特に時期、プロセス、ヨーロッパの制度的枠組み）は、戦後の独仏関係の強さを試すことになった。

フランスでは、政治エリートの間、公式の発言と行動の間、政府と世論の間で、三つの異なる反応があった。フランスの公式な反応は最初は驚きであったが、「抑制された」ものであった。ベルリンの壁崩壊後のミッテランの「慎重な」姿勢は、一九八九年一一月末になると、明確に支持する方向へと変わった。彼はドイツ統一を、「歴史の方向における正常で正しいものと……」と称した[39]。ジスカールデスタン（Valéry Giscard d'Estaing）のように、もっと懸念する人々もいた。ミッテランも、統一の進展具合、ヨーロッパ化、国際化という三つの柱に対して不安がないわけではなかった。

ますます肯定的になっていくミッテランの発言は、彼のいくつかの行動、特に一二月初旬のキエフ訪問や同月下旬の東ドイツ訪問とは明らかに矛盾していた。一般には、両訪問は統一に反対する行動だとみられていたからだ。だがこの訪問を、ドイツ統一に原則として反対であったのではなく、三つの懸念の表明だとみる人々もいた(40)。

フランスの世論には、政府高官の間でみられた微妙な意見のちがいは認められず、ドイツ統一についての合意が広く存在していた。一九九〇年三月の時点では、六二%という大多数は、ドイツ統一の進展を懸念することはなく、三一%が、「やや懸念」しているという状況であった(41)。

一九九〇年三月、ミッテランは「再統一という原則に議論の余地はない」と考え、同年九月、次のように主張した。「ドイツ人は素晴らしい歴史的瞬間を迎えることになっており、私はフランスとして、ドイツに祝意を送りたい。現実に、独仏の間には深い理解がある(42)」。同じ月の第五六回独仏サミットで示されたように、最終的には和解のほうが、それに対する躊躇よりも強かった。特に、独仏共同テレビ局ARTEの推進条約合意（一九九〇年一〇月）、EUの共通外交・安全保障政策に関する欧州理事会議長職への共同の働きかけ（一九九〇年一二月）、マーストリヒト条約における経済・通貨統合に向けた新たな計画（一九九二年二月）、独仏合同の軍事旅団を欧州合同軍（Eurocorps）の基礎とすること（一九九三年一〇月設置）などを含め、独仏はさまざまな分野で協力を続けた。

(2) イスラエル

感情とプラグマティズムの間で、フランスがドイツ統一に対して公式にとった、卓越した姿勢の軌跡とは好対照だったのが、イスラエルであった。一九四五年から五〇年の間、イスラエルの反応は、フランスの場合と同様に、反感と受容の両極端を反映した。イスラエルでは、四〇年後に公的レベル、特に首相と外相の間で対立が起き、それは世論も巻き込んだ。

一九八九年一一月半ば、シャミル（Yitzhak Shamir）首相はアメリカ公共テレビとのインタビューで、消えない過去と、ユダヤ人がドイツ国家に抱く恐怖を強調した。

われわれにとって、ドイツ統一は重大な問題である……一つの国として統一され、強大でしかも軍事的に強かった際に、ドイツが行ったことをわれわれはみな記憶している。そして、ドイツ国民、圧倒的多数のドイツ国民が数百万ものユダヤ人殺害を決定したのであり、……もしドイツに再びそうした機会が与えられ、欧州ひいては世界で最強の国にでもなれば、彼らは再び同じことをするだろう。本当にそうなるかどうか、そうした脅威に根拠があるかどうかはわからない。だが、いずれにせよ、そのことを理解できない者はいないだろう。[43]

その後シャミルは統一をめぐり、コールとの間で「怒りの書簡」を交わした。[44] イスラエルの見解では、ベルリンの壁が崩壊した一一月九日は、水晶の夜（一九三八年のこの夜、ガラスの破片が飛び散るなかポグロムが行われた）にドイツ人が行ったユダヤ人弾圧と尊厳剥奪を象徴するのであり、それがホロコーストへとつながったのであって、この日は東ドイツの解放の日ではないのである。歴史的に反イスラエルであった東ドイツ国家の西ドイツへの編入は、西ドイツの態度に悪い影響を与えるだろう。ドイツの民族自決権は、ユダヤ国家の生存を左右するパレスチナにとってと同様の権利になりうるのである。[45]

イスラエル外相アレンス（Moshe Arens）にとっても、過去の記憶は最も重要なものであった。一九九〇年二月、彼は「自分がもし外相になっていなかったら、私の足はドイツの地を踏むことはなかっただろう」と言明したが、今後のことを考え、「統一ドイツが民主的で、……ユダヤ人に対し責任を痛感し、世界中で民主主義を強化するのに貢献する国たらんとすれば、懸念されるような危険はないと考えている」と語った。その意味するところは、民主主義ではない東ドイツがなくなれば、それはイスラエルの利益になるということだ。なぜなら、東ドイツは軍事訓練を含め、イスラエルがＰＬＯと広範な関係を築く権利に強く反対してきたからだ。アレンスはまた、ドイツ統一は「不可避だ」と考えた(46)。

アレンスの発言は、左右双方そしてメディアから、イスラエル内でかなり国民的批判を巻き起こした(47)。しかし、イスラエル国民の多数（約六七％）は、統一に対して賛成（二六・三％）あるいはどちらでもない（四〇・四％）という立場であり、明確な反対（三三％）は少なかった(48)。

ミッテランは東ドイツに直接対処することに焦点を当てたが、ドイツ統一のプロセスがはじまると、イスラエルの場合、この点がより鮮明になった。そしてそれは冷戦によって棚上げにされていた補償問題が再燃することを意味した。一九九〇年一月から七月にかけて、イスラエルと東ドイツは、国交樹立と、それまで西ドイツだけが応じていた一九五一年の対イスラエル補償をドイツ全体に広げることについて協議を開始した。東ドイツがイスラエルに補償を約束したことはなく、ルクセンブルク合意でのイスラエルに対する金銭的補償によって、ドイツの責任は履行されたと西ドイツが主張して、交渉は頓挫した。「ボンとの良好な関係に亀裂を入れる気はなかった」ので、イスラエルはドイツの言い分に従うことにした(49)。

一九九〇年三月になると、ドイツ統一に関するシャミルの立場は軟化していた。彼は依然として、過去を踏まえて懸念を表明してはいたものの、西ドイツがECに加わり、数十年にわたってイスラエルに行ってきたことをすべて評価し、関係を改善し、拡大ヨーロッパの中でドイツが今後イスラエルの立場を代弁してくれることを願った(50)。ドイツはそれに応え、イスラエルの利益を積極的に推進し、一九九四年のエッセンでの首脳会談と、続くイスラエル―EU協力協定において、EUとの特別な地位が認められることで、それは頂点に達した。

ドイツとイスラエルとの間には、合意や法令を改め、よりよい内容にする時代が到来し、両国は、ポスト冷戦という新たな時代とも歩調を合わせることになった。参謀本部間の交流（一九九二年）や経済・科学技術協力に関する共同宣言（一九九三年）を含めて、社会保障と青少年交流、経済、文化、防衛に関して重要な合意が成立した。明らかに、和解は統一への反対（と続く湾岸戦争）を乗り切ったのだ。

（3）ポーランド

ポーランドの国内政治において、ドイツ統一は、大論争と一部対立を生み出す原因となったが、そのことは、統一のプロセスが進むにつれて広範に広がり、ドイツ統一をめぐるポーランドの世論の関心に反映された[51]。コールが正式な統一の前に、ポーランド最大の争点であるドイツ・ポーランド国境の承認を拒否すると、東ドイツ革命に対して当初肯定的だったポーランドの反応は間もなく失望へと変わった。ポーランドの政治体制と社会の変革が、東ドイツの人々に自由を求めるよう促した、とポーランド国民は確信していたので、その失望はとりわけ深かった。フランスやイスラエルの場合のように、ポーランドの反応は感情に根ざしながらもプラグマティックなものであった。

マゾヴィエツキ首相は、ベルリンの壁崩壊に対し、当初肯定的に反応する機会があった。一九八九年一一月一四日、ポーランドとドイツの共同宣言において、ポーランドはドイツとの「和解」を約束したものの、コールがオーデル・ナイセ線について躊躇するようになると、マゾヴィエツキは、一九九〇年春には、考えをはっきりと改めた。「マゾヴィエツキは、このときまで……ドイツとの和解に賛成であるとみられていたが」、国境問題とヨーロッパの安全保障に関する二プラス四（ドイツ統一のための交渉の枠組み）の交渉にポーランドを入れるよう要求した[52]。また、マゾヴィエツキは、西ドイツを丸め込む手段として、ポーランドにおける当面のソ連軍駐留を提案した。

一九八九年一二月初め、スクビスゼウスキ外相は統一という考えを支持したが、フランスやイスラエルの指導者たちのように、それがすぐではないと考えていた。「ドイツの再統一が明日や明後日に行われることはないだろう。油断は禁物だが、ポーランド国内も含めて、時折表面化する恐怖や懸念は不当なものである」と、彼は語った[53]。

二月の初めになると、スクビスゼウスキの立場はさらにはっきりした。統一という考えには基本的に賛成だが、そのプロセスについては大きな留保をつけた。「東西ドイツ国境の両側の国民が統一に賛成しているなら、ドイツの民族自決権を問題にすべきであるということを私は示唆しているのではない。だが、それは単に原理原則の問題というだけではなく、その実現の問題なのである。……プロセス全体が細心の注意を必要としている」と、スクビスゼウスキは記した。彼は、アルザス・ロレーヌやザール地方の領土問題解決が独仏和解に寄与したことに触れて、ドイツが、ドイツ―ポーランド国境を承認することが最も重要だと主張した。また、ヨーロッパ統合並びに統一ドイツを含めた新たなヨーロッパ安全保障の取り決めの重要性を強調した[54]。

同年春になると、スクビスゼウスキ外相は、「統一へと向かう東ドイツに対する穏健なアプローチを放棄し」、西ドイツに国境を認めさせる方法として、対独関係だけでなく対ソ関係もポーランドにとって重要である、という考えを提起した[55]。

ポーランドとドイツの間の行き詰まりは、西ドイツ連邦議会と東ドイツ人民議会の共同宣言（一九九〇年六月）によって打開されたが、それはオーデル・ナイセ線をポーランド西側の国境として最終的に承認するものであった。統一後、一九九〇年一一月のドイツ―ポーランド国境条約において法律上の承認が行われたが、この条約は両国に再び和解を決意させた。一九九一年六月には善隣友好協力条約が結ばれたが、同条約の締結によって、政策や社会のレベルで和解を実現させ、ポーランドがＥＵやＮＡＴＯといったヨーロッパの諸機構に参加できるよう、ドイツが強く支援していくことをお膳立てした。両国の外相は、それぞれ書簡の中で、この条約が市民権と財産の問題を除外していることに留意した。

ドイツが統一すればポーランドにドイツとヨーロッパから利益がもたらされる、とポーランドの政治指導部が確信したとしても、ドイツ統一に対して、ポーランド国民が表明した恐怖感はいまだ緩和されていなかった（一九九〇年秋の時点で、四九％がドイツを全く信用せず、二一％がほとんど信用しないとなっていた）。「ポーランド人の六二％が、第二次世界大戦の重荷がポーランド人のドイツ人観に与える影響は、非常に強いもしくはやや強いと語っている」[56]。

(4) チェコスロヴァキア

ポーランドにおける「連帯」の運動と一九八九年夏の政権交代は、自由を求める東ドイツの人々を鼓舞激励するものであった。チェコスロヴァキアは、西ドイツへ逃げる東ドイツ国民に対して、実質的なルートを提供した。そして、一一月から一二月にかけてのビロード革命から始まったチェコの新政治指導部を率いるハヴェル大統領とディーンストビール外相は、ポーランドの新首相マゾヴィッキと外相クビスゼウスキのように、ドイツ統一をすぐに支持した。そうした指導部の支持は弱くはなかったが、他の国々と同様、政治グループ内部に分裂があった。そしてポーランドのように、世論の中心部分は懸念をいだいていた。

ハヴェルが大統領として、最初にとった行動の一つは、東西両ドイツの訪問であった。この両国では、統一するという現実と統一のスピードに対して懸念がないことは注目に値した。「[ヨーロッパは] 民主的なドイツを恐れる必要はない。……ドイツは自らが望むとおりの大きさになれる」[57]。数週間後、ハヴェルはワルシャワで、全欧という見方を詳述し繰り返した。

分断されたヨーロッパの中に統一ドイツを想像することが難しいように、分断されていないヨーロッパの中に分断ドイツを想像することは難しい。……二つの統一プロセスは同時に……そしてできるだけ早く生起するべきである。[みなさんが] 私ほどドイツ人をきちんと信頼していないのは理解できる。……[訪独を通じて] 私は、今日の不信に満ちた世界において信頼を広げることを決意した[58]。

一九八九年のクリスマス直前、ドイツとチェコの外相は、両国を分断する有刺鉄線を切断する儀礼のため、両国の国境に集まった。ポーランドの場合同様、「外国の政治思想（原文ママ）は、反体制派の考え方が続くことを意味した」[59]。ハヴェルとディーンストビールによる和解の動きは、一九四五年のチェコスロヴァキアによる、行き過ぎたズデーテン地方のドイツ人追放を後悔する声明を伴ったが、それによってさまざまな政治グループから侮蔑されることになった[60]。

ポーランドとチェコスロヴァキアは、ドイツ統一をヨーロッパという文脈の中で捉えたが、未解決の問題（ポーランドの場合は国境、チェコスロヴァキアの場合は請求権）を解決するための国際的枠組みをめぐっては意見が異なった。ドイツ統一を進捗させたいチェコ指導部独特の願望ゆえに、ディーンストビールは、スクビスゼウスキのように、二プラス四のプロセスを通して未解決の問題に取り組むべきだと強要しなかったし、チェコスロヴァキアとドイツとの間の二国間プロセスを信頼した。議会とメディアで熱く議論されたものの、この二国間プロセスは一九九〇年夏に始まり、一九九二年のドイツとチェコスロヴァキアの善隣友好条約をもって終結した[61]。ポーランドとドイツの条約の場合と同じように、原則と実践の両面で和解へのコミットメントがあった。しかしながら、ナチズムによるチェコ人の犠牲とズデーテン地方のドイツ人の要求を除外した。ポーランドの場合のように、ドイツとチェコの条約は、EUとNATOのような機構にチェコスロヴァキアを包摂するよう関係当事国を関与させた。

一九九七年のドイツ・チェコ宣言は、一九九二年の条約の内容をよりよいものにし、多くの紆余曲折を経ながらも、主として補償と追放という歴史問題をめぐって、真の和解へと至る道筋を提供するだろう。

こうした和解のプロセスが進むにつれて、さまざまな政党の関心が国民の対独姿勢に反映された。一九九二年の条約の際には、「調査対象となったチェコ人の四分の三が、ドイツ人は『チェコ人に対して優越的な態度』をとっているという意見に同意した」。プロセスの二年前よりも懸念は高まっているが、当時の調査対象者の二一％は統一に反対、二二％が無回答、一九％は無関心、そして統一に賛成したのはわずか三七％だった[62]。

おわりに

冷戦が進展した結果、フランスとイスラエルは、当初西ドイツに否定的だった姿勢を、肯定的かつ友好と信頼を制度化した関係へと変えた。和解は、歴史的な「ドイツ問題」に対する回答だった。このアプローチは、ドイツを封じ込め、埋め込む手段となる一方で、また双方の国に物質的な利益をもたらした。くわえて、フランスにとっては、ドイツの埋め込みはヨーロッパの諸機構、特にEC／EUを通じて起こり、そうした行動はイスラエルの対外政策にとっても優先すべきものとなった。和解は、特にイスラエルにとって、歴史問題すべての解決を意味せず、同時に論争はまた、和解に向かっていく過程であることを証明した。

ポーランドとチェコスロヴァキアにとっては、冷戦と、長期に及ぶ錯綜しときには苦悩を伴った歴史の展開は、広範囲にわたって西ドイツと距離をとることを余儀なくしたが、一九六八年以降のチェコスロヴァキアは特にそうであった。デタントは一九七〇年と一九七三年の条約締結を促したが、それは関係改善のプロセスであり、和解のプロセスではなかった。一九七〇年以降により進んだドイツとポーランド間の基本的制度化は、ドイツとの和解へ至る正式かつ制度化された道が、一九八九年以降、チェコスロヴァキア／チェコ共和国の場合よりももっと急速だったことを意味した。チェコスロヴァキアの場合、歴史的な国境問題は早くも、一九七三年に解決されたが、ポーランドにとっては、統一後にようやく、法律上の（*de jure*）問題として解決をみた。補償や追放といった、「ドイツ問題」に関するその他の歴史問題は、二一世紀になっても（頓挫させるほどのものではなくても）依然として関係を紛糾させるだけの影響力を行使している。

フランスとイスラエルの場合、ドイツとの和解に関する公式のプロセスは、社会レベルのアクターによる触媒的なイニシアティブ、特に宗教団体や教会団体にかなり助けられた。こうした社会レベルで制度化されたネットワークは、人々のあらゆる活動に及んだ。

共産主義体制下のポーランドにおける教会の特殊な役割は、聖職者の間であれ平信徒の間であれ、和解を目指す西ドイツとのいくつかの重要な宗教的つながりを生んだ。そのような関係は、一九六八年以前のチェコスロヴァキアにもわずかながら存在した。双方の国のより全般的な反体制運動は、西ドイツとの関係をなんとか維持することを可能にしたが、一九七〇年代・八〇年代には、ドイツ統一の可能性を見極め、統一を支持するという点では、西側の政治勢力よりも先んじていた。「公的な」社会レベルのつながりは、ポーランドにとってより顕著だったが、それはベルリンの壁崩壊後に大きく拡大していく土台となった。

対立が、四カ国すべてにおけるドイツ統一のアプローチの特徴となったが、それは反対や支持がさまざまに結合していたからであった。フランスとイスラエルの政府関係者は当初、やや感情的な躊躇を見せていたものの、その後プラグマティズムが優勢となり、一九九〇年の春になると、両政府はドイツ統一をはっきりと支持するようになった。和解、長年の個人レベル・政府レベルの交流、度重なる協調によって、対立は乗り越えられた。両国の世論は支持が多く、意外なことにイスラエルでもそうだったが、四〇年にわたって非政府レベルで築き上げられた和解の強さを示す証であった。チェコとポーランドの指導者層は、双方ともすぐにドイツ統一を支持したが、共産主義体制と対決する反体制の時代に形成された理念が実践された。国境問題がひとたびドイツに無視されると、ポーランドの支持は警戒へと変わった。このアプローチが、ナチズムによるチェコの犠牲者に対するドイツの補償という未解決の問題を先延ばしにすることがはっきりすると、統一プロセスのペースを早めたいチェコ特有の願いが再燃することになった。

一九八九年以前の考え方と一九八九年以後の指導者たちの実践の間にある関係は、世論においてもはっきり見出されたが、それは否定的な意味であった。長年にわたってドイツとの交流がなく親密さを欠いた関係は、ポーランドとチェコスロヴァキアにおける一般国民の側の、各種調査に反映された、ドイツ統一に対する懸念をおそらく高めることとなった。

フランスとイスラエルは、ドイツの復興と最終的な統一を促進した冷戦期に、西ドイツに対して非常に似たアプローチをとった。ポーランドとチェコスロヴァキアは、一九八九年以降になってようやく、ともに制度化された和解のプロセスを発展させることができたが、そのルーツは一九八九年以前からとっていた、ドイツに対する反体制派の姿勢の中に見出すことができる。

注

（1）ドイツが戦後行ってきた、フランス、イスラエル、ポーランド、チェコスロヴァキア／チェコ共和国との対外的な和解については、以下を参照されたい。Lily Gardner Feldman, *Germany's Foreign Policy of Reconciliation: From Enmity to Amity* (Lanham, MD: Rowman and Littlefield, 2012).

（2）本章は西ドイツのみを扱う。フランスと東ドイツとの関係については、以下を参照されたい。Ulrich Pfeil, *Die "anderen" Deutsch-französischen Beziehungen: die DDR und Frankreich 1949–1990* (Cologne: Böhlau, 2004). イスラエルと東ドイツとの間の関係不在の関係（(non) relationship）については、以下を参照されたい。Angelika Timm, *Jewish Claims Against East Germany: Moral Obligations and Pragmatic Policy* (Budapest: CEU Press, 1997). この時期におけるポーランドの東ドイツとの関係の特徴としては、関係における曖昧さが強調されるが、この点については、以下を参照されたい。Sheldon Anderson, *A Cold War in the Soviet Bloc: Polish-East German Relations, 1945–1962* (Boulder: Westview, 2001). チェコと東ドイツとの関係については以下を参照されたい。Jan Pauer, "1968: Der 'Prager Frühling' und die Deutschen," and Oldrich Tuma, "1989: Zusammenbruch zweier kommunistischer Regime," in Detlef Brandes, Dusan Kovac and Jiri Pesek, eds., *Wendepunkte in Beziehungen zwischen Deutschen, Tschechen und Slowaken 1848–1989*, vol. 14, Veröffentlichungen der Deutsch-Tschechischen und Deutsch-Slowakischen Historikerkommission (Essen: Klartext Verlag, 2007).

（3）研究者の中には、フランスの姿勢の変化をもっと以前からとする者もいる。以下を参照されたい。Dietmar Hüser, "Charles de Gaulle, Georges Bidault, Robert Schuman et l' Allemagne 1944–1950: Conceptions—Actions—Perceptions," *Francia*, vol. 23, no. 3, 1996; Michael Creswell and Marc Trachtenberg, "France and the German Question, 1945–1955," *Journal of Cold War Studies*, vol. 5, no. 3 (summer 2003).

（4）F. Roy Willis, *France, Germany and the New Europe, 1945–1967* (New York: Oxford University Press, 1968), Prologue, pp. 2, 32.

（5）Tom Segev, *The Seventh Million. The Israelis and the Holocaust*（New York：Hill and Wang, 1993）, pp. 190–191. 戦後のイスラエルの政策については、以下を参照されたい。Lily Gardner Feldman, *The Special Relationship between West Germany and Israel*（Boston：Allen & Unwin, 1984）.

（6）ポーランドの西ドイツ観については、以下を参照されたい。Mieczyslaw Tomala, *Deutschland von Polen gesehen. Zu den deutsch-polnischen Beziehungen, 1945–1990*（Marburg：Schüren, 2000）, chapters 7, 11, 12, 18.

（7）Dieter Bingen, "Die deutsch-polnischen Beziehungen nach 1945," *Aus Politik und Zeitgeschichte*, 5–6/2005, January 31, 2005, p. 10.

（8）簡潔な歴史としては、以下を参照されたい。Jürgen Tampke, *Czech-German Relations and the Politics of Central Europe：From Bohemia to the EU*（NY：Palgrave Macmillan, 2003）, Introduction and chapters 1–3.

（9）Czech News Agency, "Czech President Recalls Lidice's Impact on Czech-German Relations," June 10, 2007.

（10）Milan Hauner, "The Czechs and Germans：A One-Thousand-Year Relationship," in Christian Soe and Dirk Verheyen, *The Germans and Their Neighbors*（Boulder, CO：Westview Press, 1993）, p. 267.

（11）シューマンにとっての和解の重要性については、以下に収録されている彼の「序文」を参照されたい。"Foreword" in Frank Buchman, *Remaking the World*（London：Blandford, 1961）, pp. 346–347. ジョセフ・ロヴァンは、一九三三年にフランスへ移住したドイツのユダヤ人だが、ダッハウ強制収容所の生存者である。彼は戦後のドイツに対するフランスの公式な対応を形作った一人となり、戦争直後の時期を「和解」の旅と表現した。以下の彼のエッセイを参照されたい。"La réconciliation franco-allemande après 1945," in *Cadmos*, vol 12, no. 46（summer 1989）.

（12）パリ協定とザール条約については、以下を参照されたい。Auswärtiges Amt, *40 Jahre Aussenpolitik der Bundesrepublik Deutschland. Eine Dokumentation*（Bonn：Aktuell, 1989）, pp. 75, 98.

（13）エリゼ協定については、以下を参照されたい。Auswärtiges Amt, *40 Jahre Aussenpolitik*, p. 147.

（14）Douglas Webber, ed., *The Franco-German Relationship in the European Union*（London and New York：Routledge 1999）; Gisela Hendriks and Annette Morgan, *The Franco-German Axis in European Integration*（Cheltenham, UK：Edward Elgar, 2001）.

(15) Gardner Feldman 1984, *op. cit.* pp. 66–76.

(16) Gardner Feldman 2012, *op. cit.* p. 135.

(17) 外交関係の詳しい説明としては、以下を参照されたい。Hannfried von Hindenburg, *Demonstrating Reconciliation: State and Society in West German Foreign Policy Toward Israel, 1952–1965* (New York: Berghahn Books, 2007).

(18) 一九七〇年条約の原文は、以下に収録されている。Hans-Adolf Jacobsen and Mieczyslaw Tomala, eds., *Bonn-Warschau 1945–1991* (Cologne: Verlag Wissenschaft und Politik, 1992), pp. 222–224.

(19) Peter Bender, "Normalisierung wäre schon viel," *Aus Politik und Zeitgeschichte*, no. 5–6, January 31, 2005, p. 3; Bingen, *Die Polenpolitik der Bonner Republik*, pp. 113–198; Bingen, "Die deutsch-polnischen Beziehungen nach 1945," pp. 12–13; Jacobsen and Tomala, *op. cit.*, p. 40, pp. 313–317.

(20) Jacobsen and Tomala, *op. cit.*, pp. 501–510.

(21) Pauer, *op. cit.*

(22) December 7, 1973 report of Hajek and Niznansky, "Signing of FRG-Czechoslovak Treaty: The Thorny Road to Normalization," http://files.osa.ceu.hu/holdings/300/8/3/text/21-5-41.shtml (accessed May 8, 2008); Willy Brandt, *People and Politics: The Years 1960–1975* (Boston: Little, Brown and Company, 1976), p. 415.

(23) Gardner Feldman, 2012, *op. cit.*, p. 297.

(24) Cornelia Neubert, "Czech Relations with Germany in the Era of Transition: Political Actors in the Process of Reconciliation with Germany," paper at the 4th Annual Graduate Student Conference "Defining Europe: Directions and Boundaries for the 21st Century, Georgetown University, Center for German and European Studies, October 23–25, 1998. 一九七三年の条約の原文は、以下に収録されている。Auswärtiges Amt, *40 Jahre Aussenpolitik*, pp. 296–297.

(25) Text of the 1992 treaty, United Nations, *United Nations Treaty Series*, vol. 1900, I-32374 (2001), pp. 69–80. Neubert, *op. cit.*, p. 13 も参照されたい。

(26) Frédéric Hartweg, "Introduction. Quelques réflexions sur les protestantismes allemand et français et leurs relations," and Daniela Heimerl, "Les églises évangéliques et le rapprochement franco-allemand dans l'après-guerre: le conseil fraternal franco

-allemand," *Revue d'Allemagne* 21 : 4, October-December 1989 ; Johannes Thomas, "Editorial," *Dokumente, Zeitschrift für den deutsch-französischen Dialog*, 51 : 5 October 1995 ; "Das Dokument. Rückblick auf 50 Jahre Dokumente," *Dokumente* 51 : 5 October 1995 ; Michael Kißener, "Die deutsch-französische Freundschaft. Aspekte einer Annäherungsgeschichte," *Historisch-politische Mitteilungen*, 11, 2004, pp. 194–198. 以下も参照されたい。Michael Kißener, "Der Katholizismus und die deutsch-französische Annäherung in den 50er Jahren," in Corine Defrance, Michael Kißener, Pia Nordblom, eds., *Wege der Verständigung zwischen Deutschen und Franzosen nach 1945. Zivilgesellschaftliche Annäherungen*（Tübingen : Narr Franke Attempto, 2010）; Jacqueline Piguet, *For the Love of Tomorrow : The Story of Irène Laure*（London : Grosvenor, 1985）.

(27)　Lily Gardner Feldman, "The Role of Non-State Actors in Germany's Foreign policy of Reconciliation : Catalyst, Complements, Conduits, or Competitors?" in Anne-Marie Le Gloannec, *Non-State Actors in International Relations : The Case of Germany*（Manchester : Manchester University Press, 2007）, pp. 19–20. たとえば、ホイス（Theodor Heuss）大統領による集合的恥辱（collective shame）についての発言が、一九四九年一二月にヴィースバーデンのキリスト教–ユダヤ教協力協会から出版されている（Gardner Feldman, *op. cit.*, 1984, p. 47, fn. 2）。

(28)　独・仏あるいは独・イスラエル間の社会的つながりの詳細については、以下を参照されたい。Gardner Feldman, 2012, *op. cit.*, pp. 84–86, 95–101, 154–167, 138–143.

(29)　Basil Kerski, "Die Rolle nichtstaatlicher Akteure in den deutsch-polnischen Beziehungen vor 1990," Arbeitsgruppe : Internationale Politik, Wissenschaftszentrum Berlin für Sozialforschung, January 1999 ; Waldemar Kuwaczka, *Entspannung von unten. Möglichkeiten und Grenzen des deutsch-polnischen Dialogs*（Stuttgart : Burg Verlag, 1988）.

(30)　Hans-Adolf Jacobsen, "Bundesrepublik Deutschland—Polen. Aspekte ihrer Beziehungen" in Jacobsen and Tomala, 1992, *op. cit.*, p. 36 ; Władysław Bartoszewski, *Und reiß uns den Haas aus der Seele. Die schwierige Aussöhnung von Polen und Deutschen*（Warsaw : Deutsch-Polnischer Verlag, 2005）, pp. 113–115, 123–131, 152–154, 163–166.

(31)　Brandt, *op. cit.*, p. 181.

(32)　Annika Frieberg, "The Project of Reconciliation : Journalists and Religious Activists in Polish-German Relations," doctoral dissertation, University of North Carolina, 2008.

(33) Milan Hauner, "Charter 77 and Western Peace Movements (1980–84)," paper presenetd at "Peace Movements in the Cold War and Beyond," international conference, London School of Economics, London, February1–2, 2008, pp. 3, 11, 12; Landeszeitung (Zeitung der Deutschen in Böhmen, Mähren und Schlesien), "Deutsch-tschechische Nachbarschaft muss gelingen," April 7, 2002 at: http://www.landeszeitung.cz/archiv/2002/index.php?edt=10&id=03 (accessed January 26, 2009); "Geschichte und Ziele," at http://www.ackermann-gemeinde.de/index.php?id=23&L=0; "Die Ackermann-Gemeinde im deutsch-tschechischen Dialog" at: http://www.ackermann-gemeinde.de/index.php?id=307&L=0; "Erklärung tschechischer und deutscher Katholiken zum 40–Jahres-Gedenken von 1945" at: http://www.ackermann-gemeinde.de/index.php?id=208&L=1 (accessed January 26, 2009). Deutsche Bischofskonferenz, "Worte der Versöhnung," Sekretariat der Deutschen Bischofskonferenz, Bonn, September 5, 1990; Karl Kardinal Lehmann, "Europa bauen, den Wandel gestalten. Das Christentum und die Grundlagen Europas. Ein Blick in Vergangenheit, gegenwart und Zukunft," (Stuttgart: Robert Bosch Stiftung, 2004), p. 35; Evangelische Kirche in Deutschland, "Teil 2: Tschechische und deutsche Versöhnungsinitiativen," in *Der trennende Zaun ist abgebrochen. Zur Verständigung zwischen Tschechen und Deutschen*, 1998 at: http://www.ekd.de/print.php?file=/EKD-Texte/tschechen_1998_tschechen2.html (accessed January 22, 2009).

(34) Taku Shinohara, "Historical Consciousness and Civil Ethics: Debating the 'Painful Past' and Reviving 'Central Europe' among Dissident Circles in the 1980s," in Tadayuki Hayashi and Hiroshi Fukuda, *Regions in Central and Eastern Europe: Past and Present*, no. 15 (Hokkaido: Slavic Research Center, 2007).

(35) Hauner, "Charter 77," pp. 10–15; Václav Havel, "Anatomy of a Reticence," April 1985, a speech to be delivered in his absence at a peace conference in Amsterdam, at: http://www.vaclavhavel.cz/showtrans.php?cat=eseje&val=4_aj_esej.html&typ=HTML (accessed April 15, 2008).

(36) Neubert, *op.cit.*, pp. 6–10.

(37) ハヴェルの演説は、一九八九年一〇月一五日のドイツ小売書店協会平和賞のために、彼が不在のなかで読みあげられた。http://www.vaclavhavel.cz/showtrans.php?cat=eseje&val=8_aj_esej.html&typ=HTML (accessed April 15, 2008).

(38) François Mitterrand, *De l'Allemagne, de la France* (Paris: Editions Odile Jacob, 1996), p. 154.

(39) Quoted in Frédéric Bozo, *Mitterrand, the End of the Cold War, and German Unification* (New York : Berghahn Books, 2009), pp. 112–113, 125.

(40) ミッテランの妨害行動に関する一般的な見方としては，以下を参照されたい。Jean-Pierre Froehly, "Mitterrand und die Deutsche Vereinigung. Annäherungsversuch an den Kern der Debatte, *Dokumente*, vol. 54, no 6, December 1998. それ以外の見方としては，以下を参照されたい。Bozo, *op. cit.*, Prologue, pp. 134–137, 139–143.

(41) Jean V. Poulard, "The French Perception of German Unification," in Gert-Joachim Glaeßner, ed., *Germany After Unification. Coming to Terms with the Recent Past* (Atlanta : Rodopi, 1996), p. 163. 以下も参照されたい。Bozo, *op. cit.*, p. 113.

(42) Quoted in Poulard, *op. cit.*, pp. 160–161.

(43) Transcript, Mac Neil/Lehrer Newshour, WNET New York, November 15, 1989, p. 5.

(44) Jerusalem Post, "Shamir's World," *Jerusalem Post*, March 3, 1990.

(45) Yves Pallade, *Germany and Israel in the 1990s and Beyond : Still a "Special Relationship"?* (Frankfurt : Peter Lang, 2005), pp. 250–251.

(46) Quoted in Associated Press, "Unified Germany : Dilemma for Israel," *Associated Press*, February 20, 1990 ; Los Angeles Times, "Germany No Threat, Israel Says," *Los Angeles Times*, February 15, 1990 ; Pallade, *op. cit.*, p. 251.

(47) Karin Laub, "Arens' Acceptance of Reunification of Germany Creates a Furor in Israel," *Associated Press*, February 20, 1990.

(48) Andrei S. Markovits and Simon Reich, *The German Predicament : Memory and Power in the New Europe* (Ithaca and London : Cornell University Press, 1997), p. 82.

(49) Timm, *Jewish Claims Against East Germany*, *op. cit.*, pp. 186–93 ; Pallade, *op. cit.*, pp. 251–256.

(50) Jerusalem Post, "Shamir's World," March 3, 1990 ; Herb Keinon, "WJC Views German Unification With Anxiety and Suspicion," *Jerusalem Post*, March 19, 1990.

(51) Władysław Bartoszewski, "Angst vor der Großmacht. Deutschland und Polen nach dem Umbruch," *Internationale Politik*, September 2000.

(52) Peter Merkel, *German Unification in the European Context* (University Park, Pennsylvania : University of Pennsylvania

Press, 1993), p. 340. 共同宣言の原文は以下を参照されたい。Jacobsen and Tomala, *op. cit.*, pp. 501–510.

（53） Quoted in John Daniszewski, "Poland Says Any German Reunification Must be Gradual," *Associated Press*, December 7, 1989.

（54） スクビスゼウィスキによる一九九〇年二月七日の記事の原文は、以下を参照されたい。Jacobsen and Tomala, *op. cit.*, pp. 510–518.

（55） Joshua B. Spero, *Bridging the European Divide: Middle Power Politics and Regional Security Dilemmas* (Lanham, MD: Rowman & Littlefield, 2004), pp. 116–120. ドイツ統一に対するポーランドの対応の詳細については、以下を参照されたい。Artur Hajnicz, *Polens Wende und Deutschlands Vereinigung. Die Öffnung zur Normalität 1989–1992* (Paderborn: Ferdinand Schöningh, 1995)（特に chapter V）. ドイツ統一が、ポーランドに対し長期的に及ぼした帰結については、以下を参照されたい。Anna Wolf-Poweska, "The Berlin Republic from a Polish Perspective: The End of the German Question," in Dieter Dettke, ed. *The Spirit of the Berlin Republic* (New York: Berghahn Books, 2003).

（56） Markovits and Reich, *op. cit.*, pp. 112–113.

（57） Quoted in Serge Schmemann, "Upheaval in the East: Havel in Germany," *New York Times*, January 3, 1990.

（58） Speech to the Polish Sejm and Senate, Warsaw, January 25, 1990 at: http://www.vaclavhavel.cz/showtrans.php?cat=projevy&val=324_aj_projevy.html&typ=HTML (accessed December 5, 2012).

（59） Neubert, *op.cit.*, p. 8.

（60） *Ibid*, pp. 10–11.

（61） *Ibid*, pp. 14–18.

（62） Markovits and Reich, *op.cit.*, pp. 115–116.

（リリー・G・フェルドマン）

第9章 デタント時代における米独関係、一九六八―一九七二年

はじめに

西ドイツは一九四九年の建国以来、NATOにおいては忠実な同盟国であったし、西側の様々な経済機構においては協調的なパートナーとしての役割を果たしてきた。また西ドイツは、キリスト教民主同盟（CDU）政権の下で、東ドイツや東欧全体とは距離を置きながら、東西関係のあらゆる面で強硬な姿勢と政策を一貫して採り続けてきた。しかし、一九六九年一〇月、社会民主党（SPD）の指導者ウィリー・ブラント（Wily Brandt）が首相に選ばれると、東ドイツと東欧諸国に対して新たな政策を急いだ。その「東方政策」、すなわちオストポリティークは、西ドイツと東ドイツ、東欧、ひいてはソ連との関係に大きな変化をもたらすようになったが、同時に米独関係と冷戦全体にも深刻な影響を及ぼさざるを得なかった。

本章は、リチャード・M・ニクソン（Richard M. Nixon）政権期における米独関係の展開について検討する。東ドイツ、ポーランド、ソ連に対して西ドイツが進めたデタントと、それと連動した超大国間のデタント政策の複雑な

相互関係を考察する。

1　一九六〇年代末までの米・西独関係

謹厳実直なコンラート・アデナウアー（Conrad Adenauer）初代首相（一九四九―一九六三）の下で、西ドイツは外交的承認を広く獲得した。一九五五年初頭にはNATOに正式加盟し、NATOの枠内でドイツ連邦軍を発展させた。一九六〇年までに、ドイツ連邦軍は、東西の分断線に沿うかたちで西側の抑止と防衛態勢の一翼を実質的に担うようになった。

この「西方政策」（Westpolitik）は、当初は社会民主党の反対にさらされたものの、西ドイツ国民の大多数に受け入れられるようになった。西ドイツは、共産主義東ドイツの政治・経済の停滞とは全く対照的に、政治的安定と「経済的奇跡」の両方を実現し、繁栄を謳歌した。さらに西ドイツは一九五一年からは、一九五七年にヨーロッパ経済共同体（EEC）創設につながる一連の統合運動において、原加盟国六カ国の一員として牽引役となった。

一方のアメリカは一貫して、EECを支持する政策をとった。つまり、民主・共和両党を問わず、アメリカの指導者たちがアデナウアーや欧州の指導者たちと共有していたのは、西側地域の体制のなかに西ドイツを確実に埋め込むことが、ドイツ領土の少なくとも三分の二にあたる西側部分に、真の民主主義国家の建設的発展を確かなものにするのみならず、二度の世界大戦をもたらした対立を癒し、膨張傾向を緩和する唯一の方法なのだという確信であった。

その間、西ドイツ国内ではアメリカに対する評価が高まり、アメリカと西ドイツは、あらゆる面で極めて緊密かつ協調的な関係を維持しつづけた。しかし、西ドイツとアメリカの考え方の間には二つの相違点が伏在していた。一つは核兵器に関してであり、ニクソンが政権に就いたときは、西ドイツはまだ核不拡散条約に調印していなかった。

もう一つの相違点はそれ以上に根源的なものであった。西ドイツ国民の多く、おそらく大部分は、その深層に潜む本能から、ドイツの再統一を願っていたが、それはボン基本法のなかで恒久的目標とされ、口先だけであったとしても、西側の大国はそのことに常々賛同していた。だが現実には、西側の大国は、東西の経済的関係を拡大するような、あるいは東ドイツを事実上の国家として扱う方向に進みかねない政策に着手することを拒んだ。アデナウアーやキリスト教民主同盟の保守系政治家は、東ドイツ政府を、国際的地位の付与や国家承認にも値しないソ連の傀儡だとして、常々嘲笑う態度をとってきた。その結果西ドイツ政府は、いわゆるハルシュタイン原則の下で、東ドイツ（ドイツ民主共和国）を承認する国とは外交的関係を一切もたないとする政策を採用することになった。

一九六〇年代の後半までに、社会民主党の支持者だけでなく西ドイツ国民全体が、ソ連との緊張緩和と、そして東ドイツとの関係正常化、とりわけ、さらなる移動の自由と離散家族訪問の許可を切望するようになった。西欧の人々の間でも東西関係の緊張緩和が求められていたが、それは一九六七年一二月にＮＡＴＯが出した「アルメル報告」にも現れていた。この報告書には、ソ連の軍事的脅威を抑止することだけがＮＡＴＯの目的なのではなく、「デタント」を考慮に入れるべきであることが述べられていた。当時から、「デタント」という用語は曖昧で、その対象もはっきりしなかったが、アルメル報告は今後、交渉と変革への可能性をモスクワと探っていくことが、ＮＡＴＯの承認する政策であるというメッセージを明確に発信していた。ＮＡＴＯの基本政策である抑止と防衛の必要性と矛盾しなければ、ＮＡＴＯ加盟国それぞれが、自国の目的に沿う形で、そうした取り組みに着手できることを、この報告書は含意していた。(1)

2　キージンガー政権下の米・西独関係

ニクソンが大統領に当選したとき、西ドイツはキリスト教民主同盟と社会民主党の「大連立」が政権運営を行っていたが、東方問題に対する考え方は完全に違っていた。ＣＤＵは、クルト・キージンガー（Kurt Kiesinger）首相の下で伝統的な「西方政策」（Westpolitik）を維持する方針であったし、ＳＰＤは、ウィリー・ブラント外相の下で、新たな東方政策の幕開けへと進んでいった。異なるアプローチの衝突は、とりわけ連立政権を不安定なものにした。

一九六八年一〇月三一日、アメリカのヘンリー・カボット・ロッジ（Henry Cabot Lodge）駐西ドイツ米大使は、次期大統領のニクソンに宛てて、米独関係の危うい現状を全般的に評価する中で、多岐にわたる問題に言及した覚書を送った。ロッジは次のように書き出している。「分断されてはいるものの、現在のドイツは、人口、ＧＮＰ、鉄鋼生産、国民を組織する能力、活気、社会全体の活力、潜在的軍事力についていえば、ソ連を除けば欧州最強の国である。だからこそ、西ドイツは欧州の防衛の中核にならなければならない」。しかし、現行の政治的指導部は、そうした国力に見合うものではなかった。ロッジから優柔不断で力不足とみられていたように、不具合な連立政権に身を置くキージンガー首相は、柔軟さを欠く伝統的な東側陣営に対する政策と、ブラント外相の推進するデタントの間で股裂き状態になっていた。

ロッジは、「米独関係が、わが大西洋全体の態勢とわが国の生存にとって重要であるにもかかわらず」、「負のスパイラル」が米独関係を蝕んでいることを危惧した。こうした負の方向へと向かう傾向は、一九六一年からはっきり現れたが、それはアメリカが、西ドイツに対して、冷ややかな姿勢をとるようになった時期であり、西ドイツを侵略から守るというアメリカのコミットメントに対して、西ドイツは信頼を置かなくなっていた。一九六八年のソ連によるチェコスロヴァキア侵攻は、アメリカからの再保障を確実にしたいドイツの願いを高めただけでなく、

「ドイツの自信に対して厳しい一撃を与えることになった」。この信頼の危機は、ドイツ指導部の弱さと相まって、深刻な問題となっている、とロッジは警告した。アメリカ議会からは、在欧米軍削減要求が出され、アメリカの安全にとって、ドイツは重要なのかという疑問が頻繁に表明されたことで、現下の不安定な状況に拍車がかかった。

ロッジは次のようにも警告した。「ソ連の主要な目的が、ドイツを徐々に支配し、第二のフィンランドにすることだと想定するのは、ごく控え目な見方だ、と私は考えている」。「実際に侵攻しなくても、それは可能だろう。他の地域で起きたように、強大なソ連軍が近くに駐留しているだけでそういう結果になりうる。ソ連がドイツをソ連陣営にうまく組み込めれば、沖合の島国であるイギリスや、ヨーロッパ大陸の沿岸の一部をなすフランスは、それほど重きをなさなくなるだろう。そうなれば、ソ連がアメリカよりも強くなる状況が、初めて生まれることになる。その場合、われわれは自らの運命について、ソ連が決めるのを待つ側に立たざるをえなくなる」。ロッジがとりわけ憂慮したのは、西ドイツに深く根ざす、東ドイツとベルリンについての感情を考えれば、ソ連は非常に強力なカードをいくつか持っているということだった。ロッジが進言したのは、ニクソンが、速やかに西ベルリンを訪れ、強靭なＮＡＴＯと西ドイツを支持する、力強い声明を出すことだった(2)。

ベルリンは、ニクソン大統領が訪欧の一環として最初に立ち寄ることになったが、米政権に対して、別の理由で早々に問題を突きつけることになった。ソ連が、儀礼的にすぎなかった西ベルリン市長選挙を西ドイツが実施することに抗議したのだ。それは、西ドイツが従来から実施してきた行動であった。ソ連は、ボン政府と西ベルリンは明確に異なる法的地位を占めていると主張してきたため、これまで両者の直接的結び付きを一切認めてこなかった。このため、モスクワは西ドイツ連邦議会を挑発的存在とみていた。ソ連大使アナトリー・ドブルイニン（Anatoly Dobrynin）は、ニクソンとの会談で、西ドイツがベルリンでみせようとしている動きについて、正式に抗議した。それに対してニクソンは、ドブルイニンに核拡散防止条約（ＮＰＴ）がまだ批准されていないことを想起させ、ソ連がベルリンに過度の圧力をかければ、ＮＰＴの批准を危うくすることになると示唆した。明らかに、ニクソン政権にとって望ましいコンセプトのひとつになりそうだったのが、二つのものを結びつけるリンケージという考え方であった。それは、ベトナム、中東、その他の地域におけるソ連の振る舞いと、戦略兵器制限交渉（ＳＡＬＴ）の進展とを結びつけるリンケージと同じであった。ヘンリー・キッシンジャー（Henry A. Kissinger）国家安全保障担当大統領補佐官が、ニクソン宛ての補足覚書の中で述べたように、「われわれには『リンケージ』がある。問題はそれをどう使うか」であった(3)。

一九六九年二月二六日、キージンガー首相は、ワシントンでニクソンと数回会談を行った。ニクソンはドイツの指導者たちに、アメリカは強力で揺るぎない支援を行う、とわざわざ念を押した。ニクソンは次のように語った。「あなたがたは同盟の中心である。ベルリンでも明確にしたように、アメリカは同盟を揺るがすようなことは一切したくない……。わが国があなたがたに行う貢献は、二国間であろうと多国間であろうと揺るぎないものであり、この同盟は米国流の表現をすれば、ポーカーゲームで使われる最も高額なチップ、すなわち青色のポーカーチップであり、欧州の防衛と自由世界の防衛にとっての核心である。ソ連についていえば、連中の行動はすべて、われわれの同盟をぶち壊そうとするものだ。われわれはそうした罠に陥らないつもりである」。ニクソンは、ホワイトハウスにおける二度目の会談中、次のように明言した。「アメリカとＦＲＧ［西ドイツ］の関係は、わが国の対外政策の中心を占めるものであり、だからこそわれわれは、最大限のコミュニケーションと協調を望んでいる」。ニクソンは、米独間に対外政策をめぐる相違がほとんどないことを強調した。彼が述べたように、「われわれは、原理原則の面では意見が一致している」。ニクソンによると、ベルリン訪問は、アメリカがソ連に対して弱さをみせないことを示す意味で重要なのであり、それは挑発行為ではなく、不可欠の行為なのである。キージンガーも、最近の世論調査で、西ドイツ国民の七六％がアメリカとの緊密な協調を支持していると述べた。西ドイツは、アメリカという「ビッグ・ブラザー」に全面的に頼るつもりはないが、同時に西ドイツ国民は、自国を単独で防衛できる力のある国は欧州に一つもないということもわかっていた(4)。

一九六九年八月に行われた、ニクソンのベルリン訪問は順調に進んだ。主要同盟国である西ドイツに対し、アメリカの意図について再度安心供与するために、ニクソンはキージンガーとの会談の機会を利用した。ニクソンは一方で、在欧米軍を削減するマンスフィールド修正に基づいた議会の取り組みを認めながらも、西ドイツから米軍を撤退するつもりはまったくないと明言した。ニクソンはまた、SALTの今後の見通しと、SALT交渉についてドイツ国民に十分な情報提供を続けていくという自らの意図についても語った。(5)

3　ブラント政権の「東方政策」とニクソン＝キッシンジャー外交

一九六九年九月二九日、待望久しい連邦議会選挙がドイツで行われた。ニクソン政権がCDUの勝利を強く望んでいたことは、ドイツでもアメリカでも、ほとんど疑いがなかった。僅差の得票でCDUは議席を維持したものの、手堅いというには程遠い選挙結果であった。にもかかわらず、ニクソンはキージンガーに早々と電話で祝福を伝えた。ニクソンの行動は間もなく彼を当惑させる結果となった。というのは、ブラントが一〇月二一日にSPD主導の連立政権を急遽まとめたからだ。一〇月二〇日、ブラントが新政権のトップとして就任の宣誓をするまさに前日、ブラントに近い対外政策顧問エゴン・バール（Egon Bahr）が訪米し、自らが構想した政策の概要を説明した。キッシンジャーとの会談で、ブラントの名の下にドイツが対外政策を基本的に継続させていくことと、ブラントがワシントンとの密接な関係構築を望んでいることをアメリカに確約したい、とバールは述べた。彼は外交辞令として、ニクソンが選挙当日夜にキージンガーに祝福の電話をしたことについては何ら障害とはならないと述べた。キッシンジャーとバールは、秘密の通信回線を開設することで合意したが、それは悪名高きバックチャンネルであった。バールはまた、ソ連、ポーランド、東ドイツに対する、ドイツの一連の外交戦略についても概要を説明した。(6)

キッシンジャーはその後、西ドイツが抱いている外交構想について、次のように書いた。「西ドイツの考え自体は、われわれに大きな問題をもたらすことはないが、過度の楽観主義を生み出し、ＮＡＴＯに対するドイツの貢献に影響を与え、アメリカ国内のデタント支持者に攻撃材料を与えるなら、それは厄介なことになるだろう。また西ドイツは東方政策に深入りするようになるかもしれず、その場合、西ヨーロッパの団結への西ドイツのコミットメントが低下していくかもしれない」。キッシンジャーはさらに、次のように付け加えた。「結局ドイツ人は、それぞれの主要政策の欠点を組み合わせていくことになるのかもしれない。その結果、西側同盟諸国は、西ドイツへの信頼性に疑問を持つようになる一方で、彼らの新たな東方政策を『救済する』ためにますます譲歩させられるようになるかもしれない。不満や失敗が次々に生じる際、それに耐えられるほど、西ドイツの持っている力や一体感が強いかどうかは疑わしい」。そしてキッシンジャーは、次のように結論づけた。「いずれにせよ、おそらくわれわれは、アメリカ離れの姿勢がボンにおいてさらに強まっていくのを目の当たりにすることになるだろう[7]」。

実際のところ、キッシンジャーは、アメリカが西ドイツを従属国ではなくパートナーとして扱うことを望んでいる、とバールに語った。そう述べるにあたって、キッシンジャーは、本音を語っているというより、むしろ新たな現実を前に、それに従っているだけなのではないかと思う人もいるだろう。ニクソンとキッシンジャーであれば、最近スタートした自主外交路線を目指すＳＰＤ政権よりも、相対的に従順であるＣＤＵ政権の方をはるかに好むであろうことは明らかだからだ。

ブラントの東方政策が始動すると、ニクソン政権は、それに反対したり懸念を示すようなことは公には一切しなかった。実際、ボンにおけるブラントとの会談で、ウィリアム・Ｄ・ロジャース（William D. Rogers）国務長官は、ニクソン政権はドイツの意向に疑義を呈するようなことは決してしないと述べ、さらに「われわれがソ連と何か問題を二国間で解決しようとする際に、やはりある程度は、同盟国にもそれと同じような政策を求めてきた」とも付言した[8]。国務省は、東方政策に対し、当初からホワイトハウス以上に好意的な立場を取った。

一九七〇年一月二三日、キッシンジャーが主宰したＮＳＣ検討グループは、ボンの新しい東方政策が、「同盟内において、東西関係に関して、厄介で波乱含みな展開を見せる可能性がある」という結論を下した。明らかに、「ボンは西側の利害や考えに従わなくなるかもしれない」。そしてそのことは、ボン、ワシントン、それ以外の西側同盟諸国との間に何らかの亀裂を生じさせるかもしれなかった。NSC検討グループによって表明された重大な懸念とは、正式承認まで至らなくても、東ドイツ国民が行う要求の大部分に、西ドイツが同意してしまうことであった。キッシンジャー自身、二つの重要な問題について考えていた。つまり、「西ドイツは、西側の結束を犠牲にして東方政策を進めていくかもしれないし、あるいはまた、彼らが東方政策を進めていく際、必ずしもそのつもりではなくても、その方向に動いていくかもしれないことであった(9)」。

一九七〇年二月一六日のニクソン宛覚書の中で、キッシンジャーは、自身の主たる関心について説明している。彼はまず、ブラントの目から見た東方政策の目標について、その概要を述べている。ブラントは、共産主義諸国との関係を正常化し、「対立から協調へ」変化させることを望んでいる。そのためにブラントは、「東ドイツを別の国家として受け入れ、オーデル・ナイセ線問題について、ポーランドとある程度まで妥協する用意がある」。こうしたやり方でブラントは、ソ連や東欧でみられる西ドイツに対する敵意を和らげ、ドイツの分断を深刻化させないことを望んでいる」。キッシンジャーは、ブラントが実際には、正式な再統一を、西ドイツの政策目標としては放棄していたが、「長期的には、二つのドイツ国家の間に特別な紐帯を獲得することを望んでいるのであり、それはドイツ人が共通の民族的伝統をもっているという事実を反映している」と考えた。キッシンジャーが最も心配したのは、西ドイツが東西のどちらにも自由に接近するような存在になること—その可能性についてブラントは明確に拒否していた—ではなく、東方政策が一人歩きし、ブラントが交渉相手に対し、危険な譲歩をするようになることだった。ブラントの顧問たち（特にバール）を、キッシンジャーは完全には信頼していなかったがゆえに、彼らは最終的には、ブラント首相をドイツ全体の国際的立場を危険にさらすような方向に導くことになるかもしれないと考えた。キッシンジャーは、もし新しい東方政策が失敗すれば、その設計者の政治生命が危機にさらされるし、仮に成功した場合でも、それは「ドイツの国内的安定を揺るがし、同国の国際的地位を混乱させるような動きを生むだろう」と警告して、評価を締め括っている。(10)

一九七〇年四月一一日、ブラントは首相として初めて、ワシントンを訪問した。ドイツの指導者や同行した政治家たちとの会談に向けてニクソンに行ったブリーフィングで、キッシンジャーは次のように強調した。ブラントは、一連の東西関係に関する相互に関連する政策の手はずを整えたが、それには大きく彼の政治生命がかかっている。ブラントの東方政策は、国内の反対も相当強いが、最も大きな関心を集めており、同盟国の間でも、特にフランスから最も強い疑念をもたれている。さらにキッシンジャーは、次のようにも述べた。「ドイツの国内外で、ブラントを東側への売国奴とみる者はほとんどいないが、懸念されるのは、ブラントが新しく始めたことを制御できるのかということである」。(11)ニクソンとの会談は友好的に進み、話も多岐に渡った。確かにニクソンは、ブラントの東方政策に対してアメリカが不快感を持っていることはおくびにも出さなかった。しかし、ニクソンは途中、ある行動が、すでに手にしている票を危険にさらすかもしれないなら、まだ手にしていない「票を求める」ことは危険だと発言した。「そうすれば、命綱を断つことになり、不安定なまま漂流することになる。われわれは、同盟をそのようなものと考えている。西側同盟は、平和を二〇年間維持してきたのであり、今後もそれは変わることがないだろう」。(12)ニクソンはこのように語った。東側との関係構築を急ぐあまり、西側の結束を疎かにしてしまう危険性について、ニクソンは想像しがたいほどの強い口調で言及した。

同年春、ソ連と西ドイツの会談に実現の兆しがみえはじめると、ニクソン政権は、東方政策が長期的にはどこに向かうのかということを懸念しつづけた。七月、アメリカのＮＡＴＯ常任大使ロバート・Ｆ・エルスワース(Robert F. Ellsworth)は、「東方政策のマイナス面」という覚書をキッシンジャーに送付した。この覚書が強調していたのは、エルスワースが、「欧州で高まりつつある不安感」と表現していた箇所であった。「良くも悪くも、ドイツに対する脅威と疑念が、長らく封印されながら今なおなくならないのは、西ドイツが何を求め、それをどこまで追求するのかということをきちんと詳細に説明できていないからである」と、この覚書は強調した。「ラッパロの再来」（一九二五年に独ソが結んだ合意を指す）に不安を抱く思慮深い欧州人がいないというわけではないが、「そうした人々は、このドイツの現代版『東方への衝動（Drang nach Osten）』が、西側とドイツの結束を弱め、西ドイツの対外政策をますます自立に向かわせ、西欧の政治的『現実』に合わせて陽のあたる場所を求める圧力が、西ドイツ内で高まることを恐れている。（中略）ドイツの行方について懸念が強まるのに伴う危険とは、西ヨーロッパの人々が、東側の支持と市場をめぐって競い合っている間に、東西政策における同盟の一体性を求める熱意がなかなか高まらず、逆にさらに弱まることである」。そうなれば、西ドイツは「実際に東欧におけるソ連のヘゲモニーを承認することになる」、とエルスワースは断言した(13)。

にもかかわらず、公式にも非公式にも、アメリカの公式の政策はブラントの取り組みを支持することだった。一九七〇年七月一七日、西ドイツのヴァルター・シェール（Walter Scheel）外相との会合を控え、キッシンジャーはニクソン宛て覚書の中で、公式の政策について説明した。「西ドイツ国内で熱狂的ともいえる動きと不安がみられる重大な時期において、重要なのは、アメリカがドイツを支持しており、自由で率直な協議が保たれているなら、ドイツ人が東側と交流を持つことと、ドイツ人を西側にとどめておくことは両立する、とアメリカが考えているという印象を、大統領が作り出すことだ」、とキッシンジャー補佐官は提言した(14)。

一九七〇年八月一二日、西ドイツとソ連は、武力不行使条約に意気揚々と署名した。西ドイツ国内の保守系野党の存在を無視できないとはいえ、この点を除けば、世界の反応は非常に好意的なものだった。ニクソン宛て覚書には、以下のようなことが記されていた。実際に多くの人が指摘したように、この条約が批准されれば、ドイツの重要な問題を解決するにとどまらず、事実上の欧州和平協定の基礎となるであろう。原則としてそれは、一九四五年から一九四七年にかけて話し合いがもたれながら全く実現しなかった、欧州の正式な講和条約に代わるものとなるであろう。九月一日付けのニクソン宛て覚書で、西ドイツとソ連の条約について、「ブラント政権の東方政策における画期的業績となる」、とキッシンジャーは記し、この条約が、一九五五年に外交関係を確立して以来最初の、独ソ間における重要なステップであり、ブラント政権による「シーシュポスのような努力」(“Sisyphean efforts”)の成果であったと述べた。「ロシアとの和解を達成することではじめて、西ドイツは東欧との新たな関係を構築することができるが、最も重要なのは、ドイツ分断の困難を緩和することができる」という前提にこの条約は基づいていたことだ。キッシンジャーが語った見立ては、「この条約によってブラントは、ソ連が西ドイツに対しさらなる友好的姿勢をとるという保証と引き換えに、欧州における現状を西ドイツが受容した」ということだった。続けて彼は、「中ソ対立のプレッシャーと、ドイツの科学技術への重要なアクセスを得る必要から、ソ連が関係改善を望んだ、と西ドイツが考えている」と述べた。

キッシンジャーが予見したように、東方政策が目指す次の段階は、オーデル・ナイセ線の承認についてポーランドと合意するという困難に取り組むことであり、その後には、チェコスロヴァキアとの和解も控えていた。加えて、西ドイツは、三月にベルリンで始まった四カ国会談において、明快で満足のいく結果が出るよう、米英仏に圧力をかけることが予期された。キッシンジャーは、次のように指摘した。「ベルリンでの結果が出るまで、ソ連は署名した条約を批准しないということを、ドイツ人ははっきりわかっていた」し、「ドイツ人のいつもの楽観主義が現実のものとなり、彼らの計画が実施されるかどうかは、まだはっきりしていない。ドイツ人の期待通りに事態が進んでいくと考えるのはかなり疑わしい」。だが、結果がどうであれ、この条約の署名から生じる含意がいくつかある。その一つが、他の欧州諸国が、西ドイツの「過剰な自信と自主性」の高まりを目の当たりにして、戸惑うことになるということだ。このことは、特にフランスを不安にさせるだろう。キッシンジャーはまた、「デタントという意識が広がり」、ソ連が長年開催を目指してきた「欧州安全保障会議（ヨーロッパ安全保障協力会議）に対する関心が高まる」ことへの懸念を表明した。つまり、今やアメリカは「対欧州関係における新たな時代」に直面しつつある。ソ連は、欧州とりわけ独仏を別のものとして扱い続けるために、中東と戦略兵器制限交渉（ＳＡＬＴ）に関しては、「わが国とのゆるやかな共同管理」とキッシンジャーが呼ぶものを模索することが予想された。それゆえ、キッシンジャーは、以下のように結論づけた。「独ソ条約のインパクトによって、欧州諸国が独自にモスクワと関係を持つことへの関心が高くなることも十分考えられる」。「次に、そういうことを奨励するのは、西側の様々な同盟関係を互いに分裂させるためにも有用だということがモスクワにもわかるだろう」。「そうしたソ連の姿勢はまた、わが国の防衛体制の縮小と防衛予算の削減を望む国内勢力を勢いづかせるかもしれない」[15]。

一〇月一四日に予定されていたNSCの重要な会合を前に、それほど悲観的ではないものの、国務省も東方政策とベルリン会談について同じような分析を加えていた。「ドイツが今後果たす役割は、西側同盟の強さや東西関係の性格を、いろいろな意味で決定づけることになるだろうが、そのいずれもが、わが国の安全保障に直接影響してくる」ということを、その分析は強調していた。現行の西ドイツの政策で目新しい点は、欧州における現状を正式に追認するという前提で、ボンが東側との関係正常化を望んでいるということだった。「つまり、二つのドイツ国家が存在することを認識し、最も厳密な法的意味というかたちをとらずに、東ドイツとの国境を含めて現在の国境を承認することである」。ブラントが依拠した前提の一つが、アメリカのベトナム体験が、アメリカ国内の動向と相まって、「ドイツの安全にとって唯一の長期的基盤であった対米同盟に全面依存することを得策ではなくさせたというものだ」。そのことが、主にドイツと西側との関係の不安定化につながるなら、東方政策が成功することは問題だろう」。だが、東方政策が失敗すれば、はるかに大きな危機をもたらす。「東方政策は仮に完全なかたちで実現されたとしても、西ドイツの目的を達成することにはならないが、にもかかわらず、西側の防衛機構、欧州統合、ベルリンにおける西側の地位にダメージを与えるだろう」。だが、だからといって、アメリカがブラントを止めるようなことはできない、とすぐに付け加えた。「現在のSALT交渉を含めて、ソ連と合意できる分野を模索するわが国の取り組みを考えると、ブラント政権による東側との関係正常化の取り組みに反対することは、原則として極めて難しいだろう」と、国務省の分析は強調していた。実際、反対すればそれは、ボンとの関係を悪化させることになるし、そういうことをすれば、両国間関係に、長きにわたって広範囲な悪影響を及ぼすことになるだろう。[16]

一九七〇年一〇月一四日、ＮＳＣは、東方政策をめぐる米政府の対応を議論するために会議を開いた。キッシンジャーは会議を始めるにあたって、ボンの三つの重要な前提を要約した。第一に、ドイツの問題を解決できるのはドイツ政府だけであり、アメリカにはできないということ、第二に、西側同盟が、西ドイツの安全にとって依然として不可欠であるということ、そして、第三に、アメリカの資源がまだ欧州に存在している間に、交渉することこそが、最善の方法であるということだ。キッシンジャーは政府のディレンマを、次のように要約した。「われわれは、ブラントに反対することはできないが、積極的に彼の政策を支持するということもしない。東方政策へのコミットをドイツが深めていくにつれて、ドイツと西側同盟との関係には様々な緊張が生じるようになる。こうした事態が、ドイツのナショナリズムを高揚させ、それに伴いドイツへの恐怖が増大し、多くの国々がモスクワになびくようになることを、多くの欧州の人々が警戒している」。駐西ドイツ米大使ケネス・ラッシュ（Kennth Rush）が議論に割って入り、「このため、われわれは、これらの国々を西側陣営にとどまらせる確実な取り組みが必要になるだろう」と発言した。キッシンジャーは、「ドイツ人の多くは、東方政策を新たなドイツ・ナショナリズムとみている」と語ったが、それはまた、まさにキッシンジャーが抱いていた見方でもあった。[17]

キッシンジャーが西ドイツの政策に困惑したのは、彼がドイツの歴史に対して独特の見方をしていたからであった。国務省の主要な欧州専門家たちとの会議において、マーティン・ヒレンブランド（Martin Hillenbrand）ヨーロッパ問題担当国務次官補は、自らのドイツ史観が主たる原因で、キッシンジャーはモスクワ条約を評価していない、とコメントした。「キッシンジャーはビスマルクの専門家を自任しているが、少なくともビスマルクの時代から、ドイツ人は両極端の間を行ったり来たりしており、だからドイツ人は実際には信頼できないと感じていた」、とヒレンブランドは観察した。「近年の行動によっても帳消しすることのできない悲観的で決定論的なドイツ史観というものを、キッシンジャーは抱いている」と、同国務次官補は述べた。アメリカの前駐ドイツ高等弁務官ジョン・

マクロイ（John McCloy）との電話で、キッシンジャーは次のように語った。「ドイツ人がすることにまったく苛立ちを覚えないヨーロッパの指導者など、私はまだ見たことがない。だが、彼らには、そのことを公けの場で口にできるほどの気概もない」。彼は別の場所でも、「ドイツが東欧に接近するのを喜ぶ非ドイツ人など、会ったこともない」と密かに不満をもらしていた。また、東方政策を声高に批判していたディーン・アチソン（Dean Acheson）元国務長官との電話で、キッシンジャーは、東方政策を「最悪の事態」と呼んだ(18)。

一二月になると、ブラントは東方政策において画期的成功をもう一つなしとげたが、それは既存の国境線を承認する条約をポーランドとの間に締結することに成功したことであった。目下、ニクソン政権にとって問題なのは、「この東方政策という実験が行われている間も、いかにしてドイツを西側にしっかりと繋ぎとめ、そのことを、アメリカが、ドイツの政策に深入りせずに実現するか、あるいはまたこの先、ドイツの期待が大きな失望に変わったとき、いわばスケープゴートにされることなく進めていけるか」である、とキッシンジャーはニクソンに助言した。だから「われわれは、ベルリンでは最大限の注意を払いながら交渉しなければならない」とも警告した(19)。

おわりに

期待薄な中、ベルリンでの交渉は一九七〇年三月に始まったが、モスクワ条約とワルシャワ条約への関連を考えたとき、突如として重要な意味を持つようになった。この二つの条約の批准が、ベルリンでの米英仏ソの交渉の結果にかかっているということを、ブラントははっきりさせたことで、西ドイツの東方政策の成功を左右する立場にアメリカを置くことになったからだ。二つの国家安全保障決定覚書（ＮＳＤＭ）の中で、当初ニクソンは、四カ国会談に関するアメリカの目標を、主として消極的な観点から設定した。つまり、合意は「ベルリンの地位を一切変える」べきではなく、またベルリンとドイツ全体に対する四カ国の権限と責任に関してアメリカが行った解釈を損なうようなことは一切すべきでない。さらに、合意は、西ドイツのベルリンへの地上からのアクセスを改善し、少なくとも東ベルリンとできれば東ドイツとも、西ベルリン市民がアクセス可能なようにするべきである。つまりアメリカは、東西ベルリンへの相互アクセスと人の移動をしやすくさせる一方で、原則として現状を維持するという合意を模索していた。それまで達成された「東方政策」の成果と継続中のSALT交渉に比べれば、このことは確かに、地球を揺るがすほどの重要性を持つものではなかった[20]。

ベルリンでの交渉と米ソ・デタントが、さらにリンケージを深めていくことによって、交渉の利害がさらに高まっていった。ソ連大使ドブルイニンは、一九七一年五月のキッシンジャーとの会談で、ベルリン会談とSALTの進展との関係というテーマをまず切り出した。キッシンジャーは、リンケージの存在については言下に否定したものの、ニクソンが述べたように、続く話し合いのなかで、「すべてがリンクしている」ことは双方ともに理解しているという了解を、ニクソンとキッシンジャーははっきりさせた。ベルリンというのは、「われわれがソ連から奪いたいと思っている以上にずっと」、ソ連がわれわれから奪いたいものなのだ、とニクソンは述べた。続けて彼は、「われわれはソ連に責任をとらせるつもりであり、それこそ、われわれが実際に、ここでしようとしていることなのだ」と付け加えた[21]。

一九七一年八月一八日、ベルリン会談の予備交渉で四カ国はイニシャル署名し、些細な修正をいくつか施したのち、九月三日の最終合意へと到った。皮肉にも、キッシンジャーは、電撃訪中の妨げにならないよう、確実に最終合意を遅らせるよう手配した。また、ベルリン会談とSALT交渉の双方においてアメリカの影響力を高めるために、キッシンジャーは訪中のインパクトを利用することを企んだが、またもやここでも、リンケージは機能することとなった。ベルリン合意は全体的にみて地味な成果とされた。キッシンジャー宛覚書の中で、彼の主任ヨーロッパ分析官ヘルムート・ゾンネンフェルト（Helmut Sonnenfeldt）は、「総合的に評価するならば、ベルリン合意の結果は、プラクティカルに考えると、当面は、得失の差し引きがほぼゼロである」と書いた[22]。にもかかわらず、ベルリンの象徴的重要性を冷戦というより大きな対立のなかで考えると、合意は政権にとって大きな成功の一つだと考え、ニクソンは大いに満足をしていた。モスクワ条約とワルシャワ条約の批准を可能にしたがゆえに、ベルリンでの合意は、ブラントの東方政策並びにこれと不可避的に結び付けられることになった米ソ・デタントの最終的な成功に向けた主要ステップとして、賞賛に値するものであった。

注

（1）この背景としては、William Bundy, *A Tangled Web: The Making of Foreign Policy in the Nixon Presidency* (New York: Hill and Wang, 1998), pp. 110–115を参照。
（2）Lodge memorandum, October 31, 1968, *Foreign Relations of the United States, 1969–1976, vol.* XL, pp. 1-3. 以下、*FRUS*と略記する。
（3）Memorandum from Helmut Sonnenfeldt to Kissinger, February 14, 1969, *ibid.*, pp. 22–24; editorial note, *ibid.*, pp. 26–30.
（4）Memorandum of conversation between Nixon and Kiesinger, February 22, 1969, *ibid.*, pp. 34–48.
（5）Memorandum of conversation between Nixon and Kiesinger, August 7, 1969, *ibid.*, pp. 66–75.
（6）Bundy, *Tangled Web, op. cit.* pp. 118–119; memorandum from Kissinger to Nixon, October 20, 1969, *FRUS, 1969–1976*, XL, pp. 103–105.
（7）Memorandum from Kissinger to Nixon, October 20, 1969, *ibid.*
（8）Editorial note, *ibid.*, pp. 125–127.
（9）Editorial note, *ibid.*, pp. 137–139.
（10）Memorandum from Kissinger to Nixon, February 16, 1970, *ibid.*, pp. 150–153.
（11）Memorandum from Kissinger to Nixon, April 9, 1970, *ibid.*, pp. 208–211.
（12）Memorandum of conversation between Nixon and Brandt, April 11, 1970, *ibid.*, pp. 224–226.
（13）Memorandum from Ellsworth to Kissinger, undated, *ibid.*, pp. 270–273.

（14）Memorandum from Kissinger to Nixon, July 17, 1970, *ibid.*, pp. 278–282.

（15）Memorandum from Kissinger to Nixon, September 1, 1970, *ibid.*, pp. 317–321.

（16）State Department paper, October 12, 1970, *ibid.*, pp. 343–351.

（17）Minutes of an NSC meeting, October 14, 1970, *ibid.*, pp. 360–367.

（18）Memorandum of conversation, September 22, 1970, *ibid.*, p. 335; memorandum of telephone conversation between Kissinger and McCloy, October 31, 1970, *ibid.*, pp. 385–387; editorial note, *ibid.*, p. 397; memorandum of telephone conversation between Kissinger and Acheson, December 9, 1970, footnote, *ibid.*, p. 406.

（19）Footnote, *ibid.*, p. 403.

（20）NSDM 91, November 6, 1970, *ibid.*, pp. 392–394; NSDM 106, April 22, 1971, *ibid.*, pp. 672–674.

（21）Editorial note, *ibid.*, pp. 738–740.

（22）Sonnenfeldt to Kissinger, August 20, 1971, *ibid.*, 873–880.

（ロバート・マクマン）

第10章 英独関係の中の西ドイツ東方政策、一九六九―一九七二年

はじめに

本章の目的は、西ドイツによるソ連・東欧諸国との関係改善の試み、東方政策（Ostpolitik）に対するイギリス政府の反応の基本的特質を考察することにある。(1) 一九六〇年代後半から西ドイツ政府が進めた東方政策に対して、イギリス政府は基本的に支持を表明し続けたが、その動機を支えた英独内外の情勢認識を明らかにすることで、本章は、独自のイニシアティブをとる同盟国への対応を左右した要素を検討する。

考察対象時期は、六六年から七二年までである。六六年は、一二月に西ドイツで大連合政権が誕生し、社会民主党（SPD）による「接近を通した変化」を外交の基本理念とした東方政策が、徐々に具体化する契機となった年である。当時、ハルシュタイン原則を基礎とする西ドイツの方針は必ずしも同盟国に受け入れられておらず、ドイツ統一は近い将来に実現可能な政策課題でなかった。外相ヴィリー・ブラントは、後の六九年にSPD政権下で首相となって東方政策を本格化させる。東方政策は七二年までに成果をあげ、その後デタントは多国間の段階に入る。

この間、ウィルソン労働党政権期（六四―七〇年）とヒース保守党政権期（七〇―七四年）を通して、基本的にイギリス政府は東方政策を支援し続けた。だが、両国間に時に軋轢が生じたことは先行研究が示すとおりである[2]。一方、イギリス政府の内部にも無視できない摩擦が生じた。ボンに駐在する歴代イギリス大使は、ブラントの姿勢に理解を示して外務省本省の高官と時に異なる見解を示す傾向があり、ブラントの「行き過ぎ」を警戒する閣僚らと見方を異にした。

とはいえ、東方政策の帰趨に大きな関心を払うイギリス政府にとって、少なくとも公的には明示的な支持表明を与え続けることが重要であった。そもそも労働党政権はソ連・東欧諸国とのデタントを自ら促しており、くわえて緊密な英独関係の維持が国益および同盟の結束に資するとの理解があった。だが、七〇年代を迎え保守党政権が誕生すると、英独関係を重視する姿勢は不変であったものの、東方政策の与える影響について否定的な見解が政府や閣僚から出始める。これらの事実を念頭に、本章は以下の三点に着目する。第一に、西ドイツがソ連・東欧諸国との関係を改善するのをイギリス政府は重視したが、それはなぜか。第二に、東方政策が成果をあげる中で、なぜ警戒の声が出始めたのか。第三に、東方政策が長期的に見据えるドイツ統一への基本的姿勢はいかなるものだったか。これらの諸点を明らかにするため、以下ではウィルソン政権・大連合政権期、ウィルソン政権・ブラント政権期、ヒース政権・ブラント政権期と、対象時代を三部に分割して考察する。

1　ウィルソン政権と東方政策への反応

（1）防衛的東方政策と攻撃的東方政策

ドイツ分断後、その統一問題は東西間の主要論点の一つであったが、一九六六年一二月の大連合政権誕生後にこの問題は新たな段階に入った。ソ連・東欧諸国を対象とした西ドイツ政府による新たなイニシアティブがとられ、

SPDの「接近を通した変化」を外交の基本理念とする東方政策が徐々に具体化された。西ドイツ政府は統一を導く限りで関係改善を追求するという従来の立場を修正し、長期的な統一を見据えながら近隣諸国との関係改善をより積極的に求め始めたのである。六七年にはルーマニアと外交関係を樹立したほか、閣僚を東ドイツで開催中のライプチヒ・フェアに派遣し、ハノーヴァー・フェアには東ドイツの閣僚を迎えるなどの成果が挙がった。東ドイツの法的承認に至った訳ではないが、接触を維持、発展させる必要性を認識し始めたことは、イギリス政府の目にも明らかであった。

イギリス側の反応は、総じて好意的なものであった。戦後イギリス政府は、ポーランドとの国境線（オーデル＝ナイセ線）や東ドイツ承認を西ドイツ政府に期待して両国間に摩擦を生むことがあった。ドイツ統一よりデタントを重視する点において、ウィルソン政権の立場は歴代政権の方針を踏襲していた。そのウィルソン政権にとって、大連合政権の方針は戦後の現状承認に向けた一歩として歓迎すべきものと映った。

六二年から六八年にかけてボンに駐在したフランク・ロバーツ英大使も、このような方針の支持者であった。六八年三月、ジョージ・ブラウン外相に宛てた書簡において、ロバーツはキリスト教民主・社会同盟（CDU／CSU）のドイツ統一政策を伝統的に「防衛的」、SPDのそれを基本的に「攻撃的」であると形容した上で、こうした「攻撃的」な政策が大連合政権下で進むことに大きな期待感を示したのである。ロバーツは、西ドイツが東ドイツを含めた近隣諸国との関係を改善することはイギリスと同盟全体の利益になると考え、後方支援するよう訴えた。東ドイツ承認問題については、「最終的には〔西ドイツ〕連邦政府は実際に東ドイツに事実上の承認を与えるだろうと推測する」との見解を伝えている。ただ、イギリスが西ドイツを先んじるほどに東ドイツとの関係を改善することは国益を害するものとした。西ドイツ政府の方針を見極めながら慎重に対応するよう主張した背後には、良好な英独関係の維持を要請する国際環境があった。すなわち、イギリスのヨーロッパ共同体（EC）加盟は前年にシャルル・ドゴール仏大統領が拒否したことで失敗に終わっていたが、依然としてヨーロッパ統合への参画は重要な外交課題であり、さらに北大西洋条約機構（NATO）の軍備整備問題や駐留軍経費にかかる負担問題などで西ドイツ政府の理解が死活的に重要だったのである[3]。

自らデタントに建設的に取り組んだウィルソン政権であったが、大連合政権のイニシアティヴに明確な支持を与えながらも、西ドイツより先を歩まない慎重さを保つことは、その後も基底方針となる。

だが一方で、ロンドンの見方は冷徹であった。特に、イギリス政府が東方政策を支持しながら、統一問題については成果を揺るぎなく確信していた訳でないことは、七月に外務省が作成し、両ドイツ間の関係改善の見通しについて留保がなされた文書、「ドイツ民主共和国の承認：可能性と含意」の中にも見て取ることができる[4]。文書では、東ドイツの法的承認を西ドイツ議会、政府、外務省がいずれも受け入れておらず、東ドイツのウルブリヒト政権の姿勢に鑑みても近い将来に実現可能性がないとの評価が下された。法的承認に至らない両ドイツ間の関係改善の手法としては、西ドイツが大連合政権下ですでに実践していたものの、その成果について文書は悲観的であった。「近い将来に〔西ドイツ〕連邦共和国と東ドイツとの間の関係正常化に向けた大きな進展が起こる可能性はない」とする文書には、イギリスの利益が浸食される可能性も示されている。ベルリンにおける戦勝国としての権利と責任にかかる問題である。これら権利と責任は、同じく権利と責任を持つ米ソ間の対話にイギリスが関与し、影響力を行使する機会を提供するものと位置づけられており、西ドイツ政府にもイギリス政府の立場を理解させる必要性が確認された。

以上を総括すれば、この時期のイギリス政府にとって、西ドイツ政府の東方政策は歓迎すべきものではあったものの、ドイツ統一を含めた長期的な成果については確証を持たず、むしろ限界を見ており、イギリスの利益が損なわれる可能性に敏感であったと言える。

（2）一九六〇年代の英独関係と東方政策

東方政策に関してロバーツ大使の好意的反応は際立っていたが、背景には西ドイツの戦後民主主義への高い評価がある。彼は慣行として退任時に外相に送られる文書中で、「戦後ドイツの民主主義システムに関する予想外に良い発展」を指摘し、大連合政権についてはその安定性から連邦議会が「つまらない」とさえ述べている。くわえて、NATOを支える西ドイツ連邦軍への信頼から、ドイツ軍国主義の復活を叫ぶソ連発プロパガンダの信頼性が低下したと論じている。西ドイツ国内政治に対する好意的見解は、「思慮深く責任感を保ち」、時に「慎重すぎる」ことすらある対外政策への高い評価にも結びついている。ここではアジア・アフリカ諸国との良好な関係や、東欧諸国への「きわめて分別ある」政策が具体例として挙げられている。(5)

とはいえ、当時の西ドイツ民主主義が安定していたとは必ずしも言えない。むしろ、西ドイツにおいて「六八年」は独特の重みを持つ。一九六〇年代後半の西ドイツは、ネオナチ政党と目されたドイツ国家民主党（NPD）の台頭や、非常事態法やベトナム戦争などへの反対を叫ぶ議会外反対派（APO）の活動活発化など、民主主義の変容期に当たった。(6)そのためロバーツは、西ドイツが西側諸国の中でも特殊な位置にあるとし、決して「普通のメンバー」でも「静かで御し易いパートナー」でもないとしている。それでも、古いナショナリズムの再来は見られないとし、NPDの勢いも適切な対策がとられれば活性化しないと結論づけている。(7)

同時に、「ドイツは中欧にあって、一見そう見えるような西欧国家ではないこと、西側と同じくらい東側をも自然と意識することを忘れるべきではない」とするロバーツの見解には、あらゆる事態に際しても西ドイツの「独り歩き」が想定されなかった訳でないことが示唆されている。西ドイツの存在感の高まりは、近い将来における「ラッパロの再来」への懸念までは生じさせなかったとしても、同国を戦後西側秩序につなぎ止めておく重要性を知覚させるには十分であった。六〇年代半ばに停滞しつつあったヨーロッパ統合が深化せず、大西洋同盟が弱体化し、東方政策が近い将来に成果を挙げなければ、蓋然性は低くとも、中長期的には西ドイツが同盟を離れ東側に向けて歩み始める可能性がある。そう考えるロバーツは、多くの同盟国にとっていかにドイツ分断が望ましいものだったとしても、分断状況が続けば、結束の弱まった大西洋同盟と超大国ソ連との間で西ドイツ政府が「きわめて危険な綱渡り」をするやもしれぬ、と訴えるのである[8]。

ロバーツの見解が明らかにするように、ドイツが中欧に位置することの地政学的意味にイギリス政府は敏感であった。逆に言えば、だからこそ、両国関係を良好に保つことで、その独り歩きを抑え込む必要があった。ここには、「接近を通した管理」というロジックがある。

その必要性は、六〇年代の同盟政治が引き起こした論理的結末でもあった。仏ソ首脳会談（六六年）の開催など、同盟を介さず独自のデタントを試みるドゴール仏大統領の試みは、同盟の結束を損なうものと深刻に捉えられた。ウィルソン政権は六六年に「欧州宣言」構想を展開して東西間の政治的雰囲気の改善を試みたが、デタントの基盤としての同盟の位置付けについて政府内の見解は一致しており、フランスへの対抗勢力として英独関係の重要性は増していた。結局、ブロック解体をめざしたドゴールの試みは「プラハの春」のソ連による弾圧であるチェコ事件（六八年）によって水泡に帰したが、直後ドゴールが行った西ドイツ政府批判は、イギリス政府による擁護姿勢と対照的であった[9]。

チェコ事件は英ソ関係を悪化させたが、英独関係には有利に働いた。ウィルソン政権は臨時議会を召集してチェコ事件を討議し、マイケル・スチュワート外相がソ連を非難するとともに、西ドイツ政府の立場を擁護し続けた[10]。さらにハロルド・ウィルソン首相は九月末、クルト・ゲオルク・キージンガー西独首相宛に個人書簡を送り、「交渉を通じてヨーロッパの平和、秩序、理解を模索しようとする、あなたが確立した政策に後戻りはない」と述べて道義的支援を与えた。また、西ドイツに向けたプロパガンダ攻撃への抵抗にあらゆる支援を与えると述べ、「我々二つの政府間に基本的な認識の一致がある」と伝えた。キージンガーは、両国の立場が一致していると歓迎し、ウィルソンおよびスチュワートの両者に感謝の意を表した[11]。

両国首相の個人的関係を深め、チェコ事件以降の書簡交換を通して始まった対話を継続させるように、六九年二月には英独首脳会談が開催された。主要議題はヨーロッパ問題で、東西関係やヨーロッパ統合問題などが討議された。このうち東西関係についてキージンガーは、SPD議員をチェコスロヴァキアへ訪問させようとしたブラント外相の試みを中止させたことや、CDUにも同様の指令を出したことを明らかにし、西ドイツが「プラハの春」に慎重に対応した経緯を説明した。さらに、その西ドイツ政府に対し、「東欧に向けて拡大を図ったことを非難」したドゴールの行動について「実に驚くべきこと」と不満を表し、東方政策に対するウィルソン政権の支援にあらためて深い謝意を示した(12)。両国は、NATO強化の必要性などについて共通の認識を得た(13)。

チェコ事件前後で不変であった東方政策への支持姿勢は、イギリスの国際的プレゼンスの低下という文脈からも理解可能である。戦後イギリス外交政策の中には、大国化する西ドイツをどのように扱うかという問題が常に重要な要素として存在したが、混乱するフランス国内情勢や国際的な通貨危機は、ヨーロッパ国際政治における西ドイツの比重を高めていた。「スエズ以東」からの撤退を決断（六七年）したイギリス政府にとって、西ドイツに対して存在感を高めることは、国際的プレゼンスの維持のためにも不可欠であった。この点でイギリス政府の自己認識は現実的なものであり、ある外務省高官によれば、「イギリスはロシア人が主に頭を悩ませるような国際問題のいずれにおいても主要な当事国ではない」し、その意味において対ソ影響力は「主要当事国とりわけアメリカ人とドイツ人に対する影響力の程度次第である」という。西ドイツへの影響力行使が重要となるのは、超大国が対話の時代に入り、イギリスのプレゼンス低下がより如実に感じられたためでもあったと言えよう。そのため、緊密な英独関係が必要だったのである(14)。

2　ブラント政権下のドイツ・東方政策とウィルソン政権

(1)　さらなる期待の高まり

一九六九年九月、SPD党首ブラントを首班とし、自由民主党（FDP）と連立するブラント政権が誕生し、東方政策の更なる加速を予感させた。首相ブラントは、ドイツ統一問題が平和的秩序の中で最終的に解決されるものであること、「ドイツ連邦共和国とドイツ民主共和国の建設から二〇年を経て、我々はドイツ国民の二つの部分をこれ以上仲たがいさせてはならない」こと、一方で「連邦共和国によるドイツ民主共和国の国際的承認は問題外であり」、ドイツに二つの国家が存在していてもそれは国家間関係でなく特別の性格を持つものであることを、確認した[15]。西ドイツ首相が東ドイツを正式国名で呼ぶことは例になく、大連合政権下の姿勢から大きく飛躍していた。同時にブラントは、同盟国に送付した覚書において、ドイツ国民の自決権を尊重して東ドイツ承認を控えるよう求めた[16]。

ブラント政権の誕生後、イギリスでウィルソン政権が崩壊する七〇年六月までは、英独関係が特に良好な時期であった。社会民主主義的な思想を共有する政党間のイデオロギー的近さが要因の一つであることは確かだろう。労働党員におけるブラント人気も高かった[17]。六八年にロバーツに代わってイギリス大使に着任していたロジャー・ジャックリングも、両国関係を緊密に維持する潤滑油として機能した。彼は就任直後から当時のブラント外相を訪れ、チェコ事件への対応として大西洋同盟の結束とともにヨーロッパ統合の深化が必要と説き、その後も緊密な英独関係を維持する必要性を両国首脳に説き続けた[18]。イギリス政府内の親独的雰囲気を象徴する人物の一人と言ってよい。

ジャックリングはブラント政権の誕生前から、依然として高まり続ける西ドイツの存在感について独自の分析を行っている。それは前任大使ロバーツの分析に基本的に同意するものであった。ここでは、戦後の西ドイツ外交が、国際社会の一員として復帰すること、ドイツ統一問題の解決に当たって同盟国から支持を得ることを目標とする、「本質的に防衛的で順応的」なものから、より積極的なものへと変化しており、そうであれば英独関係も必然的に変容せざるを得ないと理解するジャックリングが、本省に送った文書「国家外交政策に向けて」の内容を確認しておきたい。まずアメリカとの関係については、駐留米軍の負担削減問題に象徴されるように、将来の独米関係は以前ほど円滑でなくなる可能性にも触れてはいるが、安全保障上および経済上の理由から依然として安定するだろうと予測している。一方、独仏関係については依然として重要とはするものの、六八年のフランス国内における政情不安やチェコ事件の影響から、フランスの西ドイツに対する、あるいはソ連・東欧諸国に対する影響力は低下したと指摘している。ヨーロッパ統合のイニシアティブに関しても、フランスから西ドイツへと移行することが予測されている。こうした環境に鑑みれば、くわえてイギリスの帝国からの撤退を念頭に置けば、良好な英独関係の維持がますます必要となる。それは、「超大国の役割を放棄し、〔ドイツ〕連邦共和国と同じ地域、つまりヨーロッパに焦点を当てた我々にとって間違いなく好ましいもの」となる。ジャックリングによれば、西ドイツ政府も今やイギリスを「自分たちとおよそ同規模のヨーロッパ大国」であると認識しており、関係の重要性はなおさら高まるばかりであった(19)。

ブラントのイギリス訪問を間近に控えた七〇年二月、就任後約四カ月の間に展開された東方政策について、ジャックリングは好意的な評価を下した(20)。「西ドイツの外交政策を修正する決意を持って就任した」ブラントの東方政策に対する揺るぎない支援と理解が、イギリスの国益であると信じるジャックリングは、東方政策が内包するリスクについても楽観的であった。ブラント自身が、NATOとECを基盤に据える「西方政策（Westpolitik）」の重要性について自覚的であり、イギリスの基本方針とも合致すると評価したためである。ベルリンにおけるイギリスの権利と責任が侵害されるリスクも少ないとも主張している(21)。

ブラントは首相就任後初めてとなるイギリス訪問（七〇年三月）に際して設けられた英独首脳会談の場で、ソ連、ポーランド、東ドイツとの間の二国間交渉について説明すると同時に、交渉の進展に楽観的ではなく、同盟国に情報伝達と協議を行う旨を伝えた。ウィルソン首相は、モスクワでの交渉進展に対する期待感を示した[22]。従来のイギリス政府が求めていた近隣諸国との関係改善に意欲を示す西ドイツ政府の姿勢が、会談の雰囲気を明るくしたことは明確だった。その後、六月の総選挙でヒース保守党政権が誕生した時には、ジャックリングが英独関係について、一九世紀のドイツ第二帝国創設以来の親密度と説明するほどであった[23]。

(2) 東ドイツ承認問題

西ドイツとソ連やポーランド、チェコスロヴァキアとの関係改善とは別に、東ドイツ承認については、イギリスの利害が直接関係する問題であった。第一に、イギリス国内には、議会内や貿易関係者を中心に、東ドイツとの貿易拡大による利益を求めるグループがあった。西ドイツが東ドイツとの関係を改善しながら、同盟国には不承認政策の継続を求め続ければ、両国関係の先行きに影を落とすことも懸念された[24]。

第二に、ベルリンにおけるイギリスの権利と責任を維持することが必要課題であった。東ドイツ承認は、東ドイツの首都としての東ベルリン承認を意味し、西ベルリンの地位、西ドイツからベルリンにいたるルートの通行権の問題など、様々な問題を発生させることが予想された[25]。西側三大国にとっても、ベルリンは危機が再燃した際にソ連大使館への接近を容易にするという地理的な特性、少ない東ドイツ内情勢を把握する場、ベルリン市民に対する道義的責任といった観点から重要で、その権利と責任を放棄することはできないと考えられた[26]。

逆に、ベルリンに関する西側三大国からの譲歩は西ドイツ国内で同盟への不満感を増し、最悪の場合には同国の中立化を促すのではとの恐れをイギリス政府は抱えていた。そこで、ブラント政権との接触を通して西ドイツ側の方針に関する情報を把握することが必要と考え、六九年一一月に英独間協議の場が設けられた。この場では、イギリス側から出席したトマス・ブリメロー外務次官補が西ドイツ外務省のハンス・ルーテと会談し、ルーテは東ドイツ政府との接触状況について説明した上で、第三国が東ドイツとの貿易、文化関係を構築することは原則的に異存なしとする旨を伝えた。イギリス側は両ドイツ間の関係改善を歓迎しながらも、東ドイツとの関係改善を西ドイツが独占し続けることに異論を唱え、ベルリンへの影響に対する懸念を伝えた(27)。

だが総じて言えば、後のヒース政権と比較すれば、東ドイツ承認がベルリン問題にもたらす影響について、ウィルソン政権の警戒感が高かったとは言い切れない。同盟国が持つ既存の権利と責任を保持すべく適切な留保なり条項を確保する限りにおいて、さらには東ドイツ承認が適切な手順を踏んで行われる限りにおいて、イギリスの国益に影響はないというのが、下された結論であった。たしかに、東ドイツ承認は短期的に見れば共産圏諸国のプロパガンダ上の勝利となり、「勢力圏」に沿った形でヨーロッパ分断は固定化されるが、むしろ中期的には「東西デタントの発展を妨害し遅延させるような要素が取り除かれる」ことを意味するという。同盟国による東ドイツの承認は、七〇年代の東西関係においては、西側の戦略的利点になるとする期待もあったことを確認しておきたい(28)。

ここまで、ウィルソン政権下における東方政策への対応が好意的であったことを明らかにしてきたが、同盟国にも東方政策への支持を与えるよう促す点で、それはきわめて例外的なものであった。七〇年、ワシントンでリチャード・ニクソン米大統領と会談したウィルソンは、ブラントの新政策が同盟の結果と矛盾するものでないと説いた。さらに政府高官も、東方政策が同盟やヨーロッパ統合に及ぼす正の影響について同盟国に理解を促した。このような態度は、政権間のイデオロギー的近さだけでは説明できない。それはデタントに対する基本的な認識共有の有無と、国際的影響力を維持する媒体としての西ドイツの位置付けとの関数だったと理解する方が適切であろう(29)。上述のとおり、大連合政権以降の東方政策の展開が、イギリスの帝国からの撤退、同盟政治の緊迫化、EC加盟への期待の高まりと時期的に重なったことは、西ドイツの相対的地位を高めたことは言うまでもない。大国化する西ドイツとの緊密なパートナーシップが、イギリス対外戦略上、不可欠なものとなっていた。

3　ヒース政権下における東方政策への評価

(1) 東方政策の成果

一九七〇年六月に誕生したヒース保守党政権下で、東方政策に対するそれまでの基本認識はいかに継承され、あるいは変化したのであろうか。

第一に、政権交代直後のイギリス政府の基本的な認識において、前政権からの変化は明確でない。この点、ジャックリング大使が政策継承に貢献したと言える(30)。大使は政権交代後すぐ、新外相アレク・ダグラス＝ヒューム宛に「ブラント氏の東方政策の含意」と題する文書を書き送り、既定方針について説明を行った。文書では、これまでのイギリス政府の基本的な外交目的と、東方政策の与える短期的、長期的影響について述べられるとともに、ソ連側の思惑についても説明が加えられている(31)。ジャックリングは、西ドイツ政府を支援するのみならず、アメリカ政府やフランス政府に対しても同様の姿勢をとるよう促すことが、イギリスの国益につながるとしている。その理由について、デタント自体の望ましさに加え、ＥＣ加盟に向けた交渉で支援が必要な時に安定した英独関係を維持する重要性が指摘されている(32)。

第二に、このような基底認識の下ではあるが、ヒース政権は徐々に、東方政策への支援にためらいを見せることとなる。表面的な支持は継続するものの、東方政策の進め方に注文をつける場面が増えるのである。ウィルソン政権時に見られた政官の統一性は相対的に薄まった。イギリスを取り巻く戦略環境は大きく変化しない中でより懐疑的な主張が現出し始めたのは、東方政策がより具体的成果を生み出したことと無関係ではない。

すでに六九年一一月には、戦略兵器制限交渉（ＳＡＬＴ）が開始され、超大国がデタントに向け歩みを進めていた。就任時にニクソン米大統領が述べた「交渉の時代」の到来である。七〇年には、東方政策が八月のモスクワ

（独ソ間）条約締結を皮切りに、一一月にはワルシャワ（独ポ間）条約調印によって成果を挙げた。モスクワ条約第二条では独ソ両国が紛争の解決のために武力による脅しあるいはその行使をしない旨が規定され、第三条では西ドイツ政府がオーデル＝ナイセ線を含めたヨーロッパの国境を不可侵として尊重する旨が明記された。これらによって西ドイツ政府はヨーロッパにおける戦後の現状を暫定的にではあれ承認したのである。一方、第四条では条約が既存の条約上の規定と矛盾しないと明記され、ベルリンおよび全ドイツ関連事項に対する同盟国の権利と責任に抵触しない旨が示された。

イギリス政府は、これら条約をもって短期的には東側の外交上の勝利と見た。八月中旬に作成された外務省文書では、「ソ連外交の戦術的成果」との評価が行われている。一方、長期的な影響、つまりドイツ統一への見通しに関して、東西関係の急激な変化をイギリス政府は望んでいなかった。文書は、独ソ両国の協力関係は続くと推定しながらも、両国の外交目的の両立不能性が長期間続くだろうと現実的な評価を下しており、長期的には統一の蓋然性は低いとしている[33]。

ドイツ統一問題の暫定的な解決に利益を見るイギリス政府にとって、現状維持を基礎とする一連のデタントの成果は好意的に捉えられた。だが、不安材料があったとすれば、それはデタントの進展が同盟の結束とヨーロッパ統合に及ぼしかねない負の影響にあった。七〇年末には、すでにヒース政権の中から、一連の条約が西側の安全保障に貢献するものか、疑いの声が上がり始めた。同盟国の足並みをそろえてデタントを促す必要性を強く認識するヒース政権は、デタントが管理不能となる事態、たとえば西ドイツがソ連に対して過度の譲歩を行う事態などを、西側の安全保障を阻害するものとして憂慮した[34]。ベルリン問題についても、イギリスの権利と責任に負の影響が及ばないか、懐疑的な見方が生じた。エドワード・ヒース首相が九月の閣議で行った次のような発言が、既にその心中を物語っていた。「ドイツとソ連との緊密な関係というのは、過去において我々の利益になったことはほとんどない[35]」。

イギリス側に立てば、懸念は根拠を欠いたものでもなかった。七〇年一二月、東方政策に対するイギリス政府の支援表明に謝意を表す書簡の中で、ブラントは「西側が自らの手中にイニシアティブを維持することが重要」の述べた後、ベルリンに関する四大国交渉をオープンな「会議」型とするよう提案してヒースを驚かせた[36]。提案は、ブラントが自国外務省との事前協議なしに行ったものであったが、早期の成果を求める彼の意思を示したものと捉えられた[37]。ヒュームは提案に懐疑的であった。ヒュームによれば、第一に、オープンな「会議」の詳細が判然とせず、第二に、交渉過程が開かれれば成果を求める外部からの圧力が高まり、ソ連からの譲歩が得られにくくなると考えたためである[38]。西ドイツの利益だけを確保するデタントは成功しないと考える彼は、ブラントに対し「東西関係はそのすべての側面において我々すべての関心事である」（傍線部は原文）旨を伝える必要性を訴えた[39]。後にヒースは、ブラントに対して、丁重ながら冷めた表現を用いて、「成果を促すよう行われた提案が交渉における〔西側の〕立場を弱めかねないかどうか慎重に考える」べきと伝えている[40]。

直後、ヒースはワシントンでニクソン米大統領と会い、東方政策について警戒基調で議論を行った。西ドイツ政府の行動について「過去を水に流そうとする」ものとし、ブラントが「ソ連政府との関係を正常化するという願望」から過度に早期の成果を求めていないか、ヒースはニクソンに問いかけた。ニクソンは、もしソ連やポーランドとの条約がベルリンに関する事態の進展なしに批准されたならば、「ドイツにおける政治情勢はきわめて不安定となる。我々の利益に鑑みて、この種の傾向には抵抗しなければならない」と応えた[41]。ニクソンはさらに、「いかなる犠牲を支払ってでもソ連との協定を欲している人がブラントの側近にいるではないかとの考えには、根拠がある。しかし、これは断じてアメリカ政府の見方ではない」と述べた。会談中で示されたように、「東方政策は危険なものであり「それを促すことは何もしないだろう」というのが、アメリカ政府の基本認識であったと言ってよい[42]。

英米両国の首脳が示した否定的な反応に「大きな衝撃」を受けたのが、半年前にヒューム外相に対して東方政策への揺るぎない支持を与えるよう主張した、ボン駐在のジャックリングであった。彼は、西側三大国の権利と責任に対する影響について首脳たちが抱く不安を払拭すべく、ブラントやヴァルター・シェール外相がモスクワ条約の調印に至る過程でベルリン問題を念頭に置いていたことをヒースに伝えた[43]。

だが、七一年初頭までには、外務省内部でも、東方政策への警戒感は広がっていた。外務省内で作成された文書「ブラント氏の『東方政策』」では、「ブラントが東方政策を追及する中にあって長期的な危険の最たるものは、ソ連と他のワルシャワ条約〔機構〕政府がSPD／FDP連合の基盤の弱さを感じ取り、ブラントの成功への願望を利用することであり、さらにはブラントが早期の政治的な結果を生むことを望み東欧における大きな経済的利益を確保したいと願う中で、西側の長期的な利益や目的に相容れない約束を与えるかもしれないということである」と指摘されている。文書は、NATOやヨーロッパ統合の深化に対して東方政策が与えうる負の影響についても敏感で、長期的に西ドイツが同盟から離反する可能性についても言及している。解決策が提示されている訳ではない。だが、「西ヨーロッパの統合のために行動することに（中略）明らかな価値がある」と考えるイギリス外務省にとって、EC拡大が優先課題であり、そのために西ドイツ政府と協働することこそが、東方政策から生じる懸念を封じ込める最良の選択肢であった。「ブラントの成功への願望がいつの日か、ベルリン交渉における不満足な結果をもってよしとするのではないか」と述べ、ベルリンに関する上述の「会議」提案を引き合いに東方政策のリスクを挙げる文書であったが、そうであるが故になおさら西ドイツ政府との緊密な協議の必要性が示されているのである。ここに、「接近を通した管理」を試みようとするイギリス政府の立場を見て取ることもできよう[44]。

(2) ベルリン協定とその後

さて、ワルシャワ条約調印以来、交渉の焦点はベルリン問題へと移っていたが、七一年九月、戦勝四大国の大使らはこの問題に関する合意を得た。ベルリン協定は、ベルリンに関する権限の変更なしに、東ドイツ訪問を希望する人々への規制を緩和し、ベルリンへの出入条件を改善するものであった。交渉過程で、ソ連政府は西ドイツとベルリン間の通行を阻害しない点に同意し、両地域の非政治的な関係を発展させることなどを受け入れた。ベルリンに関する権限について、東ドイツではなく四大国の管轄下にあるとする点も受け入れた。一方、英米仏は協定内の多くの条項で東ドイツを「ドイツ民主共和国」と言及するなどの譲歩を行った(45)。

とはいえ、ヒース政権内の評価は必ずしも一致したものでなかった。ヒースは協定調印の直前、「協定とその付属文書がいかなる意味においても三大国と〔西ドイツ〕連邦政府にとって公正な取引であったとは認めない」と述べている(46)。西ドイツ政府による戦後の現状承認をイギリスの歴代政権が望んできた経緯があるため、協定は「ドイツ連邦政府が自ら現実を承認する用意を持ったことを念頭に置けば正しいことであるかもしれない」とするが、「せいぜい我々は公正な取引を行ったというのではなく、困難な取引の中で最良のものを手に入れたと言える程度であろう」と述べるのである。一方、ヒュームは成果により肯定的であった。ソ連政府がベルリンにおける権利と責任を四大国の管轄下にあると認めたこと、西ベルリンから東ベルリンに至る通行権、西ベルリンに対する西ドイツの行政上の責任などの面で具体的成果が得られたことを引き合いに、「合意された取引が悪いものでないと信じている」旨をヒースに伝えている(47)。

一方、東方政策への懸念については、ベルリン協定の締結後も払拭されず残った。協定締結直後にブラントがソ連共産党書記長レオニード・ブレジネフの意向を受け、同盟国との事前協議なしにモスクワ訪問に合意したことは、懸念を悪化させた。訪問後、ブラントがヒース宛てに送った書簡中で、ブレジネフが「ヨーロッパにおいてデタントを促すことへの関心を強調するのに躍起であったという印象を受けた」と述べたのに対し、ヒースは「我々は落とし穴に落ちないよう大きな注意が必要である」と慎重な対応を要請した(48)。「私は自信を持って、冷戦の中を生きぬいた同盟がデタントの圧力にも耐え抜けると思う」として同盟とデタントの両立を説きながら、「緊張の緩和した中においてはより大きな注意が必要なのである」と、ヒースは冷戦の闘志としての一面を覗かせた(49)。このような対応は、デタントに関するソ連側の動機への不信感があったためでもある。ブラントへの返答がなされたのは、スパイ活動に従事したとしてイギリス政府が一〇五名のソ連大使館員を追放したわずか二日後であった[50]。この点ではヒュームも、「ロシア人との取引にあたって、ブラントは十分に危険性を認知していない」との立場であった[51]。

ベルリン協定後、焦点は東ドイツ承認問題へと移った。この問題は、ドイツ統一に直結する領域であったと同時に、イギリスが抱えるジレンマをますます顕在化させるものでもあった。ヒース指令下、外務省が作成した文書「ブラント氏の外交政策」が指摘するように、「ドイツの持続的分割は国際社会の現実であり、公の場でそう述べることはどれほど気が引けるものであろうとも、ヨーロッパ各国は二つのドイツ〔という現実〕に幸福にも同意できるよう期待するのである[52]」。ドイツ統一に対する本音と建前の差には、戦後秩序が急速に変化することを望まないイギリス政府の認識が映し出されている。

イギリス政府は一致して、統一され同盟からの撤退も選択しうる大国ドイツより、分断されたドイツを望んだ。東ドイツに関する外務省文書は、この点において明確である。「〔西ドイツ〕連邦政府は暫定協定について、ドイツ問題の最終的解決に向けた暫定的段階とみなし続けるだろう。彼らは統一という選択肢を、実際にはいかにその見通しが遠くとも、保持し続けたいだろう。このドイツ連邦政府の願望を促すことは、我々の利益ではない。だがしばらくの間、いつの日かドイツが統一されることを我々も望み、期待しているというフィクションを、否定しているように見られてはならない。この期待と明確に矛盾するような東ドイツへの対応は避けなければならない[53]」。

当時の西側同盟国内で、東ドイツ承認は、東西ドイツ間の暫定協定締結交渉における交渉カードとの位置付けであった。そのため、イギリス政府はいかなる行動も独立して起こすことはなかった。東ドイツ承認は同盟国が「競争」して行う性質のものではなく、よって両ドイツ間交渉の進展を見守る必要があるという点が、基本方針として確立されていた[54]。

その間、ＥＣ加盟に向けた交渉が続けられた。公に示されたことではないが、東方政策に対するイギリス政府の公的な支持表明と、ＥＣ拡大に対する西ドイツ政府の支援とは、少なくともイギリス側においてリンクされていた。

同じくイギリス側の視点に立てば、EC拡大はデタントの基盤になるという点で、より優先されるべき事項であった。起こり得るドイツ統一は、経済的にも政治的にも統合されたヨーロッパにおいてのみ封じ込めることができると考えられたため、EC加盟の模索はデタントの模索よりも常に優先されたのである。ヒース政権の閣僚はしばしばこの政策上のリンクと序列を明示的に語った。たとえば、七一年四月にヒースはブラントに対して、東側との交渉の基盤になるためイギリスのEC加盟が西ドイツにとっても利益になると強調し、さらにEC拡大が失敗すれば東方政策の将来に大きな影響を及ぼすと述べた(55)。

七三年一月、イギリスはEC加盟を果たした。翌月、イギリスと東ドイツは外交関係を樹立した。この時までに、東西ドイツ間に基本条約が締結され、西ドイツ連邦議会はモスクワおよびワルシャワ条約を批准していた。ヨーロッパ安全保障協力会議に向けた多国間予備交渉も、前年秋から開始されていた。こうして、デタントは西ドイツを軸とした二国間段階から多国間段階へ歩みを進めた。

おわりに

ウィルソン政権期、ヒース政権期を通して、イギリス政府にはドイツ分断という現状に適応しようとする西ドイツ政府の新しい試みを支持する十分な理由があった。イギリスを取り巻く国際環境が、東方政策への支持を要請した。中でも、最も熱心な支持者であったのが、ボンのイギリス大使らだった。

ウィルソン政権期には、その長期的な成果については懐疑的な声が政府内に広く存在したが、多くが「接近を通した変化」を模索する東方政策に好意的であった。そもそも東西間のデタントはそれ自体が望ましく、同盟の維持のためにも必要であった。背景にはNATOの存在の必要性に懐疑的なドゴール仏大統領の存在があった。一方、ヒース政権期には、東方政策が同盟の利益を犠牲にするのではないかとの懸念から、次第に同政策に内包されるリスクが不安視されるようになった。西ドイツが同盟国との事前協議なく、その意向を無視してソ連との関係改善に走るのではないかと恐れられた。いまや、イギリス政府は西ドイツ政府に対してより緊密な協議の必要を説き、「接近を通した管理」をより重視することになった。ドゴールへの対応から、同盟こそデタントの基盤であるとの確信を強めたイギリス政府は、デタントが多国間段階に入る過程において、自らの役割意識を高めていくこととなる。

本章の初めに示した問題意識に戻れば、第一に、ソ連・東欧諸国と西ドイツとの関係改善をイギリス政府が重視した理由については、デタントそれ自体に利益を見出したため、加えて同盟維持のためと答えられよう。第二に、東方政策が成果を挙げる中で警戒の声が高まった理由については、ベルリン問題への影響といった個別の問題に加え、西ドイツ政府が同盟の結束やヨーロッパ統合の必要性を将来も重視し続けるか不安を感じたためといえる。第三に、ドイツ統一については、短期的な蓋然性を低く見積もっていたのと同時に、その望ましさについては否定的であったが、ＥＣ加盟への期待からそのような見解は伏せられた。

結局のところ、イギリスは現状維持志向国家であった(56)。ベルリンに関する権利と責任を維持しつつ、ドイツ統一に向けて特段の行動をとることはなかった。七二年にジャックリングを継いだ英大使ニコラス・ヘンダーソンがヒューム外相に宛てて送った文書「ドイツ統一」でも、この点は明らかである。ヘンダーソンは、ドイツ人の統一願望は生きているため無視できないものの、統一の蓋然性が小さい限り危険も小さいとしている。西ドイツを西側に留めておくために統一の可能性を公的に捨て去らないことが必要と述べる一方で、「我々がドイツ統一を促すことが必要ということにはならない」と指摘する彼の声と、文書に対する外務省本省の反応からは、イギリス政府がドイツ分断による安定を欲していたことが窺える(57)。西ドイツと近隣諸国との間の関係を常に非正常のまま維持しておくことに、利益を見ていた訳ではない。だが、統一の結果大国化するドイツに直面するより、現状維持を図りながら分断ドイツを媒介して対外的な影響力を維持することの方が、優先されるべき事項だったのである。

注

（1）承認問題を含めた対東ドイツ政策に関しては、通常ドイツ政策（Deutschlandpolitik）と呼称され、東方政策とは別の政策類型に属するが、ここでは双方を扱う。

（2）英独関係に関する既存研究として、以下を参照。Philip Williams, "Britain, Detente and the Conference on Security and Cooperation in Europe," in Kenneth Dyson, ed., *European Detente : Case Studies of the Politics of East-West Relations*, St. Martin's Press, 1986 ; Colin Munro, 'Britain and German Ostpolitik,' in Adolf M. Birke and Hermann Wentker eds., *Deutschland und Rußland in der britischen Kontinentalpolitik seit 1815*（München : K. G. Saur, 1994）; Anne Deighton, "*Ostpolitik* or Wespolitik ? : British Foreign Policy, 1968–1975," *International Affairs*, vol.74 no.4, 1998 ; Sabine Lee, *Victory in Europe? : Britain and Germany since 1945*,（Harlow : Longman, 2001）; Gottfried Niedhart, "The British Reaction towards *Ostpolitik* : Anglo-West German Relations in the Era of Détente 1967–1971," in Christian Haase, ed., *Debating Foreign Affairs : The Public and British Foreign Policy since 1867*（Berlin : Philo, 2003）; Gottfried Niedhart, "Anglo-American Relations in the Era of Détente and the Challenge of Ostpolitik," in Ursula Lehmkuhl and Gustav Schmidt, eds., *From Enmity to Friendship : Anglo-American Relations in the 19th and 20th Century*（Augsburg : Wißner, 2005）; R. Gerald Hughes, *Britain, Germany and the Cold War : the search for a European Détente, 1949–1967*（London : Routledge 2007）; Terry Macintyre, *Anglo-German Relations during the Labour Governments, 1964–70 : NATO Strategy, Détente and European Integration*（Manchester : Manchester UP, 2008）; Luca Ratti, *Britain, Ost- and Deutschlandpolitik, and the CSCE*（*1955–1975*）（Bern : Peter Lang, 2008）; Keith Hamilton, "Cold War by Other Means : British Diplomacy and the Conference on Security and Cooperation in Europe, 1972–1975," in Wilfried Loth and Georges Henri Soutou, eds., *The Making of Détente : Eastern and Western Europe in the Cold War, 1965–75*,（London : Routledge, 2009）; R. Gerald Hughes , "A Coalition of 'Compromise and Barter' : Britain and West Germany in the Cold War, 1945–1975," in Matthew Grant, ed., *The British Way In Cold Warfare : Intelligence, Diplomacy And The Bomb,1945–75*（London : Continuum, 2009）; Robert Gerald Hughes, "Britain, East-West Détente and the CSCE," in Vladimir Bilandzic, Dittmar Dahlmann and Milan Kosanovic, eds., *From Helsinki to Belgrade : The First CSCE Follow-up Meeting and the Crisis of Détente*（Göttingen : V&R Unipress, 2012）; Alexander Heinz, "*Oh, German! I Thought There Was Something Wrong with*

You.": West Germany in British Perceptions, 1969–1975（Augsburg: Wissner-Verlag, 2013）. 齋藤嘉臣『冷戦変容とイギリス外交――デタントをめぐる欧州国際政治、1964～1975年』（ミネルヴァ書房、二〇〇六年）、妹尾哲志『戦後西ドイツ外交の分水嶺――東方政策と分断克服の戦略、1963～1975年』（晃洋書房、二〇一一年）。

（3）The National Archives, Kew, London, United Kingdom（hereafter TNA）, FCO33/224, 'Developments in Federal German Reunification Policy,' by Roberts to Brown, 19 March 1968.

（4）TNA, FCO28/225, 'Recognition of the DDR: Possibilities and Implications,' 19 July 1968.

（5）TNA, FCO33/108, 'Parting Thoughts on Germany,' by Roberts, 16 April 1968.

（6）西ドイツ民主主義の変容について以下を参照。ノルベルト・フライ（下村由一訳）『一九六八年――反乱のグローバリズム』（みすず書房、二〇一二年）、妹尾哲志「デタントと動揺する欧米世界――ニクソンとブラント」益田実・小川浩之編『欧米政治外交史　一八七一～二〇一二』（ミネルヴァ書房、二〇一三年）、西田慎・梅崎透編「西ドイツ――APO」『グローバル・ヒストリーとしての「一九六八年」――世界が揺れた転換点』（ミネルヴァ書房、二〇一五年）。

（7）TNA, FCO33/108, 'Parting Thoughts on Germany,' by Roberts, 16 April 1968.

（8）*Ibid.*

（9）前掲、齋藤、五一―六頁、一一六頁。

（10）イギリス政府による対応に、ブラント外相はスチュワートへの書簡中で謝意を表すとともに、「こうした非難に対しては西側同盟の強固で統一された態度が最も有効な対抗手段」であると主張した。TNA, FCO33/573, Brandt to Stewart, undated.

（11）TNA, FCO28/572, Gore-Booth to Stewart, 19 September 1968, FCO28/573, Winchester to Lord Hood, 26 November 1968.

（12）TNA, FCO33/581, 'Record of Conversation between the Prime Minister and the Chancellor of the Federal Republic of Germany at the Federal Chancellery in Bonn at 9.45 a.m. on Wednesday, 12 February 1969,' undated; Hans-Peter Schwarz, et al., *Akten zur Auswärtigen Politik der Bundesrepublik Deutschland*（hereafter AAPD）*1969*, R. Oldenbourg Verlag, 2000, Dok.54–6, 'Gespräch des Bundeskanzlers Kiesinger mit Premierminister Wilson, 12 Februar 1969'.

（13）TNA, FCO33/581, 'Record of a meeting at the Villa Hammerschmidt, Bonn, at 4 p.m. on Wednesday, 12 February 1969,' undated.

（14）TNA, PREM13/2636, Thomson to Trend, 3 February 1969, and Hooper to Trend, 4 February 1969.
（15）TNA, FCO33/476, 'Recognition of East Germany,' undated.
（16）覚書は、第三国が東ドイツ承認を行った際は「ドイツの利益に従って対応を決定する」と述べている。これは第三国の東ドイツ承認が西ドイツとの外交関係断絶につながるハルシュタイン原則からの進展であった。TNA, FCO33/476, 'Secretary of State's Visit to Bonn, 14 November 1969, Inner German Relations and Berlin,' undated.
（17）Hughes, "A Coalition of 'Compromise and Barter'," *op. cit.*, p. 76；Heinz, *op. cit.*, p. 85.
（18）TNA, FCO28/572, Jackling to Foreign Office, 16 September 1968.
（19）TNA, FO1042/311, 'Toward a national foreign policy,' by Jackling, 8 April 1969.
（20）TNA, FCO33/1015, Jackling to FCO, 21 February 1970.
（21）TNA, FCO33/1015, Jackling to FCO, 21 February 1970.
（22）TNA, PREM13/3222, 'Visit of the Federal German Chancellor to London, 2nd–4th March 1970, Record of a Meeting Held at 10 Downing Street, S.W.1., on Monday, 2nd March 1970 at 4.00 p.m.,' undated.
（23）TNA, FCO33/1038, 'Relations between United Kingdom and Federal Republic of Germany,' by Jackling to Doughlas-Home, 21 July 1970.
（24）TNA, FCO33/476, 'Recognition of East Germany,' undated.
（25）TNA, FCO33/477, 'Consequences for Berlin If Some Form of Recognition Were Accorded to the D.D.R.,' undated.
（26）TNA, FCO33/916, 'The Implications of Relinquishing Allied Rights or Claims to Rights in East Berlin,' undated.
（27）TNA, FCO33/586, 'Anglo-German talks 21 November, Item2：Situation in the GDR and Latest Developments in Inner-German Relations,' undated.
（28）TNA, FCO33/914, 'The Possibility of Widespread Recognition of the Government of the German Democratic Republic（GDR）and Its Implications for the Allied Position in Berlin,' undated.
（29）この点については先行研究でも言及されている。例えば以下を参照。Ratti, *op. cit.*, pp.38–39, 92–93；Hughes, "A Coalition of 'Compromise and Barter'," *op. cit.*, p. 77.

（30）前掲、齋藤、一四五頁。

（31）TNA, FCO41/743, 'The Implications of Herr Brandt's Ostpolitik', by Jackling, 25 June 1970.

（32）ジャックリングは、西ドイツと東側との一連の協定が東側の反体制運動について与える影響についても、触れている。「これらの見通しには別の側面があることを付け加えなければならない。そのような包括協定の出現は、共産党の支配に抵抗するために西側の支援を求めている人々の目には裏切りだと映るかもしれない」。この点について、彼は消極的であった。「しかし、私が想定するに、チェコ事件において近年示されたように、西側の軍事行動（による東側への関与）はほとんどありえないのだから、（中略）そのような望みをあおることは、西側の利益ではないだろう」。*Ibid.*

（33）TNA, PREM13/1522, 'The Soviet/German Treaty Signed in Moscow on 12 August 1970, A Preliminary Assessment,' 17 August 1970.

（34）前掲、齋藤、一四五―六頁。

（35）TNA, CAB 128/47, Cabinet, 3 September 1970, quoted in Niedhart, "The British Reaction towards Ostpolitik," *op. cit.*

（36）TNA, PREM15/1579, Brandt to Heath, 15 December 1970；AAPD 1970, Dok.600, Bundeskanzler Brandt an Premierminister Heath, 15 Dezember 1970.

（37）*International Herald Tribune*, 21 December 1970.

（38）TNA, PREM15/1579, Douglas-Home to Ottawa, 16 December 1970.

（39）TNA, PREM15/1579, Douglas-Home to Heath, 22 December 1970.

（40）Heath to Brandt, undated, PREM15/1579, TNA；AAPD 1970, Dok.612, Aufzeichnung des legationsrats I. Klasse von Braunmühl, 23 Dezember 1970.

（41）TNA, FCO33/1547, 'Extract from record for meeting between the Prime Minister and President Nixon on 17/12/70,' undated.

（42）TNA, FCO33/1547, Jackling to Brimelow, 8 January 1971.

（43）TNA, FCO33/1547, Jackling to Brimelow, 8 January 1971.

（44）同様に、参謀エゴン・バールについても「時折、適切な事前協議なしに行動する」と個人的行動に不安感を覗かせながら、最良の対応策として西ドイツと西側三大国との「忍耐強く、継続的に十分で時宜に応じた協議」が挙げられている。TNA, FCO33/1544, 'Herr Brandt's "Ostpolitik",' 1 February 1971, PREM15/1579, TNA.

(45) TNA, FCO33/1544, 'Berlin talks,' August 1971.

(46) TNA, FCO33/1544, Heath to Douglas-Home, 1 September 1971.

(47) TNA, FCO33/1544, Douglas-Home to Heath, undated.

(48) TNA, PREM15/393, Brandt to Heath, 19 September 1971.

(49) TNA, PREM15/393, Heath to Brandt, 27 September 1971.

(50) 前掲、齋藤、一七六－一七七頁。

(51) TNA, FCO33/1410, Barrington to Moon, 25 November 1971.

(52) TNA, FCO33/1410, 'Herr Brandt's Foreign Policies,' undated.

(53) TNA, FCO33/1736, "After Recognition：British Policy towards the GDR," undated.

(54) TNA, PREM15/920, Douglas-Home to Heath, 8 October 1971.

(55) Ratti, *op. cit.*, pp.121–122, 168–176.

(56) 現状維持国家としてのイギリスが、結果として冷戦を変容させた経緯について以下を参照。前掲、齋藤。

(57) TNA, FCO33/2074, "German Unification," by Henderson, 22 December 1972.

（齋藤嘉臣）

あとがき

本書は、基盤研究A「冷戦下の日米安保と『核』そしてアジアについての総合的研究」(平成二五年度〜二七年度研究代表者　菅英輝)の成果の一部である。

本研究プロジェクトの分担者は、以下の方々であった。初瀬龍平(京都女子大学)、松田武(京都外国語大学)、青野利彦(一橋大学)、黒崎輝(福島大学)、土屋由香(愛媛大学)、中島琢磨(龍谷大学)、鄭敬娥(大分大学)、青山瑠妙(早稲田大学)、宮城大蔵(上智大学)、倉科一希(広島市立大学)、齋藤嘉臣(京都大学)、妹尾哲志(専修大学)、金成浩(琉球大学)。海外研究協力者として、ロバート・マクマン(オハイオ州立大学)、ブルース・カミングス(シカゴ大学)、徐顕芬、崔丕、戴超武(いずれも華東師範大学)にご参加いただいた。ご協力に感謝の意を表したい。

研究会は各分担者の所属する大学を回る形で開催した。大変ご多忙ななか、ご協力いただき、お礼申し上げます。

海外研究協力者も含めると、総勢一八名の大人数でスタートした。それでも、分担者の専門分野を見渡すと、科学技術史を研究する分担者がいなかったため、旧ソ連の原子力技術や科学者の活動に詳しい市川浩広島大学教授、それに日本の科学者の核開発の歴史に関する著書がある山崎正勝東京工業大学名誉教授を知見提供者として招聘し、大変啓発される報告していただいた。また、太田昌克共同通信社編集委員からは、三・一一後の日米核同盟について、野添文彬(沖縄国際大学)先生からは、在沖米軍基地と日米関係について、桐谷多恵子広島市立大学・広島平和研究所講師[当時]からは、戦後広島・長崎両市の「復興」の過程で被曝者がどのように位置づけられていたのかについて、それぞれ刺激的なご報告をいただき、大いに有益であった。

二〇一四年一〇月開催の第二回研究会(早稲田大学)において、拙編著『冷戦と同盟』(松籟社、二〇一四年)の合評会を実施したさいには、山本健（西南学院大学）、都丸潤子（早稲田大学）の両先生にもご参加いただき、評者三人（山本、黒崎、土屋）の問題提起にもとづき議論を深めることができた。また、この研究会では、本共同研究のピア・レビューアーをお引き受けいただいた毛里和子早稲田大学名誉教授も参加された。毛里先生は、報告者へのコメントに加え、当日配布された「当代中国外交と冷戦史研究のための覚書」をベースに、現代中国外交の特質と問題点に関する包括的な知見を披歴されたが、長年の中国研究のエッセンスが凝縮されたお話で、非常に刺激的かつ啓発的であった。毛里先生はまた、冷戦史研究についても言及されたが、その中で以下の二点が印象に残った。一つは、近年の中国現代史研究において、毛沢東時代にイデオロギーが果たした核心的役割を否定する「清算主義的な歴史観」が見受けられると指摘したうえで、そうした傾向を「冷戦史研究の落とし穴」と評されたことだ。毛里先生は、毛沢東の時代には、イデオロギーをめぐる正統性が重要な役割を果たしていたのであり、「そのパワーを無視しては歴史の誤謬を犯してしまう」のではないかという危惧を表明された。もう一つは、「冷戦には二つの東西関係がある」という指摘である。米ソ冷戦の分析方法では、それとは異なる展開をみせたヨーロッパやアジアの冷戦を十分に捉えきれないのではないかという問題提起である。いずれの指摘も冷戦史研究者にとって、今後さらに考察を進めていくべき重要な課題である。毛里先生はじめ、参加者の皆様のご協力とご支援に謝意を表したい。

マクマン、カミングス両教授には、これまで菅科研プロジェクトに一〇年以上も協力していただいているが、二〇一四年一月一〇日―一二日に琉球大学で開催された研究会での報告も含め、大変お世話になった。一二日には抗議集会があるというので、マクマン、カミングス先生らと一緒に普天間基地の移設問題で揺れている辺野古に出かけた。カミングス教授へのインタビュー記事が沖縄タイムスに掲載されたが、一月三日付け同紙記事によると、カミングス教授は「とてもすばらしい海だ」と語り、新基地建設について「普天間飛行場は閉鎖が必要だが、辺野古ではなく米国内のグアムに移転すべきだだろう」、「日本政府が基地を押し付けている現状はとても不幸。分散が必要だ」と述べている。当日は天候もよく暑い日だったが、金成浩先生はマイクロバスを運転して、辺野古とキャンプ・シュワブまでご案内いただいた（深謝）。また、夕食会では、沖縄タイムスの長元朝浩論説委員やタイムス紙記者との懇談の機会もあり、辺野古や沖縄の基地問題での意見交換ができたことは、有意義であったことも申し添えたい。

くわえて、ドイツの外交政策と歴史和解の研究で著名なジョンズ・ホプキンス大学のリリー・G・フェルドマン教授に新たにご協力を仰ぐことになったが、三牧聖子（関西外国語大学）先生には、ご紹介の労をとっていただいただけでなく、知見提供者として自らもご報告をいただいた。今回の編著にお二人の玉稿を収めることができたことで、編著の価値が高まったと確信している。なお、編者は現在、東アジアの歴史認識に関する共同研究を実施しているが、二〇一六年九月二四、二五日に京都外国語大学で開催された第二回研究会で、フェルドマン先生には、日本とドイツに関する歴史認識問題を比較するという観点からご報告をいただいた。ドイツの経験から東アジア諸国の市民社会が何を汲み取るべきかに関して、啓発される内容の報告であった。ご協力に感謝申し上げます。

今回は、中国の研究者の論文を編著に含めることになったので、翻訳作業や研究会での通訳の件で、徐顕芬教授にはことのほかお世話になった。中国語の論文の翻訳作業は大変だったが、この間不明な点について、徐先生と何度もメールでやり取りをした。徐先生の丁重かつ誠実な対応がなければ、これらの原稿の掲載は実現しなかった。英語論文の翻訳に関しては、川上幸平（西南女学院大学）先生に初訳をお願いし、それを菅が再度見直すという方法を採った。徐、川上両先生のご協力に謝意を表したい。また、森實麻子（九州産業大学）さんには、科研のアシスタントとして長年お世話になっているが、今回もまた、刊行までに縁の下の力持ちの役割をはたしてくれた。お礼申し上げる。

このところ、出版事情がますます厳しくなってきているのを実感している。そうした中、本共同研究の成果を評価して出版を快諾してくださった晃洋書房、ならびに編集部の丸井清泰氏には、心から謝意を表したい。丸井氏は編者の要望に耳を傾けてくださり、出版助成金の締め切り期限に間に合うようご尽力されるなど、いろいろとご配慮を賜った。また、校正の労をとっていただいた石風呂春香さんにもお礼申し上げたい。これから取り組む、編著の姉妹編『アメリカの核ガバナンス』（仮題）も同社からの出版を引き受けていただいた。同社のご理解とご協力に深甚なる敬意と謝意を表します。

最後になったが、本書の刊行にさいしては、編者が勤務する京都外国語大学の出版助成金の支援を得た。心より、お礼申し上げたい。この間、堀川徹国際言語平和研究所所長および同研究所のスタッフには、一方ならずお世話になった。日ごろのご支援に心から謝意を表したい。また、同僚である松田武、熊谷俊樹、佐々木豊、國安俊彦、布施将夫の諸先生にも、さまざまな形でご支援・ご助言を賜っていることに対して、この場を借りてお礼申し上げたい。

二〇一六年一〇月二〇日

菅　英輝

〈マ　行〉

〈ヤ　行〉

〈ラ　行〉

〈ワ　行〉

事項索引

朴正熙　48, 169, 171
朴槿恵　171, 174, 192, 208
朴裕河　178
ファム・フン（Pham Hung）　126
ファム・ヴァン・ドン（Phạm Van Dong）　128
ファン・ヒエン（Phan Hien）　117
ポンピドゥー，G.（Pompidou, G.）　24

〈Q〉

喬冠華　128

〈R〉

ラガワン，N.（Raghavan, N.）　93
ロバーツ，F.（Roberts, F.）　276, 278, 279, 281, 282
ロジャーズ，W. P.（Rogers, W. P.）　69, 76, 263
ルーズベルト，T.（Roosevelt, T.）　38
ロヴァン，J.（Rovan, J.）　227
ルーテ，H.（Ruete, H.）　284
ラッシュ，K.（Rush, K.）　269

〈S〉

佐藤栄作　47, 64, 67, 68, 70, 74, 76, 113
佐藤行雄　74
シェール，W.（Scheel, W.）　226, 288
シュミット，H.（Schmidt, H.）　238
シューマン，R.（Schuman, R.）　225, 227, 235
シャミル，Y.（Shamir, Y.）　241, 242
沈劍虹　73
重光葵　43, 46
スクビスゼウィスキ，K.（Skubiszewski, K.）　237, 244-246
スナイダー，R. L.（Sneider, R. L.）　63-65, 67
スノー，E.（Snow, E.）　71
ゾンネンフェルト，H.（Sonnenfeldt, H.）　65, 271
スターリン，J.（Stalin, J.）　125
スチュワート，M.（Stewart M.）　279, 294
ストッセル，W. J.（Stoessel, W. J.）　69

〈T〉

タフト，W. H.（Taft, W. H.）　38
竹入義勝　77
田中角栄　77
谷垣禎一　177
チャン・ドゥック・ルオン（Tran Duc Luong）　184

〈U〉

アンガー，F.（Unger, F. T.）　65
牛場信彦　74, 75

〈W〉

王兆銘　42
ホイーラー，E. G.（Wheeler, E. G.）　67
ウィルソン，J. H.（Wilson, J. H.）　24, 279, 283, 284
ウィルソン，T. W.（Wilson, T. W.）　39

〈Y〉

ヤヒヤ，A. M. K.（Yahya, A. M. K.）　70
柳谷謙介　123
楊成武　101
葉剣英　128
李東官　174
李明博　174, 186
柳明桓　186

〈Z〉

張経武　88
周恩来　8, 10, 69, 70, 72, 73, 75-79, 88, 90, 92, 94, 96, 98-100, 102, 103, 105, 126, 128, 131
周書楷　66

人名索引

〈A〉

安倍晋三　169, 172, 174, 177–180, 199, 203, 205, 211
アデナウアー，K.（Adenauer, K.）　19, 225, 226, 229, 235, 257
愛知揆一　65
アレンス，M.（Arens, M.）　241, 242
有田圭輔　117

〈B〉

バール，E.（Bahr, E.）　233, 236, 264, 296
バナジー，P. K.（Banerjee, P. K.）　102
バルトシェフスキ，W.（Bartoszewski, W.）　237
ベギン，M.（Begin, M.）　229
ベングリオン，D.（Ben-Gurion, D.）　225, 229, 231
ブラント，W.（Brandt, W.）　21, 22, 24, 231, 232, 256, 259, 262–268, 270, 272, 274, 275, 280–285, 287, 289, 291, 294
ブレジネフ，L.（Brezhnev, L.）　23, 132, 289
ブリメロー，T.（Brimelow, T.）　284
ブラウン，G.（Brown, G.）　276
ブレジンスキー，Z.（Brzezinski, Z.）　12

〈C〉

カーター，J.（Carter, J.）　11, 12
チョウドリー，M.（Chaudhuri, M.）　106
陳毅　100, 102
クリントン，W. J.（Clinton, W. J.）　50

〈D〉

ダライ・ラマ（Dalai Lama）　9, 94, 98, 103
ドゴール，C.（De Gaulle, C.）　227, 276, 279, 280, 291
鄧小平　124, 133
ダークセン，J. J.（Derksen, J. J.）　69
デューイ，J.（Dewey, J.）　213
ディーンストビール，J.（Dienstbier, J.）　238, 245, 246
ドブルイニン，A. F.（Dobrynin, A. F.）　69, 260, 271
ダグラス＝ヒューム，A.（Douglas-Home, A.）　285, 287, 289, 290, 292
ダワー，J. W.（Dower, J. W.）　6

〈E〉

エルスワース，R.（Ellsworth, R.）　265, 266

〈G〉

ジスカールデスタン，V.（Giscard d'Estaing, V.）　239
グラント，U. S.（Grant, U. S.）　36, 54
グリーン，M.（Green, M.）　67, 73, 76

〈H〉

ヘイグ，A. M.（Haig, A. M.）　66
ホルドマン，H. R.（Haldeman, H. R.）　66
ハルペリン，M. H.（Halperin, M. H.）　65
ハーディング，W. G.（Harding, W. G.）　39
長谷川和年　10
橋本恕　77
鳩山由紀夫　53
鳩山一郎　46, 58
ハヴェル，V（Havel, V）　233, 238, 245
賀龍　100
ヒース，E.（Heath, E.）　24, 286, 289
ヘンダーソン，N.（Henderson, N.）　292
ヒラリー，A.（Hilaly, A.）　70, 72
ヒレンブランド，M.（Hillenbrand, M.）　269
広田弘毅　41
ホー・チ・ミン（Hồ Chí Minh）　125
ホルブルック，R. C. A.（Holbrooke, R. C. A.）

ロバート・J・マクマン（Robert J. McMahon）**［第９章］**
コネチカット大学大学院史学研究科博士課程修了，PhD（コネチカット大学）
現在，オハイオ州立大学教授
主要業績
The Limits of Empire： The United States and Southeast Asia since World War II（Columbia University Press, 1999）
Dean Acheson and the Creation of an American World Order（Potomac Books, 2009）
The Cold War in the Third World（ed.）（Oxford University Press, 2013）

齋 藤 嘉 臣（さいとう　よしおみ）**［第10章］**
神戸大学大学院法学研究科博士課程後期課程修了，博士（政治学）
現在，京都大学大学院人間・環境学研究科准教授
主要業績
『冷戦変容とイギリス外交――デタントをめぐる欧州国際政治，1964-1975年』（ミネルヴァ書房，2006年）
『文化浸透の冷戦史――イギリスのプロパガンダと演劇性』（勁草書房，2013年）
『冷戦史を問いなおす――「冷戦」と「非冷戦」の境界』（共編著，ミネルヴァ書房，2015年）

青山瑠妙（あおやま　るみ）［第5章］
慶應義塾大学大学院法学研究科後期博士課程単位取得退学，法学博士
現在，早稲田大学教育・総合科学学術院教授
主要業績
『現代中国の外交』（慶應義塾大学出版会，2007年）
『中国のアジア外交』（東京大学出版会，2013年）
『外交と国際秩序（超大国・中国のゆくえ２）』（東京大学出版会，2015年）

三牧聖子（みまき　せいこ）［第7章］
東京大学大学院総合文化研究科地域文化研究専攻博士課程修了，博士（学術）
現在，関西外国語大学英語キャリア学部助教
主要業績
『歴史の中のアジア統合』（共編，勁草書房，2012年）
『戦争違法化運動の時代――「危機の20年」のアメリカ国際関係思想』（名古屋大学出版会，2014年）
"Norm Dynamics and Reconciliation-Japan, US, and East Asia," in Phillip Tolliday, Maria Palme, and Dong-Choon Kim, eds., *Asia-Pacific between Conflict and Reconciliation* (Jena Center for Reconciliation Studies, 2016)

リリー・ガードナー・フェルドマン（Lily Gardner Feldman）［第8章］
マサチューセッツ工科大学（MIT）Ph. D.（政治学）
現在，ジョンズ・ホプキンズ大学アメリカ現代ドイツ研究所（AICGS）ハリー＆ヘレングレイシニアフェロー
主要業績
"The Role of History in Germany's Foreign Policy of Reconciliation: Principle and Practice," in Opening Historical Reconciliation in East Asia through the Historical Dialogue, Proceedings of the First International Forum on Historical Reconciliation in East Asia (Seoul: Northeast Asian History Foundation, 2009)
"German-Polish Reconciliation in Comparative Perspective: Lessons for Japan?" *The Asia Pacific Journal: Japan Focus* (April 2010)
Germany's Foreign Policy of Reconciliation: From Enmity to Amity (Lanham, MD: Rowman & Littlefield, 2012)

《執筆者紹介》(執筆順，＊は編著者)

＊菅　英輝(かん　ひでき) [序論，第6章]

奥付参照.

宮城大蔵(みやぎ　たいぞう) [第1章]

一橋大学大学院法学研究科博士後期課程修了，博士(法学)

現在，上智大学総合グローバル学部教授

主要業績

『戦後アジア秩序の模索と日本』(創文社，2004年)

『「海洋国家」日本の戦後史』(筑摩書房［ちくま新書]，2008年)

『現代日本外交史』(中央公論新社［中公新書]，2016年)

中島琢磨(なかしま　たくま) [第2章]

九州大学大学院法学府博士後期課程修了，博士(法学)

現在，龍谷大学法学部准教授

主要業績

『沖縄返還と日米安保体制』(有斐閣，2012年)

『現代日本政治史3　高度成長と沖縄返還　1960－1972』(吉川弘文館，2012年)

「非核三原則の規範化――1970年代日本外交への道程」，福永文夫編著『第二の「戦後」の形成過程――1970年代日本の政治的・外交的再編』(有斐閣，2015年)

戴　超武(Dai Chaowu) [第3章]

東北師範大学歴史学博士

現在，華東師範大学教授

主要業績

『敵対と危機の年代：1954-1958年の中米関係』(社会科学文献出版社，2003年)

『米国外交思想史』(共著，人民出版社，2007年)

徐　顕芬(Xu Xianfen) [第4章]

南開大学歴史学博士，早稲田大学政治学博士

現在，華東師範大学教授

主要業績

『日本の対中ODA外交――利益・パワー・価値のダイナミズム』(勁草書房，2011年)

『中国問題　キーワードで読み解く』(共著，東京大学出版会，2012年)

『多次元的視点からみるアジア冷戦』(共著，世界知識出版社，2014年)

《編著者紹介》

菅　英輝（かん　ひでき）

コネチカット大学（米国）大学院史学研究科博士課程単位取得退学，法学博士（一橋大学）

現在，京都外国語大学客員教授

主要業績

『アメリカの世界戦略』（中央公論新社［中公新書］，2008年）

『東アジアの歴史摩擦と和解可能性』（編著，凱風社，2011年）

『冷戦と同盟』（編著，松籟社，2014年）

『冷戦と「アメリカの世紀」』（岩波書店，2016年）

シリーズ　転換期の国際政治　2

冷戦変容と歴史認識

2017年2月20日　初版第1刷発行

＊定価はカバーに表示してあります

編著者の了解により検印省略

編著者　菅　英　輝©

発行者　川　東　義　武

印刷者　藤　森　英　夫

発行所　株式会社　晃　洋　書　房

〒615-0026　京都市右京区西院北矢掛町7番地

電話　075（312）0788番㈹

振替口座　01040-6-32280

ISBN978-4-7710-2796-1　　印刷・製本　亜細亜印刷㈱